影子交易

全球商業的黑暗面

The Dark Side
of Global Business

AMOS OWEN THOMAS
阿莫斯・歐文・托馬斯　著

鍾玉珏——譯

目次

第一章

跨國界影子
交易概況

Credit: jgeheest/pixabay

從探索到質疑

影子交易（shadow trade）的證據往往藏於顯而易見之處，諸如形形色色的產品、我們在當今世界各地社會享有的服務，可能是美甲沙龍的員工、百貨公司的快時尚、超市的水果、醫院的器官移植手術、巧克力糕餅、珠寶、無所不在的智慧手機等等不一而足。

一般人如何才能擺脫由合法組織提供，卻牽涉遭剝削壓榨的勞工、衝突礦場、軍火販售和逃稅的非法運作？什麼原因助長影子交易？是因為欠缺經濟機會？各國的法令與執法有落差？想要的商品與服務價格過高嗎？如果非法交易與合法公司是共生或寄生關係，它們的正當性有程度上的差別嗎？可促成改變的催化劑是什麼？

本書呈現一段漫長的探索過程，醞釀與構思超過十年，受到報章雜誌和電視紀錄片揭露的問題所驅策，遂開始尋找更多可能的資料來源。政府間國際組織（IGO）和非政府組織（NGO）已完成一些值得肯定的研究，並且倡議與影子交易相關的議題，例如：跨國界的軍火買賣、毒品走私、器官取得，以及衝突礦場。

近來，數位作者和編輯撰寫和彙整一些關於非法商業行為與跨國犯罪的研究文獻，但是鮮少觸及本書想探討的主題：從全球商業觀點，批判與分析非法營運與合法實體縱橫交錯的關係。

掃瞄地平線

▶ 自古以來就有的交易————————————

　　全球商業有黑暗的一面絕非新鮮事，因為自古以來，非法的商品與服務貿易一直都與合法貿易並存。17 至 19 世紀之間，所謂舊世界和新世界之間，跨大西洋的奴隸交易其實與棉花、糖和其他貨物合法交易密不可分。類似的奴隸交易也存在於撒哈拉沙漠、阿拉伯到非洲東岸的貿易路線，貿易商品則以鹽、黃金和紡織品為主。在亞洲，殖民強權將鴉片從印度出口到中國，換取茶葉和絲綢以及其他在歐洲頗受歡迎的合法產品。為取得天然資源來源的控制權，以利支撐產業與經濟，武裝衝突時常上演。關於這部分的商業研究不足，今日這類貿易看似已不復存在，或相對微不足道，或至少未侵犯到合法的全球商業。然而，在 20 世紀末到 21 世紀初高度全球化的市場，隨著資金、資訊、貨物和人口在全球各地移動的障礙降低，影子交易同樣快速成長。一如過去，今日這些結合影子交易特色的非法商業活動（儘管法律明文禁止），不僅與合法貿易共用供應鏈，也打入合法市場販售有問題的商品。

　　儘管最近幾十年有不少研究聚焦於國際貿易，但研究鮮少關注人口販運、洗錢、廢棄物傾倒、武器輸出等同時發生的影子交易，這些交易已經讓許多合法跨國企業蒙上汙點。這不僅是社會學家、政治科學家、地理學家、環境工程師和律師應該關注的倫理議題，倡議自由貿易的政治人物、商業學者和經營管理

專家也都應該關注。本書利用發表在公開領域、新聞媒體上關於這些交易的資料，以及其他在社會科學、人文科學，甚至是自然與醫學等學術來源，就經濟差異、企業應被追責（corporate culpability）、政府無視等面向，努力分析造成現今影子交易的成因。儘管能取得部分「次級資料」，但是基於影子交易的本質，有必要將這些評估進行三方比對，使其一致，以求可靠性。基於揭露有相當的風險、成本、加上不透明，「初級資料」的取得多所受限，對於試圖想收集的人而言（無論是研究員或記者）更具挑戰，但是這方面的不足不應該阻礙揭發全球商業的黑暗面，也不該阻礙解決隨之而來的社會經濟不公平現象。

▶ 關注不足

　　已有許多研究關注國際貿易自由化，以及國際貿易自由化如何讓區域經濟和跨國企業廣泛受惠，然而鮮少研究著墨於同樣不斷壯大的非正規且隱諱的影子交易。雖然非法和合法的交易難免盤根錯節，無論出於蓄意或是默許，商業與管理學科在這方面的研究不足，除了武器交易和洗錢可能是少數例外。學術界已發表一些與影子交易相關的個案研究，主要都是出自社會科學，有些出自自然科學研究員。毒品走私與人口販運問題，在犯罪學和公共政策學已得到相當多關注。有毒廢棄物傾倒與人體器官買賣問題，多半涵蓋在環境和醫學領域。已有一些書籍探討特定的影子交易，諸如武器產業、性交易、藝術品走私和人口販運，大多出自記者之手。遺憾的是，這些交易鮮少被集體討論，尤其是從

商業的角度。由於影子交易相對而言被漠視，本書強調學術界有機會與產業、公民社會、政府攜手合作，剖析有利影子交易運作的環境和支撐它們的商業模式。

　　一般而言，倡議國際貿易與自由市場的公眾與企業，看來不會正視與處理跨國界影子交易牽涉的不道德問題。這有賴公民社會運動健將和非政府組織為首，要求企業必須負起社會責任和永續經營責任。或許合法業者同樣有必要被教育，遠離與他們共用供應鏈、金融機構、通訊科技和優惠貿易條約的非法業者，後者同時也玷汙了消費者和公民。企業不應只是狹隘地定義與實踐企業社會責任，更需要倡議，甚至採取行動對抗所有形式的影子交易——包括那些在地理或經濟上，離自家產業有段距離的不法交易。如果企業不願跟影子交易保持距離，政府也疏於監控的話，此時公民社會與非政府組織則扮演重要角色，必須呼籲上述實體採取負責任行動對抗有害的影子交易。顯而易見，現行的立法、執法和公益機構採取的作為，都不足以因應影子交易成長的速度。如果商業和其他社會科學的學者願意大聲疾呼重視社會經濟正義議題，積極參與對抗影子交易直到 21 世紀還在製造的禍害，將有助於促進嶄新的改變。

▶ 道德覺醒

　　研究全球商業的黑暗面旨在讓公民、消費者、勞工、政府政策制定者，和行政官員、企業高階主管，以及公民社會團體成員進一步認識影子交易，進而依其角色，針對影子交易造成的惡

果做出更好的因應。但影子交易研究遇到的主要障礙是這類交易缺乏透明度，因為這些行為屬於非法和違禁性質。例如很難區隔非道德交易對於合法經濟活動（如軍火買賣與器官移植）的貢獻。而且半合法的軍火買賣和廢棄物傾倒業者，傾向避免公開他們的交易或以少報多，以免引起大眾注意。儘管如此，仍找得出研究的空間與機會，例如可研究特定的影子交易或非法業務，或是某國家或某些國家之間的違法操作，這種研究基於與政府和非政府消息來源進行合作，取得的次級（二手）資料以及創新的初級（一手）數據，且所有數據均經過嚴格的批判性分析，還是可窺探一二。剖析影子交易的跨國界網絡，應該足以激勵所有合法經濟利益相關人士，以類似的創意反制影子交易。[1] 本書呼籲對影子交易進行研究，前提是最終能夠促成社會積極正向的改革和重現經濟正義，而不僅只為了替學術的分支學科注入新資料。

　　商業倫理的理論通常不包括影子交易，但是只有合法企業才會在某些經營上面臨倫理難題。研究所學生和企業現職高階主管在商業倫理課程接觸到的案例，對於企業應受譴責的程度似乎有清楚的區分，但是它們遠遠無法準確反映全球化商業的真實世界。如果前述影子交易能與合法交易清楚區分的話就省事多了，但是顯然情況並非如此。因此，一般消費者總是不清楚他或她使用市場上極為合法的產品和服務，有可能受到不法交易和／或非法經營所玷汙。影子交易擁護者可能利用管理國境商業司法制度差異的漏洞獲利，對於因此造成的受害者應該有近乎一體適用的道德標準。因此，企業、政府與公民社會的政策制定者，如果想足以在世界各地對抗影子交易的話，必須建立起更全面的模式和

更實際的案例。很明顯地，這類教育性努力可能會遇阻，畢竟產品猶如「聯合國」，參與者來自全球，所以不易在開發中和新興經濟體中有效運作，甚至也不易說服口袋深的消費抵制影子交易。

測量總量

▶ 計算數據 ──────────────────────

　　任何影子交易的總量，無論洗錢、人口販運、取得移植器官、違禁品走私、有毒廢棄物處理、衝突礦場或是小型軍火買賣，不假外求就足以自成一門重要的全球化生意。雖然相較於個別的合法國際商品貿易和商業服務，影子交易規模小很多，但是這類影子交易滲透世界經濟，汙染眾多產品與服務，也無意中傷害了不知情的末端使用者、消費者和產業。儘管非政府組織和政府間國際組織已做了些值得讚許的研究，但是揭露這些影子交易的最大阻礙，在於跨國界的非法交易缺乏透明性。數以百萬個貨櫃，僅僅不到5％實際被檢查，80％的國際貿易使用記帳交易，金融機構對於交易的數量和交易者身分所知有限。關於全球商業黑暗面的更深入內幕來自於新聞媒體的調查記者而非商業媒體，但通常不是出自學術出版物。雖然如此，估算這些交易的規模是道德參與的基本與前提，減少它們對社會造成不良影響，而採取行動破壞攸關影子交易的商業模式至為重要。

人口販運、取得器官、資源掠奪，和小型軍火交易等影子交易的總額估計，通常有一個價格範圍（表 1.1）。針對這些以及本書涵蓋的其他影子交易，例如：廢棄物處理、逃稅和大型軍火交易的進一步估算，將有專章討論。當中最大宗——仿冒品和毒品走私——已經在其他地方得到相當多研究關注，因此不在本書做深入探討，除非它們與本書論及的其他影子交易有交集。洗錢、貪腐和組織犯罪有鑑於它們跟其他影子交易的重疊，而且／或者是源自它們，因此傾向不做個別估算。

表 1.1　幾個影子交易金額：年值[3]

交易類別	估計年值（美元）	估計年值（歐元）
仿冒品	9230 億 -1.6 兆	8089 億 -1.4 兆
毒品販運	4260 億 -6520 億	3733 億 -5714 億
人口販運	**1522 億**	**1334 億**
非法伐木	**520 億 -1570 億**	**456 億 -1376 億**
未受規範捕魚	**155 億 -364 億**	**136 億 -319 億**
非法採礦	**120 億 -480 億**	**105 億 -421 億**
原油竊盜	**52 億 -119 億**	**46 億 -104 億**
非法野生動物交易	**50 億 -230 億**	**44 億 -202 億**
小型軍火非法交易	**17 億 -35 億**	**15 億 -31 億**
文化財產非法交易	**12 億 -16 億**	**11 億 -14 億**
器官非法交易	**8.4 億 -17 億**	**7.36 億 -15 億**
總計	**1.6 兆 -2.2 兆**	**1.4 兆 -1.9 兆**

註：本書會專章介紹粗體字的影子交易，其他則略提。獲美國智庫「全球金融誠信組織」（Global Financial Integrity）准予引述〈跨國犯罪與開發中國家〉（Transnational Crime and the Developing World）2017 年。

根據「世界貿易組織」（World Trade Organization, WTO）統計，全球商品出口總額達到 17.4 兆美元，商業服務為 5.25 兆美元，電子商務為 27.7 兆美元，相較之下影子交易的價值顯得小巫見大巫。[2] 然而，同如本書主張的，將非法交易對於諸如採礦、農業、金融和健康產業等全球經濟合法行業的貢獻分開來看的話，大有問題。即便在資本主義世界體系，諸如軍火買賣和廢棄物傾倒等半合法生意，仍有很大動機讓業者在交易量上以少報多，以避免引起大眾關注和負面觀感。基於明顯的理由，幾個重要影子交易的不法性和祕密性，對於正式研究和收集最可靠統計數據是一大障礙。話雖如此，由於受影響的國家付出高額社會經濟成本，針對合法貿易涉及各種影子交易，保持實質沉默的做法（無論是偶發、意外或故意）都不應該持續被漠視或不受質疑。

▶ 媒體隱而不報

　　透過媒體報導，有幾類影子交易個案引起國際關注，知名例子包括——在衝突地區探採各種天然資源，用以資助諸如西非和中非的內戰。鑽石、其他珠寶、黃金、其他金屬與稀土，運出邊界時不易被查到，因此它們在洗白不法獲利、資助購買武器和軍事裝備上也很管用。在工業化世界，軍火工業接受政府補助同時在外交上也獲得支持，是合法產業，然而偶爾還是會因腐敗登上媒體版面。至於它們與經常見諸報端的衝突、難民，以及伴隨而來的人口販運和人口偷渡問題的關聯，則較少見諸媒體。不過，另一種影子交易是將玻利維亞和哥倫比亞種植的古柯鹼等硬

性毒品（hard drug），經由其他拉丁美洲國家和加勒比海國家，運到北美；或是來自阿富汗和緬甸的海洛英，經由中亞國家，進入歐洲。同樣地，其中部分所得用於資助軍閥、暴力衝突和種族衝突，造成人民生命和其國家經濟損害。相對地較少被提及的影子交易，像為供應者帶來豐厚收入，讓使用者有性命和健康風險的醫療觀光和問題藥劑，通常都由最低度開發國家的政府承擔它們造成的經濟與社會成本。國際貿易很難有分明的黑與白，許多合法的交易或許部分、間接或者可能在不知情情況下與不法活動扯上關係，反之亦然。

　　雖然媒體是影子交易資訊最常見的來源，但在一般新聞報導和調查紀錄片鮮少被提及，這現象代表某種形式的自我審查，因為媒體老闆擔心冒犯廣告金主和做生意的觀眾。影響所及，媒體偏好報導有助商品消費和對提升企業形象的正向題材，不願去揭露跨國企業涉及影子交易，即便是企業在不知情情況下涉入也一樣隱而不報。媒體公司可能是企業集團的一環，集團內其他事業可能是調查報導記者眼中敏感的對象，可能擔心被暗指有牽連，於是對編輯和記者施加直接或非正式壓力，要求他們保持緘默。在某些國家，記者調查與影子交易掛勾的非法交易，試圖讓社會和政府對它們造成的傷害提高警覺時，與社會運動人士一樣，恐面臨被攻擊、綁架、謀殺和失蹤的風險。本書提及的影子交易絕對不是完整清單；在合法與非法共生的各種交易中還有諸多尚未被媒體和研究機構調查與揭露。

▶ 抓小放大

工業化世界透過關稅和非關稅障礙，保護當地產業的做法，也許看似無害，即使虛偽，的確會對開發中國家帶來可怕結果。來自工業化世界的企業，結合新殖民主義路線，前進開發中國家的市場，取得它們製造的產品和專業服務，剝削後者用於生產的資源，影響所及，常導致後者經濟重挫。欲打擊影子交易的政府往往鎖定供應鏈最末端的弱勢族群，如鄉下農民、非法私釀酒商、鋌而走險為毒梟運毒的「毒騾」、街頭小販等，全是影子交易中很容易被取代的小咖。相較之下，執法單位對於在跨國界價值鏈中獲利最多的富豪菁英和大咖商人則毫無作為。除非社會經濟貧富差異，以及世界經濟受帝國主義主宰等更廣泛議題獲得適當解決，否則所有透過公共政策、更嚴格法律、雙邊協議和市場機制等試圖遏阻影子交易浪潮的努力，看似注定會失敗。這類社會不公與經濟暴力，透過非法人口移動、毒品走私、恐怖主義和氣候變遷的問題，總是不斷糾纏工業化國家，但是這事實很少被正視。

美國政府在九一一恐怖攻擊事件之後推動全球反恐戰，美國的國家安全考量與蘇聯解體後美國支持全球各地的新自由主義，兩者有所衝突，就是一個未通盤周詳考慮導致適得其反後果的例子。影子交易被視為資助恐怖主義的一種手法，在美國政策背景下發展出來的監控影子交易手段，同樣阻礙了合法的世界經濟活動。值得注意的是，傳統上用於解釋國際貿易（包括合法與非法國際貿易）的「引力經濟模式」（gravity economic model），被認為是「靠貿易活動洗錢」的主要因素，意味罪犯利用它躲避更嚴格監管。⁴ 場景轉換到中東和北非，將非正規的資金轉移認定為犯罪，促使跨國界金流從合法交易市場流入黑市，讓這些資金得以被用於資助恐怖主義。⁵ 因為法律嚴格限制犯罪集團利用金融機構資助恐怖主義，如今犯罪集團則透過竄改跨國交易的價格和數量掩飾資金流向。不管如何，合法貿易仍可能成為非法交易的管道，這一個現象還不太受到重視，現有的建議大多提醒政府應注意相關警訊，例如有些公司在高風險國家做生意或製造高風險產品，輸出與其業務不一致的產品。⁶

差別待遇

▶ 經濟／商業犬儒主義────────────

涉及販運人口或強迫勞動的供應鏈，結合其他影子交易活動，諸如來自戰區的礦產、傾倒製造過程中產生的有毒廢棄物或廢料、留在生產國的汙染物等等，最終產品出現在工業化國家和開發中國家，而且成為合法銷售的產品。通常跨國公司為了保有在國際市場的競爭優勢，往往將生產或製造外包給開發中國家，許多跨國公司並未充分審核承包商和其他供應商的人力資源作業，以免影響收益。否認現今仍存在勞力剝削、資源掠奪，即便是合法貿易也可能透過影子交易的跨國界供應鏈，成為後者的共謀，這與過去幾世紀以來在世界各地，反對廢除奴隸制度的殖民

政權和帝國主義商人沒有太大差別。企業或許已確信它們必須負起社會責任，亦看似合理地抱怨「三重底線」（Triple Bottom Line）的會計框架。但是它們大多把心力放在反對改革且便宜行事，以保護自家商譽和財務收益，反而不會主動積極地在它們的產業以及營運所在國著手改變跨國經營的管理方式。

如果助長影子交易茁壯的因素與合法的全球商業如出一轍，那麼旨在影響某一方的政策，必然會影響另一方。有些學者提出頗具說服力的主張，稱在世界經濟體系，偏差的全球化與合法的企業勢必無可避免地盤根錯節，因此不當的交易一旦被排除，不可能不對合法企業造成嚴重、難以預測的後果。[7]事實上，影子交易並未成為工業化經濟中有力人士抨擊的目標，這些人常站在制高點，居高臨下地表達道德義憤。反之，影子交易成為開發中國家有些人參與新自由全球經濟並從中獲利的主要手段，這些貿易活動大多規避貿易經濟的監管環境，滿足被抑制的市場需求。由於影子交易的跨國界網絡，單就這點來說，期望國家監管與執法能限制或消除暗它們，這希望可能落空。然而，如果影子交易被認為不僅僅是仰賴合法貿易生存，同時也是競爭者的話，那麼足以證明後者有能力削弱前者。

▶政治／法律漠視

有時政府會容忍非法經營，希望牽涉其中的國內外企業能提供經濟利益，所以多半不會干擾它們的營運。涉及影子交易的犯罪集團若泰半不受起訴，可能是政治腐敗的徵兆，而不是因為

它們跨國界非法經營的發生率低。根據綜合評估，包括受害者調查、商業諮詢服務、凶殺案件、貪汙排名、黑市經濟的產值估計等等，發現組織犯罪在法律不嚴謹的國家最普遍，合法做生意的成本高，有礙發展。[8] 全球各地不同國家的犯罪集團之間不僅彼此有生意往來，它們也跟合法業者做生意。據說中國三合會將被販運的人口賣給義大利黑手黨，送至尼泊爾的血汗工廠工作。哥倫比亞卡利（Cali）集團據稱跟中國三合會就在亞洲販毒的經銷加盟權進行談判。俄羅斯和義大利的黑手黨甚至共同持有一家商業銀行。儘管這些「類國家」（quasi-national）犯罪集團都涉及一大堆令人反感的交易，據稱其中也分相關專長或相較優勢，奈及利亞人擅長信用卡和銀行欺詐，哥倫比亞人以偽造為主，中國人主要是販賣人口，俄羅斯人以商業騙局為主。[9] 因此，本書所列舉的影子交易絕非完整詳盡清單，因為不管合法和非法，不同的全球性企業和跨國生意之間存在太多盤根錯節。

　　無論出於政治權宜之計，或者經濟自我利益，工業化世界往往傾向提高貿易壁壘，這反而有利影子交易，如此一來同時損及它們本國以及開發中國家和新興世界的利益。如果發生在偏遠地區、多山地帶、蜿蜒曲折的河流三角洲，這些地方方便影子交易的跨境運輸，警察幾乎不可能去這些地方執法，那麼若在城市貿易中心，有必要插手干預嗎？政府可能在全國或區域的範圍，懲罰跟影子交易存在可疑關聯的企業，削弱其獲利能力嗎？但是影子交易的共犯僅僅是受到市場需求驅策，最終被利潤誘惑鋌而走險的實業家嗎？公共政策和市場力量是否可以轉變，以支持合法企業而非捲入影子交易的企業？獎勵那些在跨國供應鏈中努力

避免此類聯繫的企業，以及給予激勵和減稅，是否足夠？或者應該讓消費者更加了解影子交易進而要求企業負起責任？是否該獎勵那些做出回應並贏得顧客忠誠度的企業，儘管可能會因為不與黑市交易而必須支付額外費用？

擴大邊界

▶ 從理解到採取行動抑制

人口販運、走私和抵債勞動的法律懲罰，應該提升到等同從事走私毒品嗎？在工業化國家允許無論活體或屍體的器官捐贈可獲得金錢獎勵，能消除目前全球對於來自開發中國家與新興國家的身體器官市場需求嗎？將回收或處理的所有成本都算進產品的價格，能降低對更多新產品的需求，從而讓開發中國家和新興經濟體的廢棄物傾倒問題減少嗎？社會正義、和平主義和非暴力運動，可以減少戰爭和民間衝突的發生，進而減少對於用來平息衝突和執行和平任務的武器需求嗎？要求跨國金融交易更透明的國際法令，能減少跟其他影子交易有關的洗錢活動嗎？許多公司大肆宣傳它們關於友善環境和永續發展的環保證書，對自身的違法行為卻沒那麼坦率，而且經常被揪出來透過「漂綠」（greenwashing）的不實宣傳美化公司形象。就影子交易的例子而言，目前還沒有類似壓力，迫使企業必須公開表態未涉及不法交易，更不用說政府會採取積極的作為。本書希望企業、政府和非營利

組織都能挺身為社會倫理正義發聲，如此一來全球各國都能處理橫行於其邊界的影子交易問題。

公共政策和市場力量是否可以轉變，以支持合法企業而非黑市企業？獎勵那些在跨國供應鏈中努力避免此類聯繫的企業，以及給予激勵和減稅，是否足夠？或者應該通過讓消費者更加了解黑市交易並驅使企業要求負責任，獎勵那些做出回應並贏得顧客忠誠度的企業，儘管可能存在額外成本來實現？

▶ 先驅與接班人

近十年陸續出現與影子交易相關的學術書籍與一般書籍，值得肯定，這本新書就是在此背景下誕生，然而當中缺乏來自跟影子交易交錯的全球企業的資料。本章引述一本具開創性、極有影響力的書，它比本書更簡潔地論述更多非法交易。雖然該書問世已超過十五年，可理解其資料有些過時，但是相對而言，情況卻沒有太大變化。[10] 在另一本 2000 年代關於跨國性威脅的書 [11] 也已注意到以美國為中心，強調國家安全的問題，而本書採取的是跨國界社會經濟立場。[12]

在 2010 年代最早看到一本專門探討全球武器交易的書，提供關於此單一影子交易的全面性新聞報導。[13] 本書用一個章節深入探討這個現象。接著是一本完整呈現毒品交易與洗錢之間關聯的暢銷書，當中特別著墨歐洲和美國的情況。[14] 本書特別用全球化的規模探討洗錢活動，以及它與毒品交易之間的關聯。同年出版的另一本書採用公共政策觀點，探討跟本書類似的不法貿易，

[15] 只是後者也有商業導向觀點。雖然有一本書看起來可能跟本書最為接近，[16] 但是它採用高度量化（quantitative）經濟模型，而不是本書採用的質化（qualitative）評論。一本關於組織犯罪的合集 [17] 的確如實呈現它的宗旨，而本書就影子交易問題，強調的是合法業者更廣泛涉入跨國界供應鏈。最近，一本從歷史性觀點，只專注一種產業的書，探究非法交易以及它們造成的集體後果。[18] 本書則依序探討各種影子交易，著重在如何減少它們帶來的傷害。也許最新一本有關影子交易的書是另一本合集，與您眼前這本單一作者的書一樣，都以國際政治經濟學的學術觀點，探討類似產業。[19] 本書為逐漸擴大的「合唱團」添加另一種聲音，它採取跨學科和商業觀點探討影子交易，還特別推薦減輕其負面影響的干預措施。

　　本書作者從 1990 年代中期起，透過會議和研討會報告，開始呼籲全球各地一般商業同行著手解決這方面的知識落差，看來獲得同業正面回應。然而，這些會議論文加長版投稿至學術商業期刊卻落得石沉大海，顯示期刊編輯和評論者對此議題興趣缺缺。首先，我被告知，這種論文最好投稿至跟每一種貿易相關的其他社會科學期刊或一般犯罪學期刊。其次，雖然據我所知，即便談論影子交易的商業文獻和理論架構不多，但在已發表的論文中明顯缺乏相關議題，這點令人不解。我投稿的文章主要訴求在於呼籲研究員發展這類文獻和理論，而不是做開創性研究，但是似乎未能說服期刊守門員接受既有的知識。第三，分析影子交易多半仰賴次級資料，儘管含蓄表示這樣做可以在不用冒生命危險的情況下獲得關於這些跨國界網絡的數據，但文章因為缺乏初級

（原始）資料，還是被認為是不適合發表。這些年來缺乏企業、政府或大學資助的情況下，有關影子交易的研究成了我個人的探索。我在拜訪另一家大型出版社，聽取一位編輯的建議後，開始將這些文章彙集成一本簡短電子書。您現在手上拿著這本內容更充實的紙本書，有賴這家出版商一位負責的編輯堅持不懈，終於在多年之後完成出書。

▶ 深究合法性

　　要解決全球貿易這個陰暗面，需要揭露其原因與催化劑、犯罪者和幕後推手、既得利益者和受益者。法律將國際犯罪嚴格定義為民族國家對其他民族國家，或對本國、其他國家部分區域所犯下的活動，而影子交易則靠企業、組織、非正式團體甚至個人。這些組織和個人利用世界日益全球化的區域政治經濟整合、貿易條約之外，也利用新獨立的國家、分裂省分、失能或無功能國家死灰復燃的民族主義之火。不加批判地鼓吹國際貿易，加上承諾開發中國家可享有公平貿易條件和永續經濟成長，以此拉攏開發中國家加入資本主義世界經濟，這些做法必須受到質疑與挑戰。雖然影子交易下的經濟定義尚無共識，但是它常被當成黑市、隱藏貿易、地下貿易的同義詞，也鮮少與這類貿易有所區隔。[20]

　　本書以影子交易為特點，定義見於下一章。影子交易沒那麼隱祕，與合法和非法生意都可以有間接關聯，儘管這些關聯目前還不是那麼好掌握，難以進行全面性評估。儘管如此，影子交

易已有不少範疇為人所知,或者我們能合理推測,這些有害交易及其非法經營的跨國界非法網絡之所以持續成長茁壯,政府和合法企業也許是共謀,有可能明確參與,或在不知情的情況下助紂為虐。本書旨在透過探索它們發生的前因、動力和後果,揭露我們已知或可能還需要知道的內容,以及我們可從它們的手法學到什麼心得,有助於讓合法企業與它們保持安全距離,同時也知道如何跟非法商業競爭而不落居下風。

影子交易絕非獨立於合法世界經濟之外,而是從中受益、參與其中並且有所貢獻,換句話說,它們與合法經濟的關係是共生、寄生,或可能兩者皆是。因此,了解影子交易的商業結構、供應鏈、運作和市場,尤其是盈利來源,可能更有助於破壞其成長,甚至長期的存在。討論必須履行的倫理良知後,後續章節將介紹一些具體的影子交易類型,試圖說明為何政府、學界和企業都不能再把影子交易造成的社會經濟正義問題視為次要問題。各章節依序探討人口販運、器官取得、軍火買賣、洗錢等影子交易,說明它們非法的程度,融入世界經濟的範圍有多大,以及對於大眾和社會的不同影響。本書在追蹤它們彼此之間以及和其他跨國界網絡的關聯後,再將他們進一步分類,根據的是它們相對的合法性以及牽涉的營運活動。

最後解釋影子交易與不同商業次領域之間的交集,點出當前有關影子交易的相關研究不足,以及欠缺干預措施,針對這些現象我們該如何克服。

結構與目的

▶ 供讀者省思的議題————————————

　　本書揭露影子交易的宗旨在於，呼籲各界注意隱藏在顯而易見的事物背後的問題，從日常產品、服務到科技，以及背後支撐它們的供應鏈。本書無意全面探討每一種或所有可能的影子交易，而是挑選某些行業來描繪此問題的廣度和深度。確實已有相關學科與業界專家撰寫了特定影子交易的書籍和不少文章，在任何一本針對具體的影子交易方面，本書稱不上能跟深度專家意見相提並論。然而，本書讓外界注意到，將跨學科知識用來解決所有影子交易問題的必要性，別讓這些知識只留在學術研究的孤島。鑑於資料取得不易，本書引述的估計數據可能不一定最新，但仍有其重要性。首先，本書試圖突顯這些交易本身自成一格，規模龐大而且欣欣向榮，值得我們研究其管理、行銷和財務模式。其次，本書論及影子交易與主流商業之間盤根錯節但這現象卻鮮少被公開與承認，駁斥在世界經濟中合法商業和非法商業之間存在明確硬界線的看法。第三，本書建議應理解影子交易背後的商業模式，或許能掌握一些關鍵，削弱其成長、降低其效率，或者至少減輕其對社會經濟的衝擊。

　　雖然本書毫無疑問是出自一位學者之手，但它不單只是為了其他教育工作者和研究人員而寫，同時也期待相關從業人員，例如：企業高層、政策制定者、政府官員和社會運動健將等人士，能為影子交易帶來重大改變。本書的確有遠大抱負，希望能

夠成為跨界資源，不僅是學術手冊，也是從業者的指南，努力將知識轉化為意識（awareness），以易懂淺白的用詞方便大家閱讀，以及當權者在制定策略與政策時可參考引用，達到倡議與行動的目的。整體而言，這本混合書的定位偏向應用倫理學，而不是道德哲學，採用公共知識傳統，而不是象牙塔理論。它確實是為了研究生和中階管理人士等成熟的讀者而寫，希望這些當前和未來可能的商業、政治和公民社會領袖，日後遇到此類問題時能變得敏感。最重要的是，作者希望透過本書激發眾人發揮專業知識，影響影子交易的商業模式，如果最終不能根除它們，至少有助於減少這類不法的交易。本書從跨學科角度，彙集各種不同影子交易加以分析，進一步呼籲全球有思想的公民和消費者、領導人和企業經理人採取行動。

▶ 眼界和範圍

現有知識

本書下一章以「照亮影子交易的黑暗面」為標題，以現有相關知識，就影子交易在全球商業存在的問題進行總體分析。由於只能取得有限的業界資料，為了實現目標，第二章審視與影子交易相關的跨學科文獻，並且為合法貿易、名聲受損產業、商業倫理、政治經濟學、新殖民主義、社會經濟正義、貪腐和不透明等相關概念下定義。接下來六章依序討論廣義分類的影子交易，從較影響個人的交易，例如：人口遷移和器官移植，以較不涉及個人的交易結尾，例如：軍火工業和資金外流。每一章的結構都

以概述開場，接著描述某個影子交易的簡要歷史，再根據媒體的描述和公眾的認知，提到它當今的表現方式。接下來的章節試圖根據定義和統計數據，勾畫該種影子交易的規模和性質，同時補充關於每個跨國界網絡的範圍和相關敘述。每一章倒數第二部分試圖分析該類貿易的前因、產物和後果，並且提議解決問題的干預措施，為了清楚起見，通常附有概述圖表。

結論部分包括作者的評論，就目前已知情況和可採取的行動提出個人看法，隨後提供更多關鍵問題供大家進一步詳細研究。大多數章節都附加一個「暗領域」（Dim Domain）類似案例，說明該類影子交易的某種常規或現象，提出一些值得深思的反問句或值得辯論的爭議性問題。

精挑出幾種影子交易

本書從第三章開始具體探討某種影子交易，第三章談「不正常人口移動和勞動壓榨」。它引用國際組織、政府間國際組織和非政府組織報告中最可靠的評估，以及來自可信任的媒體和學術來源的資料，概述這現象不僅發生在開發中和新興國家，也發生在工業化世界，涵蓋人口販運、奴役、脅迫和人口走私的地點及長期的狀況，以及隨之而來的剝削壓榨。它設法解釋何謂推拉（push-pull）因素，例如：民間衝突、貿易政策、氣候變遷和貧窮，以及跟特定產業所產生的關聯。第四章論「器官移植旅行與器官買賣」，點出經濟和文化在取得身體器官上所扮演的角色，以及全球移民在移植手術地點上所扮演的角色，這些事往往被忽略。最後，本書評估增加當地器官供應以及抑制全球對人體器官

需求的各種做法，作為因應這種可疑貿易的策略。第五章論「資源盜用與環境惡化」，追蹤金屬、寶石、稀土、石油、木材、野生動物、文化遺產和其他有價值物質的來源，尤其是來自開發中國家和新興國家的衝突地區。這類影子交易總會讓人民生計受到影響、違反人道主義法律，甚至會造成政府軍、分離主義運動、軍閥民兵、犯罪集團、恐怖分子和其他武裝團體犯下戰爭罪。

本書後半部第六章談「廢棄物轉運與危險的回收作業」，以圖表顯示這類處理從家庭垃圾、電子廢棄物、有機廢棄物到工業化學物質、拆船產業以及核子副產物。工業化世界的廢棄物量增加，因嚴格的環保法令導致對廢棄物處理的需求大增，加上對開發中世界而言，廢棄物代表投資機會與政治腐敗，這兩者促進了這種影子交易的成長。這種影子交易與氣候變遷的關聯性，大於任何其他影子交易。第七章「武器運輸與軍事合約」確認主要的武器出口國和進口國，政府支持的形式，武器轉移機制、軍事服務商業化，以及戰爭的社會經濟成本和法律責任。儘管部分政府間國際組織和非政府組織努力提出軍火管控倡議，雖未納入傭兵勢力，這種影子交易依然蓬勃發展。

第八章論及某種影子交易的最後一章，談「金融詐騙巧計與洗錢」。紀錄在開發中國家功能失調狀態下的腐敗政客、犯罪集團、恐怖組織、販運者和走私者，以及其他不法者，如何洗白不義之財或偷偷將資金轉移到國外。質疑合法銀行與貪腐政客及組織犯罪，以及跨國公司和超級富豪如何攜手合作，利用稅收漏洞和金融避風港，剝奪尤其是開發中國家的合法稅收。

閱讀建議

因為影子交易的多樣性，每一章內容都可獨立閱讀，不妨從個人最感興趣或對組織最有利的部分讀起。不過，至少所有閱讀都應該結合第一章和最後一章，這兩章從更廣泛的經濟和社會背景討論這些不同的影子交易。此外，閱讀幾章之後，很明顯能看出當中論及的影子交易與其他章節的影子交易有所關聯，而且本書提及的貿易內容遠超過單一書籍能涵蓋的範圍。因此，第九章「縱橫交錯的影子交易」指出更多未來必須解決的影子交易，其中許多與本書涵蓋的貿易有關或是它們的延伸。這一章談論的影子交易類別雖然還不夠全面，但仍應該成為所有讀者——無論是經理人、諮詢顧問、社會運動人士和研究員——的催化劑，激勵他們去探索與自己最息息相關的影子交易的地緣政治、社會經濟和產業部門的背景。在教育和訓練方面，第九章每一節和每一小節應當能為專家客座演講、專案簡報、學期論文或研究研討會，提供多樣化更深入的研究題目。

最後一章「參與的必要性」，試圖描繪不同影子交易間的關聯，提出一種初步分類，作為克服它們禍及人們與環境後果的行動基礎。目的在於呈現每一種影子交易之間、與其他相關貿易，以及跟合法全球商業之間的交集，提出對每一個社會、政府和產業都至關重要的議題。在應用社會科學中，若根據物理科學的嚴格標準，要求客觀資訊的話，可能有些不切實際。倒不如基於現有知識，加上最可靠來源的消息，應足以作為明智辯論和做出深思熟慮決策的基礎。最後一章刻意毫不後悔地使用一些爭論性語言，細說個人和組織，透過集體行動打擊普遍存在的影子交易，

以此刺激激進的社會經濟變革以及可能面臨的種種挑戰。本書以這種形式力求成為知識的一種來源，鼓舞企業高層、政治領袖、政府官員、政府間國際組織、民間社團、非政府機構、學者、公民以及消費者，都能各自或一起想辦法解決這些影子交易問題。

▶ 證據和術語

　　在結束序論這一章之前，必須談一談本書各章節出現的數據可信度、分類術語和所舉的個案。如同在本章前面所承認的，鑑於影子交易的性質，難以取得最完整可靠的資訊，幸有政府間國際組織和非政府組織、研究機構與著名新聞媒體的不懈努力。本書在後真相時代努力提供作者在研究和寫作之際，引用最新次級資料和可靠的評估，這些資料包括他們的報告原始摘錄，全都適當引用，並且獲得授權使用。由於在我們這個資訊豐富的世界，資料不斷更新，本書引用的資料都應被視為僅作為說明和理解現象之用。熱心讀者應該可以在本書出版後，無論是透過引用的來源，或者透過更多列舉的參考資料，上網獲取更新的資訊。希望本書能激發更多人投身收集、核對更多資料，如此一來資料的應用將可達到最大效益，今後甚至毋需再出更新版本。如果中間的篇章看來偏向理論性觀點，這是經深思熟慮的決定而且是不後悔的承擔，因為本書傾向鼓勵讀者倡議並採取行動。這本應用社會科學書籍通篇強調的是透過行動研究（action research），創造知識和洞見，而行動研究包括評估明智的干預措施，而不僅是理論概念。

此外，讀者應該注意本書提及經濟體、國家和世界的經濟發展時，「工業化」、「新興」和「開發中」這些專有名詞貫穿全書，並作為經濟發展大致的分類，其實相關的分類還很多。不用說還有用來描述它們的代替術語，例如：「第一世界／第三世界」、「中等收入／低收入」、「北方／南方」、「後工業／低度開發」。可以說這些關於國家的重疊說法沿著「光譜」（continuum）和分類而有變化，隨著時間推移，某些國家會在不同等級之間來來回回游移。本書使用一些特定名稱，只是為了對影子交易提出某些論點，並不是一定要對任何國家或經濟體的地位和角色表達價值判斷。儘管「國際」、「全球」、「跨國」和「多國」等用詞的精確定義確實存在差異，但總有些不同看法。因此，這些詞常在媒體、管理書籍，偶爾在學術文獻，被當成同義詞被混用。本書為了簡單、清楚且有區別，將這些敘述詞（descriptor）與最恰當的實體一起使用；因此它們常用於複合詞，「國際貿易」、「全球商業／市場」、「世界經濟」、「跨國公司」和「跨國經營」，包括犯罪。通常在本書中，「合法／非法」（legitimate/ illegitimate）這些詞用來稱呼諸如組織、公司和政府等實體，它們的同義詞「合法／非法活動」（licit/illicit）用於描述其行動，例如：交易、物流和採購，皆參考最適用的倫理標準。「倫理／不倫理」（ethical/unethical）這兩個詞將常用於實體及其行為，「道德／不道德」（moral/immoral）傾向用於表達個人和價值。最後，「跨國界」（borderless）一詞在本書通常用來專指影子交易。這類交易通常由公司、團體，以及個人構成一個靈活的網絡，涵蓋合法和非法參與者。他們巧妙利用單

一省分或多個省分、國家、地區和國際的邊界，從事合法和非法貿易。

奉獻與表揚

探討影子交易這項長時間計畫，在過去三十年教職生涯中已分享給各大洲數以千計學生，同時反過來我也從學生身上學習良多，深入了解關於他們的歷史、政治、地理、經濟、社會和文化背景。本書也要感謝少數學生在畢業後斷斷續續與我聯繫，或在數十年後找到我，讓我知道他們的工作和生活現況。縱使社會不見得普遍認可教育的真正價值而願意提供充足資金，但是他們的故事證實了我的信念，教育對於逐步改變世界的作用是無價的。最重要的是，本書要獻給一群更精選過的人，他們接受一位不墨守成規、在資本主義學校裡格格不入的社會主義教授，並對他的跨學科、國際性、批判性和社會經濟正義的觀點感興趣，不在乎這些觀點是否能通過明顯帶有偏見濾鏡的檢視，繼續對這項還沒成形前就分享給他們的晦澀研究保有好奇心。

本書當然還要感謝傑出的同事支持學術自由的概念，縱容我追求他們不太理解的廣泛興趣，即使因為我走向逍遙學派（peripathetic），我們的研究方向分道揚鑣多年，他們並未勸阻我對於影子交易議題非比尋常的探索。在學術界內外也有「真朋友」，多年來我多次遭遇壓力、生病，他們證明了什麼是「真正的朋友」。他們當然知道我指的是哪些人，但如果不清楚的話，

我很樂意親自向他們表示感謝。同樣地，本書不太感謝老愛鄙視超越其專業領域同儕的那些人，尤其是無法掌握當學術界領頭羊原則的奇怪主管。祈望少數的這些人有朝一日能像他們周圍許多一清二楚的人一樣認清自己。但願本書能激勵所有學術圈的人在跨學科研究上相互支持，用更遠大的社會關聯性和能夠持久發揮影響力的觀點，積極探索主流以外的問題。

最後，將本書推薦給當今商界、政府和非政府部門的領導人，希望他們「受良心驅使」或是良心受到刺激，在理解影子交易和其他議題之後採取行動。對抗影子交易的合作努力若想證明有效，有賴企業、政府和民間社團內的個人和團體，由下而上，同時由上而下，跨越國界團結一致。質疑過時的模範和普遍的常識，對抗社會經濟不公和不道德的生意，對權勢說真話並且在必要時採取激進立場，這些行動都很需要勇氣，也會面臨風險。不論是透過本書或其他媒體的呼籲，當今社會領袖仍不為所動的話，那麼也許作為未來領袖的研究生，以及所有終身學習者，在理解有道德的全球公民願景之後，將出面帶頭鼓吹並採取行動，反對普遍存於世界經濟中的所有影子交易。

第二章

照亮影子交易的
黑暗面

Credit: Chuttersnap/Unsplash

概述

影子交易似乎很適合商業倫理和企業社會責任的範疇，因為這些交易涉及非法活動和合法組織。數十年前，一項針對商業倫理所做的文獻調查（值得進一步研究）列出勞工組織、社會傾銷（Social Dumping）、菸草促銷、武器交易、國際金融、財富集中等諸多問題。[1]或許當時所提如今看來古怪的問題，已在工業化經濟體面臨嚴厲箝制，但是當中許多問題在開發中經濟體和新興經濟體仍持續存在。

由於二十年來這些問題的學術出版品很少，顯見上述那篇文獻調查所做的呼籲多半被忽視。另一份商業期刊刊登學術文章，預測未來會出現的倫理議題，當中僅列出工作場所行為、「訂單流付款」（payment for order flow）、弱勢消費者、組織腐敗、吹哨者舉報和財務校正回歸（調整）。[2]這些倫理議題與工業化經濟體可能密切相關，但是相較於世界其他地區更嚴重的問題（諸如勞動力剝削、資源枯竭、軍火交貿、逃稅等），他們的關聯性較小。因此，為了將影子交易置於全球化、新自由主義，以及資本主義世界出現懸殊發展差異等更廣泛的背景之中，需要重新審視相關的跨學科文獻，包括政治經濟學和批判理論傳統的文獻。

貿易背景

▶ 發展範式 ─────────────

　　欲了解影子交易的現象，務必從全球背景去看各國發展不一的經濟水平。

　　儘管早期的發展範式提出一些社會人口和結構的先決條件，但開發中國家的經驗顛覆了這些理論，證明初期的理論欠缺歷史性，以及以父權主義和民族主義為核心的弱點。首先，資本主義源於 16 到 19 世紀獨特的歐洲君主／封建制度。其次，工業化世界的發展之路也不是沒有出現過社會和經濟危機。[3] 無論從政治、經濟、社會或者文化來看，開發中世界都不是由同質國家組成，更別提可能是工業化世界的複製品。依附理論學家採取更批判的觀點，他們認為不發達並不是社會文化因素造成，而是政治經濟因素所致。這進一步補充了馬克思理論，馬克思透過資本主義的發展，解釋歷史上的社會轉型，資本主義之所以壯大是因剝削勞工階級。列寧將這種模式進一步擴大，納入帝國主義列強與其殖民地之間的關係。[4]

　　彼得・伯格（Peter L. Berger）堅決捍衛資本主義，反對依附理論。如同許多人，他試圖說服世人，工業化國家的有效率生產力和民眾的高標準生活，正複製於順利融入世界資本主義體系的開發中國家。[5] 第三世界透過經濟整合複製第一世界的發展模式，他將這些第三世界的發展拿來和作為對照組的第二世界（社會主義國家）進行比較，雖然這種做法有待商榷。結果他論斷，

社會主義與低效的經濟和威權政治制度之間根深柢固的關聯。儘管在資本主義制度下，社會階級可以流動，也允許個人自治和民主進程，但是伯格承認由於第三世界的傳統文化和社會使然，這個進程相當緩慢。伯格並未論及資本主義靠著商業媒體和廣告文宣所具備的軟實力，這個軟實力會形塑消費文化，儘管這種消費文化只受中產階級和中低階層嚮往與追捧。可以說開發中國家的經濟發展模式是一種新殖民主義的模式，因為得繼續仰賴工業化國家的援助、投資、市場和貿易。

開發中國家剩下的其他選項包括，將自己隔絕於資本主義世界體系之外，或者尋求徹底修改國際貿易條件。採取前者的國家，試圖建立社會主義世界體系（socialist world system）取而代之，勇於面對美國支配的新殖民主義，但尚未得到應有的肯定與讚許。6 資本主義世界經濟（capitalist world economy）是另外一種替代方案，透過《關稅暨貿易總協定》（General Agreement on Tariffs and Trade, GATT）落實成形，最後「世界貿易組織」（WTO）應運而生。但是依附理論學家質疑《關稅暨貿易總協定》對於開發中國家的價值，尤其有金融難題的國家，日益受到「世界銀行」（World Bank）和「國際貨幣基金」（International Monetary Fund）的霸權影響。畢竟開發中國家從 1970 年代和 1980 年代初期，透過聯合國，不斷游說建立後殖民時代的「新國際經濟秩序」，但這努力受到美國和其他工業化國家阻撓，這些國家更喜歡以《關稅暨貿易總協定》為平台，因為在 GATT 這個平台與機制，開發中國家無法共同行動。7 當時新自由主義針對經濟結構調整、民營化、放寬管制、自由市場等問題開出了

處方箋，但這些措施成效不彰，例如在促進經濟復甦方面，顯然不如根據凱恩斯學派（Keynesian）而成立的世界銀行／國際貨幣基金。但世界銀行等組織對所有成員國都未採行「民主式課責」（democratic accountability）。美國政府透過財政部，成為世界銀行和國際貨幣基金的最大資助者，兩個組織連總部都設在美國的華府，世界銀行和國際貨幣基金的議程，相當程度受到美國帝國主義外交政策左右。世貿組織、世界銀行、國際貨幣基金這三個實體，共同構成管理世界經濟的「華盛頓共識」（Washington Consensus）。

▶ 核心 VS 邊陲

伊曼紐·華勒斯坦（Immanuel Wallerstein）根據非洲和亞洲的後獨立經驗，提出世界體系理論（world-system theory），這是依附理論的變體。[8] 這個理論主張存在一個世界經濟體系，資本主義工業化國家（或核心國家），以及它們的跨國公司，用低價收購原料和高價賣出完成品，剝削開發中國家或邊陲國家。半邊陲國家作為世界體系的一部分，既依附於核心國家，同時又剝削邊陲國家——可以說，等同於現今的新興經濟體。他的預測認為，這體系的全球性整合助長民族國家之間的不公平現狀，影響所及，將導致抵抗、分裂，最終走向崩潰，但是對於半邊陲國家有緩衝作用。來自古典經濟學派的批評者反而主張支持相對優勢（comparative advantage）理論，該理論認為所有相關國家進行不受限制的貿易，會比完全不進行貿易更好。[9] 因此，邊陲國家

選擇與核心國家進行貿易，因為它們發現這樣做對它們有利，核心國家不需脅迫它們這麼做，而且當核心國家進步，邊陲國家不一定會遭受剝削。

針對世界體系理論的批評，圍繞著世界體系理論過於簡化的單一因果關係分析，也就是經濟剝削。有些人提出地緣政治因素的替代模式，主要引用民族國家之間的政治權力競爭。不同於華勒斯坦龐大的世界資本主義觀點，史考特・拉許（Scott Lash）和約翰・厄瑞（John Urry）提出替代馬克思主義和非馬克思主義的二元劃分，主張資本主義經濟發展三階段模式：自由、有組織和失序。[10] 他們將工業化國家目前資本主義的「失序」階段，歸因於由上而下的全球化過程，例如：跨國公司和國際金融市場；以及自下而上的去中心化過程，例如：大規模生產產業衰落、中央政府權力下放、人口分散，以及內部轉型。隨著後工業時代到來，各國政府在世界政治和經濟舞台上，紛紛與跨國公司、非政府組織，以及其他政府間國際組織攜手合作。

▶ 偽獨立

傳統上，殖民主義被定義為，領土或國家遭到另一個有帝國主義野心國家的統治和征服，後者從前者獲取國際性的政治和經濟利益。殖民列強強加的人為界限從不被當地居民完全接受，界限把領土上不同族群隔開或把各族群內敵對勢力硬合併在一起。這些界限至今持續存在，在殖民地獨立後併入後殖民民族國家。後殖民理論學者肯定新時代、新形式的政治權力，但是忽

略原本的文化和歷史背景，他們一方面提倡抵制殖民時代的遺毒，一方面又承蒙它的好處。[11] 後殖民時代的新秩序裡，新崛起的政治與知識菁英掌握了文化霸權，讓他們能維持在地方的主導地位，鼓吹一種世界主義的世界觀，讓受壓迫者相信，他們的被壓迫處境無可避免而且名正言順。[12] 在一些國家，當地的政治和經濟菁英為了國家的發展目標，聰明地拉攏全球企業，彼此合作或競爭，進而成為新興經濟體。而在另外一些國家，剝削性貿易關係如入無人之境，橫行無阻，導致這些國家續依賴與不發達。因此，大多數前殖民地都經歷了「偽獨立」，背後原因包括前殖民國享有的帝國主義商業利益與特權地位穩若泰山，加上歷史悠久的貿易關係使然，而這些往往是影子交易的基礎。

　　因此，新殖民主義的特色是：透過持續不斷的殖民結構、外國投資、貨幣釘住政策、金融貸款和發展援助，巧妙地利用政治和經濟手段控制一個國家。尚保羅‧沙特（Jean-Paul Sartre）認為，利用資本主義、經濟全球化和文化帝國主義統治另一個國家，可免除軍事或政治干預的必要。[13] 儘管英國和法國的殖民主義形式有顯著差異，但是它們與殖民地的貿易模式在殖民地獨立後大致維持不變。[14] 在自由市場世界經濟體系下，跨國公司的支配地位、進一步鞏固經濟差異的貿易條約、由前殖民列強支持的區域性抗爭，以及當地政權在列強支持下普遍存在腐敗，這些在在突顯殖民主義不會因新興國家宣布政治獨立而停止的事實。甚至工業化經濟體的商業領袖對於腐敗的定義與見解已變，顯示他們用一種新殖民主義思路做出投資決定，[15] 一如他們對於新興經濟體的茁壯與成長出現又愛又恨的矛盾心理。[16]

新興經濟體與開發中國家的投資合作相當重要，尤其是印度和中國在非洲的投資，規模高達每年數千億美元，它們資助非洲國家的政府、開採資源、派駐企業家、行銷自己國家的產品，中國和印度因而成了新殖民主義者，在不須進行政治干預的情況下，在當地擁有隨之而來的影響力。[17]特別是中國的「一帶一路」倡議，旨在為開發中國家提供方便陸上和海上跨洲貿易的基礎建設，然而這個慷慨之舉往往演變成為負債、依賴和霸權。這似乎印證了華勒斯坦的主張，亦即在資本主義世界經濟中的半邊陲國家，以核心國家或工業化國家的名義，同時也為了自身的政治經濟目標，對邊陲國家進行剝削。由此可見，在自由市場體系，壟斷與主導被視為經濟發展的主要手段。儘管像北歐（尤其是有社會民主主義傾向的工業化北歐國家），實踐了在不損及全球競爭力的情況下，政府付出高社會福利支出，人民支付高稅金的另一種成功經濟模式。新殖民主義與全球化之間的關係鮮少被詳細闡述，但是它對於理解影子交易的背景極為重要。

處於有利位置的優勢

▶ 全球觀點

世界從科技面、經濟面和政治面進行整合，並且明顯打破國與國之間的壁壘，被認是當前這個時代的特徵。[18]全球化代表了世界的時空被壓縮，以及全球意識被升高強化。[19]開發中國家

依賴工業化國家的投資和技術，而工業化國家需要開發中國家的礦產、農業和能源資源，以及做為它們銷售工業產品和消費產品的市場。因此，新自由主義認為，任何個人或實體在追求各自的商業利益時，皆可與他人競爭。實際上，自由市場幾乎不像他們聲稱的那樣存在自由競爭，因為那只是在某個領土實施經濟帝國主義，只是在全球積累資本的政客的花言巧語。[20] 七大工業國集團（G7）和國際金融貿易機構（國際貨幣基金、世界銀行、世界貿易組織）以及各大跨國公司，實際上控制了世界的經濟，損害大多數無法與之競爭的開發中國家。它們提倡減少貿易壁壘、改善通訊網路、資本流動和加強經濟整合，本意是為所有國家的利益著想，然而實際上這些做法非但未減少社會經濟不公平現象，反而讓這種現象變成常態。

　　儘管當初有關全球化的說法並非如此，然而種種帶著新自由主義經濟政策特色的相關現象，說明了全球化對工業化國家的好處更勝於對開發中國家。華特・吉利斯・皮寇克（Walter Gillis Peacock）與同事對世界體系理論進行實證檢驗，結果證明隨著時間推移，核心國家、半邊陲國家和邊陲國家在經濟發展和財富分配的差距愈來愈大，而且只有在核心國家才一致地出現財富集中。[21] 必須接受開發中國家因從前屈服於帝國主義，或者現在依賴於新殖民主義，所以跟不上工業化世界發展模式的事實。貝斯・羅伯森（Beth Robertson）與波・平斯特拉普—安德森（Per Pinstrup-Andersen）以實例說明，包括工業化國家與開發中國家，業者投資開發與收購土地，無論是用來生產糧食還是生物燃料，都構成一種新殖民主義，[22] 因為這種做法通常會剝奪

農民的權利，同時造成人口被迫遷移以求生存。即使看似出於好心，要求全球貿易須得到公平貿易的認證，[23] 食品也要有食品安全認證，[24] 以利將開發中國家的生產者與講求倫理道德的工業化世界消費者聯繫起來，但這措施仍被視為帶有些許新殖民主義的專制作風。影響所及，國際貿易體系和投資體系偏愛「富國」甚於「窮國」，導致工業化世界和開發中世界之間的經濟差距長期存在，甚至進一步惡化，大多數的影子交易就在這種全球背景下誕生。

▶ 勇於批判的勇氣

在 20 世紀末和 21 世紀初，全球地緣政治、社會和經濟環境起了廣泛變化，催生了受管制的自由主義和資本主義式民主，成為世界各地主流範式。在商業研究中，批判理論無法進入學科體系，因為商業研究傾向實證經驗主義（positivist empiricism）和理性選擇理論（rational choice theory）。結果，商業次領域的研究與學習不注重歷史的演變和脈絡，把知識重新包裝，認為改變是個體的或獨立的現象，而非歷史或社會過程的一部分，這成了商業諮詢的特色。[25] 國際貿易缺乏批判理論觀點，讓上述現象顯而易見，但國際自由貿易仍繼續被鼓吹，成為輸出自由經濟模式的主要手段，並把從事貿易活動的民族國家融入資本主義世界經濟的體系。儘管如此，艾克塞爾‧霍耐特（Axel Honneth）的元理論（meta-theoretical）研究，逼大家重新思考事實 VS 價值、自由 VS 命定論這類歷久不衰的本體論二元對立性（ontological duality）問題。[26] 他主張，分析與落實社會正義時，基於人類與生俱來的理性能力，有助於理解個體對所處世界的情感和肉體體驗的原因，同時也有助於對主流論述加以質疑。

由於批判理論持續被邊緣化，至今批判理論的支持者仍僅停留在社會學的分析和解釋，不願進一步深入探討道德與價值層面。例如，談到有害的不平等現象時，他們其實應該對解放（emancipation）進行解釋並加以規範，一如對影子交易就該這麼做。一些政治哲學家預期，進步主義會從狹隘的地方民族主義（parochial nationalism）轉變為世界性的全球主義，但現實中並沒有發生，除了透過國際法院對「反人類罪」進行象徵性起訴之外。安德魯·林克萊特（Andrew Linklater）在論及國際政治對人類造成的傷害時提出，民族國家有能力造成廣大世人受苦，這點從兩次世界大戰得到印證，此論點廣被眾人接受，成了國際關係學科的主流。[27] 這種道德性或批判性觀點在分析工業化和開發中／新興經濟體之間的隱蔽貿易時尤其能派上用場。主權國家現行的制度可能難以解決這類全球性問題（包括新興經濟體受害者遭受的痛苦）。儘管未發生世界大戰，但所有國家都該負起共同的道德責任，不僅針對自己的同胞，而且應擴及廣大世人和全球環境，可惜這種觀念尚未紮根。

涵蓋倫理

▶ 專注缺失

　　用關注倫理的角度去仔細閱讀學術商業期刊，會發現它們涵蓋的主題有些保守。人力資源相關議題包括：電子監控員工、涉及倫理的決策和工作價值觀。然而，發表於管理學期刊的文章幾乎未論及人口販運、童工、契約工，和其他不人道管理形式等問題。行銷期刊雖談論到倫理問題，例如：綠色消費、兒童電影置入產品廣告、弱勢消費群、線上拍賣詐欺，和公平交易購買。然而，這些期刊很少提及血鑽石銷售、軍用武器、器官移植旅遊，甚至有毒廢棄物傾倒等現象，這些問題明顯都符合全球的消費和生產需求。金融相關文章涵蓋財務報告、社會責任投資績效、逃稅、內線交易等等。然而，洗錢、經濟竊盜統治（economic kleptocracy）、金融保密，或遺產掠奪等問題受到的關注少之又少。企業與組織的策略議題（strategy issues）應納入倫理規範、社會責任、賄賂和企業公益慈善。有些人認為有必要將全球化非法部分納入政治經濟學學科，[28] 但還不必併入全球商業。

　　多數商業倫理書籍傾向探討有疑問的會計實務、誤導性廣告和行銷、勞工權利、消費者隱私、腐敗、永續性、企業社會責任等問題。學術教科書尤其傾向於詳細闡述倫理理論與道德決策，業者指南則聚焦在不同商業實務領域出現的倫理問題，以及該如何避免或克服它們。可以說，剛進大學的學生可能不夠成

熟，無法處理商業倫理問題，有工作經驗的研究生可能已有務實觀點，懂得如何將它應用於他們的產業和工作。大多數探討倫理議題的課程與研討會，討論的多半是在合法公司、政府和非政府組織中的不道德行動，很少探討由犯罪組織、官員、幫派、軍隊、民兵、叛亂團體等間接參與的非法活動。大多數商業文獻都專注於企業回饋的社會責任，卻沒有檢視他們是否涉及默許或不經意成為影子交易的同謀。相較之下，很少人嘗試紀錄影子交易並分析它們對個別受害者、弱勢群體、社會結構、政府政策，以及法治等方面造成的社會經濟衝擊，更不用說設法阻止進一步惡化。

普遍主義（universalism）、多元主義（pluralism）和相對主義（relativism）這三大學派長期以來就全球倫理議題展開辯論，或許可說是基於「價值觀／理想」VS「傳統／實踐」系統的兩極化所致。西方世界的人，倡議將人權和經濟正義作為普世價值體系中的公理原則（axiomatic principles），但這種呼籲往往會受到其他地區倡導文化傳統的人抗拒，這種情況導致全球倫理面臨一種難以維持的局面。基本上這些衝突起因於不同的方法論、倫理的哲學觀與社會科學觀點，在西方世界不再居上風的背景下，日益自信的後殖民世界有愈來愈多人選擇後者。塞克·克里斯提納·赫斯頓（Sirkku Kristiina Hellsten）主張，沒有任何單一倫理框架適用於全球，如果不同的利害關係人想平衡他們在地方、國家、區域和國際層面的責任，那麼需要有國際性知識。[29] 儘管如此，全球倫理學研究受到國際關係學科影響，探討的是公民、企業、政府、政府間國際組織等具有全球影響力實體的道德責任。

儘管跨學科方法值得讚揚，但這方法恐流於太過偏重某種族或民族為基礎的倫理學，所以和理性主義提出的倫理學一樣，均不適用於探討全球性議題。理性主義者主張，他們所提出的倫理學來自於西方背景，所以適用於西方世界。儘管未提出任何綜合倫理框架，赫斯頓警告在研究所謂東方替代倫理框架時（用以對照西方倫理框架），切勿不經意帶著新殖民主義或幾乎是帝國主義的態度。

▶ 勾勒不法行為

　　有些術語用來歸類遊走在法律之外或在道德邊緣的生意，例如：非法貿易、非法企業、影子經濟（shadow economy）、不正常企業、灰色貿易、黑市等等。這些術語經常被交互使用，但是在學術出版物或大眾媒體上，大家對它們的定義以及它們是否重疊或交叉，幾乎沒有共識。尼爾斯‧吉爾曼（Nils Gilman）、傑西‧高漢默（Jesse Goldhammer）和史蒂芬‧韋伯（Steven Weber）在他們的著作裡概括了異常全球化的概念，涵蓋跨國經濟網絡，這些網絡「生產、運輸和消費各種東西，例如毒品、珍稀野生動物、搶劫文物、仿冒商品、髒錢和有毒廢棄物，以及尋找無證工作和非正統（不符當地風俗文化）活動的人口。」[30] 莫依塞斯‧奈姆（Moises Naim）以更嚴謹、法律化的措辭，將非法貿易定義為「違反規則的貿易。規則包括法律、法規、許可證、禁運，以及民族國家用來組織商業、保護公民、增加稅收和執行道德準則的所有常規。」[31] 金柏莉‧塔丘（Kimberley L.

Thachuk）為一本探討跨國威脅的書籍擔任主編，該書根據政治學觀點，認為這些非法活動涵蓋「恐怖主義、各地的跨國犯罪、迅速轉為民用的軍備技術、國際毒品販運、洗錢、腐敗、網絡戰、網路犯罪、大規模移民和人口販運等等。」[32]

　　合法實體和非法活動互有關聯，而且無論合法與否、有無道德，這些見不得光的活動往往有助於合法企業的財務獲利。如同 R. T. 奈勒（R. T.Naylor）等人所主張的，很難區分合法經營者和非法業者，後者滿足企業供應鏈的需求，為前者提供諸如勞動力、資源和資金，前者為利所驅，刻意與後者進行交易。[33] 艾哈邁·伊丘伊古（Ahmet Icduygu）和蘇爾·托塔斯（Sule Toktas）指出，基於互惠互利，合法實體從事非法活動，非法實體從事合法活動，尤其在開發中國家／新興世界，國家刑事司法系統很難區隔兩者之別。[34] 同樣地，反對血汗工廠、不公平貿易和衝突資源的社會運動家聲稱，他們能辨別全球商業中的非法與合法活動，然而各國卻難以區分兩者。[35] 更重要的是，儘管消費者聲稱自己有道德精神，但是他們通常會選擇忽視在複雜的產品供應鏈中存在的不道德做法，進而助長影子交易。他們可能以經濟的理由，合理化自己的購買行為，儘管商品生產者可能使用了受剝削的勞動力、衝突資源、受汙染的製程，而且還逃漏稅。

　　本書將影子交易定義為：任何違反或規避國家、地區，或國際法律、法規和政策，卻仍被納入到合法全球商業體系的商業行為或操作，成為全球商業見不得光的一面。牽涉其中的非法實體不見得一定是跨國犯罪集團，特別是一群逐利者（來自非正式經濟體的個體）組成的暫時性跨國網絡，對執法構成一大挑戰。

無論如何，這類交易涉及的剝削，在道德上令人難以接受，對個人、社會、動物和生態系統造成或短期或長期的傷害。這個概念發現，每種影子交易以及影子交易之間，都存在程度不一的合法性，可以被大幅地融入到正當、合法且道德沒有疑慮的企業裡，有些人可以利用這些企業非法獲利。這概念也意味，這些影子交易通常不透明，因為某些貿易活動只有經營這些企業的人才能夠完全了解，其他活動則令人憂心，因為這些貿易活動往往被暗地裡納入世界經濟，對整個經濟體系造成傷害。

▶ 深入研究

　　對於全球性問題，例如氣候變遷、恐怖主義、核電廠輻射外洩、金融危機或危險病毒，進行研究非常重要，以確定這些複雜問題造成哪些危害、因果關係和需要做哪些補救措施。烏爾里希・貝克（Ulrich Beck）敏銳地指出，這種全球性風險在本質上很不對稱，由於國家之間的實力差異，導致這些問題被輸出到其他國家。[36] 這類分析能與影子交易的概念產生共鳴，因為這些風險從工業化國家跨越國界，蔓延到新興開發中世界。有些影子交易已有進行很長一段時間，例如有毒廢棄物和器官買賣，其他交易則涉及複雜的因果鏈，例如洗錢和衝突礦物。波伊克・雷貝恩（Boike Rehbein）的立場與後現代和後殖民主義的主張一致，認為社會科學研究的反思能力有助於研究主題認識與批判主流文化，從而推動社會變革和進步。他因此提出萬花筒式辯證法，讓看似不相關的的學科領域互動促進新的觀點。[37] 此外，批判性觀

點必須在特定背景下進行解釋，並與相關的知識、實踐、理論和倫理結合。以批判觀點分析影子交易當然必要，特別是在制定全球經濟政策或進行全球商業活動時，影子交易已造成一些未被預料或被忽視的後果。

重提責任感

▶ 社會經濟正義 ────────────────

　　國際關係領域，傳統上更偏重國家權力和國際政治的觀點，以及講究理性和邏輯為基礎的觀點，如今則已承認跨國公司是社會和經濟的要角，應該受到監管。儘管如此，國際關係裡建構主義者（constructivist）認為，政府除了監管跨國公司，也要與它們合作，共同承擔社會和經濟責任。邁西斯・霍佛伯斯（Matthias Hofferberth）等人主張，跨國公司作為企業公民，不再只會被經濟合理主義所驅動，反而愈來愈能夠關注社會責任和適當行為，積極履行作為企業公民的社會責任。[38] 雖然這種觀點認為，企業在面對社會和道德問題時，不再是和國家之間的零和博弈，但是這種看法是否成立還有待商榷。企業行為是否主要還是受自身的經濟利益驅動，包括風險迴避，仍然存在爭議。然而，各種公民社會所推廣的新規範逐漸影響到企業，非政府組織成為催化劑，推動跨國公司進行變革，這些變革被體現為跨國公司承諾擔負企業社會責任。然而這些承諾可能僅僅是企業為了應

對社會責任而採用的口號，顯示在其演講、宣傳和報告中，並沒有實質性地改變業務策略，因為除了爆發醜聞或危機，否則很少有人擔負責任。

在如何協調企業的經濟目標和政治社會目標的問題上，存在兩種極端觀點。一種觀點認為，在資本主義中，市場隱藏的手可以限制企業的過度行為，以促進更大的社會利益，這是亞當・史斯密（Adam Smith）的觀點。另一種觀點堅信，政府代表公民需要干預經濟，以約束企業，才能最大化社會利益，這是約翰・梅納德・凱恩斯（John Maynard Keynes）的主張。馬莉索・桑多瓦（Marisol Sandoval）的看法介於這兩個觀點之間，認為企業有四種履行企業社會責任的途徑。[39] 還原主義（Reductionism）將社會問題當成商業機會，以此獲得競爭優勢並預防政府的管制。投射主義（Projectionism）將商業理想化，認為理想化企業能夠滿足所有利益相關人士的期望，因此可以在保持獲利的同時解決社會問題。二元論將企業追逐利益的目標與造福社會的目標一分為二，認為先有前者，才能實現與支持後者，而造福社會的目標通常在後期才會實現。辯證法發現，企業透過剝削勞工實現利潤和解決由此引起的社會問題之間存在內在衝突，因此將所有企業社會責任的論述視為不誠實。喬哈娜・高霍佛（Johanna F. Gollnhofer）和約翰・舒頓（John W. Schouten）提出了一個值得讚許的觀點：將企業社會責任改為「社會化企業的責任」（RSC），或承認「共同財富」的概念，並民主化經濟，包括工作場所在內。[40]

▶ 企業公民

所謂企業公民的概念，意思是企業有權參與事業營運所在國的政治活動，並且有義務對當地承擔其社會責任，隨著企業在資本主義經濟的影響力愈來愈大，它們也需要充當類似於社會組織的角色，與政府間組織合作。[41] 這將標誌著從公民身分的法律觀念（權利與義務）轉變為基於價值觀的道德概念（承擔社會責任），其中價值觀呼籲企業實現合法且可持續的利潤，而非追求短期財務報表的利潤最大化。隨著企業從基於因果關係的責任轉向基於能力的責任，社會正義變得不再是自願慈善捐款或做公益，而是道德倫理上必做之事，杜絕它們在各經濟體和社會的不法行為。阿奇・卡洛（Archie B. Carroll）長期以來倡導企業的社會責任，他認為，企業在履行其經濟責任、法律責任和慈善責任方面表現較好，但在道德責任方面表現較差，尤其是當需要付出代價時。[42] 德克・馬頓（Dirk Matten）和同事主張擴大企業公民的概念，而不是將其與企業社會責任混為一談，他們認為企業作為全球化推手，需要承擔先前由國家承擔的角色，這些國家現在已經失去了權力。[43] 然而，現實中企業倫理似乎仍然被簡化為企業社會責任，和只履行最基本的道德規範。

由於跨國界的影子交易活動範圍頗大，各國政府難以監督和管理，但跨國企業能在阻止影子交易上發揮重要作用。由於此類企業在多個國家都有代表，因此它們通常比許多國家政府更有能力促進全球社會變革，不該以經濟全球化的名義，規避跨國界主權的法律和社會問題。

跨國企業如果想確立其作為全球企業公民的合法性，必須依倫理行事，與中央及地方政府、政府間國際組織以及非政府組織合作，逐步努力實現社會經濟正義。根據阿馬提亞·沈恩（Amartya Sen）的說法，任何社會機構的價值都建立在確保人類享有真正的自由，亦即得努力掃除文盲、飢餓、疾病、缺乏公民權利等因素造成的束縛。[44] 跨國公司不單單要滿足重要利害相關人士的需求、在營運國家尋求自己的公民權利，如果無法捍衛，至少需要尊重所有公民的公民、社會和政治權利。一些跨國公司可能會對貧民窟作出反映性的改善措施，包括提供他們醫療服務、贊助學校、監測職場環境、承認財產權等等，這些象徵性措施係為了改善公司的公關形象以及拉攏和政府的關係。除了這些努力之外，企業有道德責任解決影子交易造成的問題與後果，畢竟影子交易已影響其全球業務和所屬產業。

▶ 立法授權

　　在工業化國家，企業高階經理和專業游說團體對政治人物進行游說，影響特定法案的法規內容，以及對企業至關重要的公共政策議題，但是他們不太關注公民和社會議題。在美國社會，企業透過建立選民基礎（constituency-building），拉攏選民支持或推動某個社會議題，這做法對於政治人物而言，通常比行使經濟實力（如捐款）更有效，畢竟政治人物為求尋求連任這個自利動機，會努力建立選民基礎，以獲得更多的支持與影響力。[45] 在較貧窮的開發中國家，提供就業與出口稅收的企業和產業，往往

有相當大的政治影響力，因此可以避開被監管。然而，跨國公司仍然容易受到來自政府間國際組織和非政府組織的道德壓力，通常受到其他國家政府敦促，或是工業化世界更具道德合規性的對手企業施壓。因此，企業社會的責任不僅是致力於避免對社會造成負面影響，而更應該為社會做出積極貢獻。大多數的影子交易（表 2.1），無論是在勞動力、資源、產品或是金融等領域，根源都是為了脫貧，所以跨國公司得為其所在產業的任何剝削行為負起共同責任。

　　孟加拉的成衣業願意讓外界監督其勞動行為，尤其針對政府間國際組織和非政府組織所關切的童工問題，這是一件具里程碑意義的決定，可做為他國榜樣。[46] 然而，大家仍不斷質疑這是工業化國家對其自身製衣業或相關工會工人的保護主義措施，這些對其國人的保護措施並不是出於善意想去解決開發中

表 2.1　影子交易形式

人力交易	資源交易	產品交易	服務交易
人口走私	**衝突採礦**	**武器轉移**	**洗錢**
人口販運	**野生動物偷獵**	**廢棄物轉運**	**逃稅**
契約工作	**非法伐木**	**電子廢棄物回收**	**器官移植旅遊**
脅迫勞動	**古蹟文物竊盜**	**器官取得**	**軍事合同**
郵購新娘	原油走私	假藥	游說與貪腐
生育代孕	未受規範捕魚	肥料與殺蟲劑	加密交易
國際收養	攔截水資源	毒品走私	盜版與贖金

註：粗體字的交易見於特定章節，其他交易透過個案研究出現在第九章。

國家面臨的社會和經濟問題，反而是基於工業化國家的自身利益。可以說，即使是備受讚賞的「金伯利鑽石流程」（Kimberley Diamonds Process）也存在缺陷，若想有效解決該流程想要解決的社會威脅，必須擴大鑽石的監測範圍。[47] 同樣地，相較於世界貿易組織（WTO）制定的菸草管控政策，其實更靈活的做法可能才得以更有效地克服菸草走私的誘因。否則，菸草公司可能發現參與香菸非法貿易符合他們的自身利益，而非跟政府合作聯手打擊非法菸草交易。影響所及，破壞了受影響國家的衛生醫療政策。[48] 迄今大多數關於北韓經濟關係的報導，都強調北韓政府參與非法貿易，儘管北韓受到經濟制裁，但是中國和南韓對北韓的貿易和投資卻不減反增。[49] 這些例子全都顯示，國際法規不見得能減少影子交易行為。

分辨暗影與白晝

▶ 相對倫理 ───────────────────

　　由於大多數國家本質上是多元文化，跨國公司、政府間國際組織，和非政府組織的管理者需要對於倫理觀念的差異保持敏感度，尤其勿用一般宗教或道德的價值取向做出假設。例如在像印尼之類的開發中國家，發現三個微觀文化（micro-cultural）群體對於倫理問題的看法存在差異，很大程度是由它們不同的宗教、政治和經濟價值觀所造成。[50]

另一方面，儘管世界各種宗教存在明顯差異，但是它們能夠就商業倫理的永續性、分配正義和人權等主題達成共識。[51] 然而，許多有關比較商業倫理實踐的學術研究，仍然以刻板印象的國家觀點定義文化（這是最好的情況），而最糟糕的情況則是認為文化與這些問題根本不相關。值得注意的是，已經制定了一些大家普遍可接受的商業道德實踐的諒解備忘錄，例如「聯合國全球契約」（UN Global Compact）。儘管如此，這些備忘錄將責任轉移給國際組織和非政府組織負責監督合規性，而不是個別國家須切實執行國家法律。有些國家甚至允許企業以自我報告的方式進行合規檢查，這也引起一些爭議。

長久以來跨國公司因對於營運所在國的經濟和社會產生負面影響而飽受批評，或許如今可透過企業社會責任，扮演發揮特殊功能的角色。在分析全球商業時，大家愈來愈一致地朝多維度地看待工業化、新興和開發中經濟體中的勞工剝削、消費主義、汙染、資源枯竭、腐敗和人權等問題。然而，到目前為止，跨國公司的企業社會責任努力是否足以彌補它們對全球各國和社會的負面影響仍然值得質疑。

由於這些倫理問題先在社會被提出，然後由企業出面解決，學術研究往往傾向於被動而非主動。從這個領域的兩大學術期刊所反映的情況看來，大家對於全球化商業可能存在兩種截然不同的觀點：一種是更廣泛和跨學科的觀點，認為全球化是一股追求和平的力量；另一種較狹隘，側重跨越國界企業活動的管理觀點。[52] 在此期間，一個更務實的做法可能是透過干預（介入）補足資本主義世界經濟的主流範例，將社會行動主義引導到與企

業和政府合作，平衡市場需求與公共倫理之間的矛盾。

▶ 管理顧忌

　　大多數商業道德模型都傾向把公司（企業）放在中心位置，公司利害關係人的責任主要都是以企業社會責任的言論所定義。迪昂・羅索（Deon Rossouw）對商業道德體系化的方法進行分類，這些方法不是相互排斥，而是彼此互補。其中「社會科學」方法關注的是達到客觀知識；「管理」方法旨在協助管理者應對實際的道德倫理問題；「組織利益」方法將道德倫理視為經濟成功的工具；而「道德倫理指導」方法旨在在宏觀的經濟政策層面、中觀的企業道德義務層面，和微觀的企業內部行為層面，界定倫理道德標準。而「倫理道德控制」方法則關注組織內部和外部的控制，防止道德失誤或修正已經發生的道德疏失。最後，「倫理道德發展」方法則認為倫理道德行為與商業領袖的性格有關，因此重點是發展商業領袖的道德觀與道德視野。整體而言，大部分商業倫理出版物旨在為管理提供指導或服務組織的利益，很少強調倫理道德發展。更正確地說，我們需要的是道德想像力，即能夠獨立思考和行動的能力，並以系統的方法將個人、組織和社會層面的分析互相結合。[53]

　　史考特・賈克（Scott Jacques）和理查・萊特（Richard Wright）將暴力和非暴力的資源交換做出區隔，有助於解決影子交易問題。他們主張，想了解任何犯罪活動的暴力行為，得採取溫和行動才行。[54] 這種對現狀的徹底重新評估對於對抗與全球商業

活動並行的影子交易十分重要，因為在我們的資本主義世界體系，非法行為和合法公司之間的界限已經相當模糊。在過去十年，「管理存在黑暗面」這一概念已經廣被接受。一如吉拉德‧漢倫（Gerard Hanlon）所闡述的，這概念起源於 20 世紀初，資本主義生產方式愈來愈依賴勞動力，而不是依賴勞工的技能和經驗。加上勞動分工愈來愈細，組織分層設計和技術發展愈來愈專門化，工人階級抵制資本主義的生產能力逐漸受到破壞。談到如何激勵勞工進而提高生產力，管理學者和顧問呼籲企業選擇和培訓的對象，必須具有適合的個性以及態度易受影響的勞工，透過提供看似良好的工作環境說服勞工相信，他們正在創造價值並從中受益。

特別是在後工業服務主導的經濟形態，員工的表達能力、同理心和人格特質在與客戶和同事的合作中被優先考慮。因此，在新自由主義的雇用市場，勞工的自我表達和虛假人格成了在就業市場勝出的重要條件，而非專業知識。[55] 管理的陰暗面就是管理人員利用操控人力資本的方式，讓勞工提高產出，為企業創造更高的利潤，儘管管理階層表面上看似賦予勞工更多權力。這現象需要與本書介紹的新概念「影子交易」進行比較和區隔，並在本章末尾的暗領域給予部分交待。

論點總結

時不時就某個影子交易問題表達道德義憤或是倉促採取嚴

屬措施，不見得有助於找出更深層問題，也不一定能解決跨境商業活動造成的長期後果。歷史上，社會的重大變化，無論是過去的奴隸制還是現在的氣候變遷，都是由擁護者或一小群有志之士為首，他們讓大多數人意識到問題所在，激勵一小群有心人士為沒有發言權的受害者發聲。企業領導階層對於消費者抵制、股東質疑，導致股價和獲利能力下降都很敏感，政治領導人則高度受到能否成功連任、民意調查和選舉人票所驅使。學者、政府和非營利組織的質疑與研究應該被視為「重新審視」（re-searching），以新的眼光審視現有的知識與資訊。更有雄心的學術界也許想進一步闡釋全球商業，如同本書努力想為影子交易的研究奠定基礎和制定干預策略。企業與政府領導階層對於媒體揭露造成的可怕後果很敏感，因此迫切需要用法律保障獨立媒體、編輯自主權、新聞報導自由和吹哨者保護計畫，相關法律需要高標準規範並嚴格執行。

　　如果主要商業倫理書籍可供借鏡的話，它們似乎只專注於狹窄的範圍，且不斷重提古典哲學，忽略過去一個世紀以來的道德辯論，以及像新殖民主義與全球化的社會背景和政治結構。我們沒有一個整體目標，鼓勵我們用不同方式思考和行動，碰到不光彩事情被曝光後，才急就章著手立法和執法，最後往往證明將招致反效果。

　　我們必須承認，無論影子交易多麼可憎，它都已是一個相當大的商業網絡，需要在國家社會和世界經濟的脈絡下進行系統性審視。學者往往忽視隨著全球商業發展而衍生影子交易這個相關問題，但透過對影子交易的研究並進行政治參與，學者有機會

超越被批評待在自己象牙塔的傾向，以及跨出學科間的隔閡。因此，本書主張對影子交易進行深入的行動研究，建立跨學科的榜樣，進一步發展道德知識，提出各種層次的世界經濟倫理標準，並催生負責任的商業、社會和政府領導力。

暗領域

▶ 管理的陰暗面 VS 影子交易————————

　　為了強調管理學存在陰暗面，遂出現「陰暗面」（dark side）這個大家朗朗上口的用語，導致一連串的研究和文章強調管理學形形色色的形式，以及在諸多商業功能上的應用，而這些研究和文章並非具有一脈相承的學術批評立場。研究組織陰暗面的學者從探索工作場所的暴力和侵害等不法行為開始，而今已擴大到涵蓋壓力、性騷擾、追求權力、印象管理等現象。這些行為不僅對個別勞工，甚至對整個組織都會造成傷害。有些行為造成的成本可以衡量計算，如缺勤、職場偏差行為、人員流動、詐欺、資產受到破壞與偷竊。其他行為，如違反保密規定、壓力、生產力下降、有組織的抵制、公司卸責、違反法律等等，這些造成的損失不太可能量化。組織不停地追求競爭力與成功可能會加速企業與以下現象掛勾：組織犯罪、俘虜政府（state capture，國家遭特殊利益團體把持）、支持獨裁政權。

行政暴力

　　其中一個可延伸的研究是探討領導力的陰暗面，亦即所謂的變革型、指導型、分配型和轉折型領導力何以不一定能嘉惠組織。反面領導力形式鮮少被大家知悉，甚至會出現在教育機構裡，特徵是出現控制、虐待、騷擾等行為，以及毒性關係，這些往往會對員工造成壓力，尤其是對最脆弱的員工。[56] 實業家精神代表一種特殊的領導力形式，它帶領新創企業邁向成功，但作為管理階層、同事、投資者客戶等強調合作精神的角色時，這種領導力可能會出問題。由於這類領導人需要支配和肯定，他們可能會扼殺他人的見解、指責別人，並造成財務損失。[57] 還有人指出，來自民營部門的領導方式愈來愈頻繁地被強加諸於公部門的管理階層。由於公營與民營不論是組織精神還是員工受雇動機都不相同，這種做法不利於公共部門，因此也構成管理學概念另一個陰暗面。[58] 據報導，公共管理學的另一個陰暗面是收編公共網絡，目的是提高績效，但恐偏袒政治強人，擴大社會不公平的現象。從心理學角度分析領導力陰暗面的學者，研究範圍涵蓋主管風格、職場性別平等、團隊行為等領域。

　　然而，為了掩蓋組織內部的非法行為，這類見不得光的行為往往被包裝成合法行動或是有助於建立共識，除了透過民族誌式的研究方法、敘事（文本）分析和隱蔽的手段，否則很難深入研究。[59] 組織內追求地位（出人頭地）的行為到頭來可能破壞同事的業績，刻意提高自己的表現。與這一個黑暗面相關的領域是組織內精神病患（organisational psychopaths），這些人在企業內追求權力、地位和財富的過程中，透過魅力、操控和不實包裝提

升地位或爭取晉升。然而他們為達目的不顧道德良心、高度政治考量、做出短視近利的決定，以及顯示以下的傾向：會計欺詐、漠視投資者權益、不明智的收購、操控股票市場、職場霸凌、罔顧企業社會責任等等。[60] 然而，其他發表有關管理學陰暗面文章的研究員，擅長於人力資源管理、諮詢服務和創業精神等領域。

不當的行銷行為

應用於行銷領域時，陰暗面的討論包括一系列的面向與解決方案，主要是為了行銷公司的利益，其中一個研究對象是伏擊行銷（ambush marketing，譯注：亦譯寄生行銷或埋伏行銷），即品牌未出資贊助某個活動（如體育比賽或音樂表演），卻以旁敲側擊的寄生方式行銷自家品牌的一種行銷手段。學者援引理論性概念，認為如果官方贊助商能夠利用伏擊行銷的現象突顯自己品牌的特色，那麼這種行銷的陰暗面實際上對他們是有利的。透過日常行為抵制行銷影響力的消費者往往不受行銷公司重視。因此研究揭露消費者以毆人、丟棄和躲藏等方式抵制商品，理應是為了讓學術界進一步研究調查，這篇研究隻字未提對行銷公司有何啟示。同理，一篇關於物質主義和強迫購物的文章，被認為是探討消費者行為的陰暗面之一，為研究員提供新的見解與角度，卻沒有提及行銷業如何利用消費者這種傾向。[61]

更新的電子科技導致所謂消費者「不當行為」，藉由了解消費者關係，了解是什麼導致這種消費者行為的陰暗面。內容行銷提供的內容與顧客相關但未直接明示產品的訊息，目的是將潛在客戶轉化為忠實客戶。這其中的陰暗面包括為不同的目標受眾

製作相互矛盾的內容，因此牽涉到提供錯誤與不實訊息。互聯網傳播力無遠弗屆，能夠在沒有競爭的情況下，向各個分眾市場提供內容變化多端的訊息，目標受眾不知不覺間為企業擴大了社群媒體的觸及力。在消費者關係的另一端，消費者以惡作劇、搞笑和欺騙等方式，對著行銷網站酸言酸語，這些都是為了刺激社群媒體的反映，往往沒有惡意。不過，對於行銷人員而言，不易在網上進行監管，因為他們不能寄望法律的補救措施，也不能指望社群媒體網站負責審查把關，因此說這是一個陰暗面。儘管社群媒體平台提供了打擊這種現象的工具，如禁止酸民進入品牌社群或警告消費者，但行銷人員可能會適得其反地提高大家對酸民的關注，而關注正是酸民覬覦的。[62]

其他行銷領域應用到陰暗面論點的包括零售業，消費者權益團體指控他們未盡到社會責任。學術研究並未解決零售業實務的問題，而是根據消費者對零售業的觀點，設計了一個量表，確定十四個未盡到社會責任的因素，作為零售商衡量與管理的參考。[63] 反之，一篇關於消費者關係陰暗面的文章，點出行銷作為手段和目標的十種做法。該文指出，這些不正常、有破壞力的普遍做法，迥異於消費者關係原本應該有助於維持消費者對品牌忠誠度的初衷。[64] 企業與企業之間維持關係的策略是互惠的——透過相互學習有利創造價值，進而邁向成功。但企業關係的陰暗面圍繞結構性問題打轉，例如規模差異、能力發展、創造力和市場動態會隨時間變化等等，這類研究還不夠充分。[65] 此外，知識管理措施的短期成果會造成解決問題能力下降、教條主義和社會疏離等陰暗面，這種現象後來才規律地出現。[66] 供應鏈管理與行銷

有關，因為削減庫存造成的混亂確實導致客戶不滿，但這被視為一種陰暗面，可能是誤會，因為這問題可以透過供應連續性模式（supply continuity model）加以補救。[67]

關鍵問題

有關商業和管理的各種陰暗面，兩者的相似點是否高於差異？影子交易是否等同於全球商業的黑暗面，還是兩者在定義和特徵上均有顯著差異？

管理的陰暗面概念能否適用於任何一個影子產業？如果可以的話，是哪一個？勞動剝削是不是極端的管理形式？畢竟企業試圖透過剝削勞工實現最大化的利潤。還是說，這將管理的陰暗面概念延伸得太廣與太遠了？

為什麼關於行銷陰暗面的研究一直建議需要進一步調查這現象？還是說這些文章已有了如何管理有問題做法的辦法，以及克服不利看法的見解？

內容行銷和影響力是否構成了社群媒體和品牌社群網站的陰暗面？還是存在一種更隱蔽的做法，亦即業者在網上偷偷收集個人數據並將其變賣獲利，目的是操控消費者行為？

第三章

不正常人口移動和
勞動壓榨

概述

　　只要為了生計而遷徙的移民是世界經濟不可少的一環，各種形式的剝削就會與移工並存，特別是在開發中新興國家，但工業化世界也一樣。本章根據國際組織報告提供的可靠預估，以及來自媒體和學術界的訊息，概述了全世界人口販運、走私、奴役和脅迫的程度，以及發生的地點、牽涉的利潤。本章努力整理前因後果，諸如內戰、貿易政策、氣候變遷和貧窮生活，以及他們與特定行業中特定類型工作的連結。本章提出了透過工人賦權（worker empowerment）、受害者除罪化、提高消費者良心意識（consumer sensitisation）和供貨資源減銷（sourcing de-marketing）等方式作為解決這些問題的暫定建議。由於勞動剝削與勞資關係、就業壓力、工業社會學、工作環境健康與安全、公共政策和人權等議題相關，這些領域的從業人員和研究員在解決這些隱性移工的困境時，可以發揮一定的作用。因此本章努力涵蓋人口走私、強迫勞動、契約工作、性工作、童工、非正規經濟、資本主義經濟、貧困、開發中國家、全球供應鏈和工人賦權等議題。

人口買賣

▶ 歷史上的先例

　　奴役和販賣人口一直是人類歷史上衝突和征服不可少的一

環，無論是歷史書提到的那些帝國，還是在偏遠地區某個部落討伐另一個部落（只不過歷來從未被充分周詳地紀錄）。奴役與買賣人口也是主流的商品和貨物貿易之一，只不過與暴力掛勾，例如非洲黑奴被販賣到大西洋兩岸的歐洲與北美，類似的人口貿易在西印度洋和撒哈拉等地也存在，但不那麼引人注目。全世界許多地方的農民都是封建地主和貴族的農奴，不僅是在中世紀，而且直到今日亦然。有些人民面臨饑荒或戰爭，特別是近幾個世紀以來中國和印度的人民，因而決定遠赴遙遠的國度擔任低薪工或抵債奴工（bonded worker），希望追求翻身的機會、尋求政治庇護或兩者兼具。此外，契約勞工是歐洲殖民國將人民從他們控制的領土，轉移到殖民帝國轄下另一個領土的主要手段，通常需要跨越海洋，為他們的公司或富人服務。這些移工成為開墾莊園、開採礦物、建造鐵路等工程不可或缺的人力，這在奴隸制被廢除後基本上是必然的現象。

▶ 當代人口販運的形式

　　儘管在當代道德觀念中，人口交易被視為惡行，但今天仍然與全球合法的商品貿易以及服務並存，儘管並不顯眼。由於開發中國家和新興經濟體的移工是為了滿足工業化國家對廉價勞動力的需求，販運、奴役、脅迫、走私，和其他形式的人口剝削會同時與其並存。雖然這類被壓榨與剝削的勞動力的性質不一，所以很難有明確的定義，因此也很難解決這個問題，尤以解放受害者更是難上加難。儘管現有的法律禁止這些做法，但愈來愈多的

表 3.1　現代奴工的區域分布 [1]

區域	強迫勞動	強迫婚姻	奴工總數	普遍程度（%）
亞太地區	16,550,000	8,440,000	24,990,000	0.61
非洲	3,420,000	5,820,000	9,240,000	0.76
歐洲	3,250,000	340,000	3,590,000	0.39
美洲	1,280,000	670,000	1,950,000	0.19
阿拉伯國家	350,000	170,000	520,000	0.33
全球	24,850,000	15,442,000	40,293,000	0.54

證據顯示，情況顯然不是如此，這不該只限於是社會學家、地理學家、社會工作者和犯罪學家的職權範疇。被走私販賣的勞工、抵債勞工、被脅迫的勞工似乎難以解決，這是因為市場追求廉價的服務成本，因此它成了值得商業研究的課題（表 3.1）。然而當代經濟學和管理學學者和從業人員，針對這方面的研究調查和干預均顯不足，似乎暗示，這種買賣人口的影子交易在資本主義世界經濟中被認為相對地無足輕重或無關緊要。

虐待行為的形式

▶ 人口販運

　　彙整人口販運的統計數據時，從定義、研究方法，乃至政

治議程都存在相當大的差異，更別提接近這類高度敏感影子交易的難度。根據聯合國的定義，人口販運包括三個重要元素：「人員招募、轉移和接收等行為；透過威脅、強迫或欺騙的手段；並以剝削壓榨為目的。」但沒有提供明確的統計數據。[2] 十多年前，國際移民組織（IOM）估計，被跨境販運的人數為 400 萬，販運的總收益是 70 億美元。[3] 然而，美國國務院的估計則保守甚多，稱每年全球人口販運的受害者約 10 萬人，有刑案紀錄的起訴是15000 件，9000 人被定罪。[4] 國際勞工組織（ILO）估計，人口販運牽涉的金額至少 320 億美元，相當於全球燃料貿易的 3.2％，或全球旅遊服務貿易的 5.1％。[5] 因此，數不清的人被偷偷地在五大洲之間和內部販運，通常是經過邊界不明確和不受監控的偏遠地區。

工業化世界愈來愈關注人口販運問題，在時間上似乎與愈來愈多到歐洲尋求庇護卻成了人口販運受害人的現象相符。[6] 不過聯合國毒品和犯罪問題辦公室（UNODC）指出，歐洲之外，亞洲、非洲、拉丁美洲、前東歐集團和前蘇聯國家等地區，成了販運人口的來源地或過境地點，也是販運人口的目的地，而目的地中包括工業化國家（圖 3.1）。在來源國和過境國當中，旅行社往往扮演中間人，提供被盜護照和假簽證（這業務由專業犯罪集團承包）。儘管販賣婦女從事性工作的行為十分惡劣，但這遠遠不是唯一值得關注的人口販運形式。人口販運也與全球主流體育有關，只是兩者的聯繫遲遲沒有得到承認。例如，有前途的非洲年輕球員被販運到歐洲，得到提供培訓的承諾，若後來被任何球隊選中，或是不幸未被選中而被拋棄，都得把花在身上的費用

償還給經紀人。[7] 一個常被忽視的領域（一個更難追蹤的領域）：若人口販運範圍大，橫跨區域經濟區或是在巴西、俄羅斯、印度和中國等幅員大的新興國家，人口免不了從較貧窮的農村地區被賣到較富裕的城市地區。

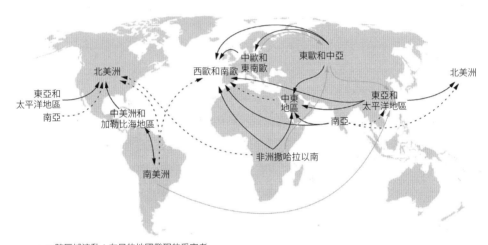

➤ 跨區域流動：在目的地國發現的受害者
➤ 跨區域流動：在目的地國發現的受害者不足5%
➤ 跨區域流動：從目的地國被遣返的受害者

圖 3.1　全球主要人口販運路線[8]

註：地圖上顯示的邊界和名稱以及使用的稱號，並不代表獲得聯合國正式認可或接受。

Copyright © UNODC, Global Report on Trafficking in Persons 2018 (United Nations Publication, Sales No. E.19. IV.2.), Map 6: Main detected transregional trafficking flows, 2014-2017. Used with permission.

▶ 人口偷渡

以偷渡人口為例，受害者往往是個別的經濟移民或政治難民，他們雖然是自己付錢，但可能到了目的地後受到壓榨剝削。根據聯合國《打擊偷運移民議定書》（UN Migrant Smuggling Protocol）的嚴格定義，偷運（偷渡）移民指的是「為了直接或間接獲得錢財或其他物質利益，促成不是某國公民或在某國無居留權的個人非法進入該國的行為。」[9] 在全球範圍內，較大規模的人口偷運往往由傳統的犯罪集團所為，如黑手黨、三合會等等，不過像墨西哥與美國邊境的小規模黑道也有能力協助移民偷渡。迄今，撒哈拉以南非洲地區的最大移民群來自奈及利亞，該國的人口偷渡與已在歐洲建立的移民社區，以及家鄉的傳統領袖（如宗教教長）緊密連結。[10]

在亞洲，據說從中國偷運人口到海外是由小型家庭企業承攬，這些企業通常從事合法的旅遊和進出口業，將私運人口視為有利可圖的副業。[11] 更可惡的是，據稱中國政府和工商團體串連，透過拉丁美洲的開發中國家向工業化國家偷渡人口。[12]

當他們最終從事家政工作、家庭手工業、移民農場勞動、孤立的小企業，甚至非法貿易時，社會研究員、經濟學家、政策制定者和執法者，往往看不到人口偷運的受害者。被偷渡的婦女受雇旅遊業從事性工作，被偷渡的兒童在血汗工廠生產各種商品，通常是為（在）工業化國家生產製造，並只領取微薄薪資。

▶ 抵債勞動

　　儘管「巴勒摩議定書」（Palermo Protocol）將抵債勞動視為犯罪，但抵債勞動構成全世界半數的強迫勞動。[13] 世界各地許多合法移工最後淪為家庭傭工、兒童照顧者、運送毒品的車手、搶匪、街頭小販、路邊行乞等抵債勞工。[14] 根據傳統的定義，因債務而淪為抵債勞工，指的是一個人靠自己或家庭成員提供勞務服務，用於抵債、預支薪水、償還外派的仲介費等等。作為歐洲中世紀特色之一的封建主義，至今仍是許多開發中國家和新興經濟體農場的普遍做法。國際勞工組織估計，在 2000 年代中期，全球有 810 萬抵債勞動的受害者，堪稱最常見的奴役人類形式。[15] 非政府組織「解放奴隸」（Free the Slaves）認為全球的奴隸人數遠不只這數字，高達 2700 萬，而且在過去十年幾乎沒有變化，其中光是印度次大陸就有 1500 萬至 2000 萬的抵債勞工。[16]

　　西非國家茅利塔尼亞（Mauritania）的奴隸制由來已久，由於立法不力，執法不嚴，直到 21 世紀，仍有大約 4.3 萬人因為抵債淪為奴工。[17] 在中東地區，例如卡達興建奧運場館，都傳出使用抵債奴工。[18] 該地區還有許多移工從事零售、家庭傭工、清潔和其他卑微工作，他們持的是雇主擔保簽證，所以雇主完全可控制受雇者的生活，不受當地勞動法的約束。球員作為抵債勞動力的一種形式，職業球隊可以不經球員同意就進行交易，讓人想起古代競技場的角鬥士，只不過當今簽了抵債合約的運動員，可以為球隊賺進數百萬美元。

　　有關抵債勞動的統計數字只反映社會複雜奴役制的一部

分，不管數據是怎麼算出來的，都讓人十分駭然。服務未得到合理薪資、流動性受到嚴重限制、工時沒有上限，或債務人長期被置於受奴役的地位，這些也都可視為奴役。

▶ 強迫勞動

　　國際勞工組織估計，有 4030 萬人成為現代奴隸制的受害者，其中 2490 萬人是被強迫勞動，其餘是被逼婚，婦人和女孩占強迫勞動人口的 71 %。[19] 估計雇主靠強迫她們勞動掙得的利潤為 1500 億美元，其中大部分（即 990 億美元）來自性工作。[20]國際勞工組織提供的統計數據和獲利金額是最權威的來源，因此可以也應該用來游說政府立即採取行動，儘管仍不足以呈現該問題的多面性，以便實施更有效的長期干預政策（圖 3.2）。值得注意的是，這些數據顯示，工業化國家從強迫勞動中榨取的利潤最大，很可能靠的是壓榨開發中國家的新移民。因此強迫勞動的問題可能不限於自己國家，而是擴及國家所在的區域，甚至擴及至國際，若要充分解決，得顧及不同的法律、執法能力，甚至是價值觀的挑戰。

　　將非正規移民區分為六大類，對於難民、尋求庇護者和其他被脅迫的移民而言，政治和經濟動機往往密不可分，因為暴力、天災和開發專案很可能破壞他們平常賴以維生的方式。[21] 在許多國家，立法時，強迫勞動與人口販運密不可分，而在其他一些國家，強迫勞動可以是獨立的罪行，不須與人口販運相連。然而，正如本章個案研究所示，東亞國家政府竟然也是強迫勞動的

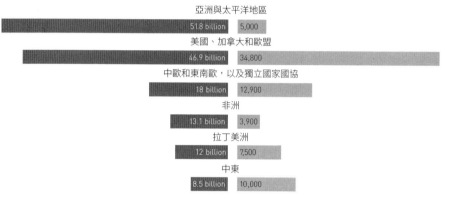

按區域		每個受害者
亞洲與太平洋地區		
51.8 billion	5,000	
美國、加拿大和歐盟		
46.9 billion	34,800	
中歐和東南歐,以及獨立國家國協		
18 billion	12,900	
非洲		
13.1 billion	3,900	
拉丁美洲		
12 billion	7,500	
中東		
8.5 billion	10,000	

圖 3.2　強迫勞動的年獲利估值（單位：10 億／美元）[23]

幫凶,把囚犯和其他公民輸出到其他開發中國家和新興經濟體,擔任廉價或無償勞工。若牽涉到人口販運,這一切都需要司法（刑法）介入干預,在不涉及人口販運但違反勞基法的情況下,可用勞基法介入干預,在涉及強迫勞動的情況下,進行混合式的法律干預,無論是否涉及人口販運。[22] 為了公平起見,必須正視工業化國家也有強迫勞動的現象,例如美國政府強迫囚犯到企業或商家工作,薪資微薄或根本無償,用以補貼監獄開支。

解釋移民現象

　　雖然新古典經濟學主張，移居到他國，主要是收入差異所致，但根據勞工經濟學倡議者的主張，移民現象牽涉許多面向，包括如何看待就業、資本和減少風險等機會。移民系統理論強調的是，移民輸出國和接收國之間的政治、經濟與文化之所以產生連結與交集，往往是拜過去殖民統治所賜，這些連結構成了系統。[24] 因此，任何跨國勞動力開始出現，都可以透過整合世界系統理論（world-systems theory）中關於資本主義如何從核心國家滲透到周邊社會，並破壞後者傳統生計的見解加以理解。[25] 然後，這類移民之所以持續存在，係因財富分配不均、文化價值觀改變、離散網絡（diasporic networks）、商業仲介機構等社會經濟因素所致。影響所及，推拉因素（push-pull factors）的結合，有助於解釋不同行業裡各種不同形式的勞動力剝削。

▶ 推力因素

貧窮、三餐不繼

　　那些鋌而走險，透過人口販運或偷渡移居他國的人民，出走的主要動機往往是經濟上的，亦即續留國內恐會一貧如洗甚至沒命，反而移居到國外，生存和致富的機會較大。尤其是衝突、饑荒和自然災害（包括與氣候變遷相關的災害）發生時，這種推力尤為迫切。鮮少被承認的是，有些政府對勞動力外移持同情態度，至少睜一隻眼閉一隻眼，不阻止勞動力外流。由於他們自己

沒有能力提供就業或其他經濟機會，也沒有能力解決政治或環境災難，這些政府因此讓勞力外移，避免社會出現往往是憤懣不平年輕人造成的動盪。某些開發中國家的政府甚至制定促進勞力出口的政策，作為解決當地失業的安全閥和賺取外匯的管道。[26] 這些母國政府開始依賴海外移工匯入的錢，作為國家儲備（存底）和抵銷失衡貿易的寶貴外匯，因此力推公民向新興國家和工業化國家輸出服務。

出口壁壘

工業化國家，如美國、日本和歐盟，課徵過高的關稅和提供慷慨的農業補貼是造成非洲、拉丁美洲和亞洲等出現失業和就業不足的間接原因。開發中國家無法出口合法農產品和其他商品到工業化國家，可能是另一個造成移民的動力。開發中國家的農民被迫放棄自己的農地，尋求偷渡到工業化國家，在受到國家補貼的農業領域找到工作，這些農地可能雇不到當地勞工，因為他們不願意在惡劣的條件下栽種、照料和收割農作物，卻只能領取微薄的低薪。再者，商品價格偏低或持續下滑，因為價格多半由工業化國家的機構買家（institutional buyers）制定或操控，這點威脅了開發中國家數百萬務農人口的生計，可能逼著後者國家的公民別無選擇，只能改種其他作物，如古柯鹼和罌粟，這些植物可以提煉非法毒品，走私到工業化國家銷售牟利。然而，事實證明，支付給非洲開發中國家的商品價格只要提高 1％，就可以讓他們停止依賴外援。[27] 對開發中國家的外援和發展資金金額甚少，而且常附帶規定，要求接受援助的政府不得提供農民補貼，

相較於工業化國家慷慨補貼國內農業和工業，這是另一個充滿爭議的課題。

衝突和戰爭

國內發生暴力衝突通常是長期政治鬥爭的結果，鬥爭期間，一個或多個社會族群的權利被剝奪，無法充分實現。國與國之間的戰爭可能出於政治的理由，但無一例外都包含潛在的經濟議題。軍火工業也應受到譴責，因為或多或少助長或延長這類戰爭。有時軍火業所在國的政府也應受到譴責，因為它們可能基於政治或經濟的動機，催生代理戰爭。影響所及，國與國之間爆發戰爭，或敵對勢力各自宣稱自己是合法政權，這些莫不為罔顧法紀敞開大門，也為影子經濟提供必要處方的成分。當然，戰爭造成的社會動盪是人口販運或跨境偷渡的誘因，以及隨後登場的強迫勞動或抵債奴工。戰爭和內亂造成的家庭瓦解和社區關係解體是強迫人民外移的因素之一。以波士尼亞戰爭為例，經深入研究後發現，即便是在戰後，販運婦女的問題仍相當嚴重，反制措施也不足，結果發展為一個數百萬美元的「產業」（即使之前並無犯罪組織參與）。[28] 由於祖籍國動盪不安，這些非正規移民鮮少能透過合法管道尋求庇護或申請工作移民。

邊緣化和流離失所

源於種族、語言、宗教、性別和政治的歧視，導致個體甚至整個社區在祖籍國受到排擠，這是造成合法或非合法移民的另一個因素。這些人被剝奪接受教育、工作和住房的機會，同時多

半欠缺安全感，因此會想方設法遷移，包括透過尋求庇護移居他國。毫無能力養家活口、饑荒和疾病是逼迫人民跨國移民的催化劑。因此，一些被迫利用偷渡或人口販子遠赴海外的人，實際上有資格尋求庇護，以便逃離政治和經濟苦難。矛盾的是，移民前所受的創傷與移民後如何融入社會、就業問題、面臨的壓力等息息相關。[29] 原住民的權利，應該包括對土地和地下蘊藏資源的占有權，但政府與跨國公司的談判中往往忽略這點。此外，原住民社區內或附近環境快速轉變（鮮少以中立或正向積極的方式），往往會破壞他們的文化和生活方式。

氣候與災難

由於乾旱、海平面上升、洪患、農田沙漠化、魚類資源枯竭等因素，天氣模式快速變化漸漸成為人民被迫移民的導火線，畢竟居住地點（尤其是窮人的住處）變得無法繼續住人。氣候難民至今可能仍是一個遙遠的問題，主要受影響的對象包括南太平洋低窪珊瑚環礁小島以及印度洋的島嶼國家。紐西蘭開先例，制定每年的配額，接納來自上述受影響地區的氣候難民，此舉值得肯定。有關溫室氣體造成的海平面上升現象，根據預測，會有更多大陸、一些國家的主要地區，以及許多重要城市將慘遭永久淹沒，造成災難性的氣候移民，影響所及，出現嚴重的社會經濟後果。[30] 洪水、森林大火、地震、乾旱、海嘯等災害雖然不一定與氣候變遷有關，但卻是進一步造成人口遷徙的驅力，特別是來自開發中國家和新興國家的移民，這些國家的基礎設施薄弱，應急服務有限，無法提供災民社會保障網。

▶ 拉力因素

經濟自由化

不同於新古典經濟學，外貿和投資自由化不僅不減反而增加勞動力外移，而這現象之所以研究不足，係因政府政策錯誤地將其與犯罪掛勾。[31] 同理，降低貿易壁壘刺激經濟全球化，也催化人口走私和人口販運等影子交易的發展。事實上，當諸多政府收緊移民政策時，愈來愈多人需要人口走私和人口販運的服務，這會讓跨國犯罪集團成為主要的受益者。犯罪集團在前計畫經濟體，例如前東歐集團、前蘇聯等國家扮演支配性角色，足以顯示經濟飛速自由化卻沒有配套措施的後果，例如公司治理、法治、獨立媒體和公民社會團體等制度。在整合的世界經濟中，民族國家自行採取措施，保護工人的人權、破壞剝削者的利潤、減少社會衝突、增加經濟機會等等，但因為各行其是，導致成效有限。

媒體宣傳

透過媒體說服消費者，跨國公司生產的商品和服務不買可惜，切勿錯過，這是維持自由市場經濟的必要手段。濫竽充數的廣告、評論內容、電視節目，往往出自新興國家和工業化國家，這些媒體上光鮮的產品多少與他們相形之下較低的生活水平產生交集。此外，互聯網的普及與點對點網絡，有利網友分享經驗和圖像，也為私訊聊天室、郵購新娘服務、性旅遊廣告等開了方便之門，連帶為人口販運（特別是轉介至性工作）提供便利。[32] 人口販運和走私者利用四通八達的通訊，協調人口在浩瀚的面積上

移動。一般情況下，民眾被說服往外移民時，對於隨之而來的風險和挑戰一無所知，因而容易受到剝削。由於媒體的選擇性宣傳，鼓吹資本主義與消費主義，導致經濟移民和被販運的工人很晚才意識到，在邊境牆另一端的工業化世界，草沒有比較綠。即使他們留在國內，也會被捲入跨國公司廣泛的供應鏈和外包生產體系中，而這些跨國公司無法百分之百確保最終產品沒有受到被剝削勞工血汗所玷汙。

官商勾結

在許多開發中國家和新興經濟體，執法部門因為資源不足，低階官員工資也不高，很容易受到誘惑而漠視非法活動。此外，在警界、軍隊或負責邊境管制的公務人員，可能為跨國販運或偷渡人口提供便利，從中獲取利潤。因此，非正規影子經濟導致的大多數跨國威脅，主要來自腐敗的個人和犯罪集團，而非貧窮國家的政府本身。[33] 定期傳出的指控稱，跨國維和部隊（甚至聯合國支持下的維和部隊）也參與人口販運，包括色情仲介。[34] 貧困、失業和饑荒這些根本的推力因素（Push Factors），讓潛在的移民更易於受到人口販子和走私販的青睞，而後者又得到本國和過境國腐敗官員的一臂之力。因此，可以理解的是，這些國與國之間的雙邊協議和國內各種嚴刑峻法倒頭來都非常無效，甚至是徒勞的，無法阻止由非法人口販運、人口走私和強迫勞動組成的影子交易，以便滿足國外的勞動力市場，不管這些勞動力的來源合法與否。因此，若要可持續地解決外移遭剝削性勞動的問題，需要的不僅僅是立法，而是確切落實反貪腐措施。

犯罪網絡

　　不同類型的犯罪分子受到利益誘惑，紛紛參與跨國界的人口販運。仲介商出現在移民的家鄉，鼓吹國外遍地是黃金，這些人的存在攸關能否成功招聘到受害人。仲介商彼此合作，將受害者或客戶從較貧窮的地區轉移到較富裕的地區，儘管這必然會增加成本和被發現的風險。涉及大量人口的跨境販運，是一門歷久不衰的行業，證明犯罪集團（企業）的靈活本質，構成分子規模不一，包括小型在地經營者、中型區域集團，乃至擴及全球的財團。[35] 販運網絡還可能包括合法的組織，如勞務市場經紀人、貨運代理業和旅行社等等，更不用說在海外的同鄉人以及擔任移民團體領導人的老同鄉。對人口販運／走私進行分類，並找出背後的經濟利益，才能有效針對這些影子交易採取積極措施，這些措施可能比事後的刑事起訴更合適。

家庭義務

　　跨境偷渡者當中，非法移工是要角，他們要權衡的是：赴海外追求相對較高的工資，可改善家人的生活；但也可能被逮捕和被驅逐，而且獲得特赦的機會渺茫。從經濟學的角度而言，政策充滿模糊空間是大多數工業化國家解決移工問題（包括合法與非法移工）的特徵之一，都是為了平衡內部經濟利益的政治權宜之計。[36] 我們應該了解，西方國家立法反對剝削勞工，依據的是人生來有不可剝奪的權利這樣的啟蒙概念，實際上這概念可能與輸出移工的東亞所奉行的儒家文化相牴觸，後者強調個人有義務照顧家庭、社群網絡和國家。[37] 因此對於移工遠赴海外就業的動

機，以及他們為了支持老家親友甘願忍受雇主壓榨，可能只是文化慣性使然，因為他們就算在自己的國家，也會同樣願意吃苦耐操。導致人口買賣的觸發因子不可能只有一個因素，過程也不是完全獨立，而是微妙地互相交織。

抽絲剝繭相互交織的問題

　　研究從事這些影子交易人士所做的各種創新，可能有助於所有合法的利害相關人士以類似的創意加以反擊，以解決這個問題。[38] 商業研究應該專注於落實可以打擊人口販運和走私的戰略與政策，而不是讓這類影子交易成為社會科學領域可發表學術論文的另一個專門科別。針對移工現象的跨學科研究結果，應該有助於公民、消費者、工人、工會幹部、政府政策制定者和行政職員、企業高階主管、公民社會團體等等，得以更有效地解決人口販運與走私受害者的困境。目前即使暫無能力或解決辦法消除人口販運和其他形式的勞動剝削，但這不應該阻止大家繼續探索可能的替代辦法。

▶ 宏觀政策

制定移工輸入方式

　　開發中國家以正規方式向工業化國家輸出移工，雖然原則上，貪贓枉法的現象偶爾會有但實際上有限，畢竟不肖人士會利

用移工走投無路的困境進行掠奪。某些情況下，當局會對非法移工睜一隻眼閉一隻眼，例如低技能的工作缺工時。但他們的就業受限於某些產業，也會被剝奪一些權益，例如健康醫療以及和家人團聚等等，而且只要雇主不再需要他們，他們就會被解雇。[39] 如果有一個基於成本考量的合法移工管道，非法或遊走法律邊緣的準合法機構，以及非法的走私集團和人口販子的生意可能會大受打擊。一旦非正規的移工被除罪化，勞工經濟學家可剖析輸入移工的國家實施以下措施的可行性，亦即核發移工工作證時，會要求雇主負連帶責任，支付移工非法入境後被逮捕／驅逐出境的費用，這費用略高於人口走私販的收費。[40] 不提供移工永久居留權但提供其他權益的定期雇用合約（有明確聘雇期限），代表國家及產業在經濟成長時期可以獲得亟需的勞動力，無須透過人口販子非法提供。此外，政府可以透過徵稅或提高所得稅，用這些稅收支付移工的健康醫療和其他社會成本，如提早遣返。社會保護機構可以成立補助金或一次性付款，讓移工在合約期滿離開時領取。[41] 這筆資金可以成為他們返國後經營小本生意、社區發展、進修學習、技職就業或退休年金的基礎。

移工保護措施

　　被販運或偷渡的人鮮少能在他們被運往的國家尋求庇護，因此在被解救後通常會被驅逐遣返回國。一旦返家，他們可能會受到所有參與販運和偷渡人士的報復，包括腐敗的警察和其他政府部門人員。[42] 敏感地正視非正規移工所受的待遇，以及他們返鄉後如何能順利恢復生計，這些都是學術界和實務人員可以用心

的領域。即使在自由市場經濟體，亦可以透過創新對移工提供保護，雖然他們一開始是被販運或偷渡入境的。不同於出口加工區（EPZ），所有與工資、職業健康、工作時數等相關的就業法律（甚至對當地公民也適用），可能是解決被販運、走私和抵債勞工在輸入國慘遭壓榨的辦法。

值得注意的是，雖然大多數國家都簽署了國際勞工組織1930 年制定的「強迫勞動公約」，但在接下來的七十年，少之又少的國家簽署旨在懲罰人口販子和保護受害者的四項後續公約。[43] 這些公約不僅對人口販子、走私者和移工開罰，也對雇主和職業介紹所（無論是共謀還是受騙）開罰，可能是值得立法者參考跟進的一種威懾做法。然而獲救的非法移工中不乏累犯，他們被強制遣返回國彷彿是趁空檔返鄉探親，而且是有薪假，只不過因為老家貧困狀況未見改善，不得不繼續出國。勞動經濟學家或許能幫助我們理解，如果向移工支付與在地公民相同的低薪（假設後者同意這種安排），這做法到底是高度剝削？還是慷慨過頭？值得注意的是，非法移工在國外所面臨的處境，雖然讓當地關注移工問題的團體忍無可忍，但可能優於移工的老家。

受害者除罪化

人口運販、走私者和剝削勞工的雇主，所作所為不符法律規範，所以在工業化國家，可以根據現有加強版的就業法對他們提出告訴。就業法通常要求勞資雙方簽署聘雇合約、規定合理的工作時間、工作場所符合健康和安全標準、涵蓋培訓和發展、最低工資、病假、年假以及退休金，這讓許多非法活動可能在成本

考量上變得不可行。實事求是地說，有理由將妓院合法化，並將血汗工廠納入管理，因為這可讓受雇勞工（包括持有短期工作許可證的外國勞工）能夠註冊，進而確保他們的安全、工作條件、健康以及不受剝削壓榨。只不過，政策似乎有很多的模糊地帶，有利於剝削的資方卻會傷害受雇者，例如美國政府錯誤地認為，成年性工作者並不百分之百符合受害者的法律定義。此外，美國國務院轄下的使館與局處也持反對意見，因為事涉外交戰略，不希望某些國家因為剝削勞工而受抨擊。[44] 因此，儘管美國政府誇下海口要解決人口販運問題，卻拒絕支持任何擴大打擊人口販運的立法，這些立法的目的是加速政府部門之間分享訊息，以制定有效的戰略，對抗這種影子交易。

▶ 中間層調停

調查研究

相較於目的地國，移工來源國和過境國在數量和質量上對販運和強迫勞動的訊息更匱乏。學者梭特與史坦恩（Salt & Stein）呼籲，將人口販運視為商業投資移民（business migration），包括非法和合法兩種模式，這麼一來就能掌握如下資訊：損益核算、訊息收集、代理商、招聘、營運管理、融入東道國的社會等等。但幾十年來，學術界和從業人員似乎都沒有注意到這一點。[45] 范因佩（Van Impe）指出，控制措施和法律訴訟等因應辦法不足以控制人口販運，特別是販運婦女，他呼籲採取跨領域做法，解決推拉因素。回顧歷史，出現過來自菲律賓、拉丁美洲、非洲

和東歐等國的勞動力外移和販運浪潮。[46] 全球打擊人口販運計畫（GPAT）是聯合國為糾正這種浪潮而制定的，值得肯定的嘗試，[47] 儘管目前它的數據僅突顯來自刑法系統的干預，無法涵蓋有關該問題的全部面向。

公民意識

歧視始終是支撐剝削他人的根基，不管剝削對象是外國人或本國同胞都一樣，認為他們不如同種族、同階層、同宗教信仰的人，所以不配擁有和他們一樣的權益。如果這些外來者被定義為不配擁有平等權利的人，被視為較低等的存在，那麼奴役他們、榨乾他們、任意拋棄他們，就能在道德上被認為可接受。因此，當務之急是公民教育、政治溝通和社會行銷（social marketing）都需要調整方向，把改變觀點列為目標，儘管消除長期存在與制度化的偏見極具挑戰性。相較於上述的努力，重中之重是從憲法著手，把社會中所有居民（而非僅僅是公民）的權利和特權寫入國家憲法，再搭配反歧視法以及平權政策支持。企業經理和實業家的一個備選方案是，為某個必要專案聘雇短期移工，而非一直沒完沒了地雇用移工。[48] 這種做法有助於避免在隨後的經濟衰退期，大型移工社區出現社會凝聚力問題，這些位於貧民區的移工社區有兩大特色：高失業率和高犯罪率。儘管在精準掌握所謂的隱性人口數據方面存在許多挑戰，隱性人口包括被販運、被剝削，甚至自主地參與這類影子交易的人，但這些挑戰並非難以克服，因為這些人口鮮少真的隱形。[49]

提高利害關係人的自覺性

提高大家對移工的認識與敏感度，應著眼於強調所有形式的非正規人口移動牽涉的道德議題，不管對輸出或輸入國而言，也不管這些移工是非法身分、被販運，還是被脅迫。即使是在經濟加工區，勞工被剝削也是可能的，但是不管在自己國內或是在他國，相關法律不適用於經濟加工區的企業。[50] 政治領導人也可能從這種自由貿易區獲得經濟利益，可能是透過自己在自貿區的商業利益，也可能透過自貿區供應鏈製造商貢獻的政治捐款，但他們肥了自己荷包，卻犧牲公民的利益。將生產外包出去的跨國公司經常提出抗議，稱他們依規定對供應商實施道德行為準則，並對其合規與否進行查核。但是外包會層層轉包，形成多層次供應鏈，而合規查核（compliance audit）鮮少擴及至第一層代理商和包商之外。值得注意的是，類似的剝削行為也出現在跨國公司甚至政府，他們把程式設計、病歷轉錄成電子檔、電話客服中心等服務外包給海外的包商。

因此，大眾傳媒肩負道德責任，必須調查和報導企業供應鏈中違法移工和勞工被剝削的現況，甚至得冒著被廣告贊助商劃清界線的風險。消費者多半不清楚產品的來源，如果對這個問題夠敏感，他們會設法在購物時有差別待遇，進而影響共謀的製造商和行銷商。鑽研行銷學的研究員特別適合收集相關數據，並游說企業和消費者支持打擊這些影子交易。此外，企管的三個分科：人力資源、經營和行銷等學者，更不用說法律、社工、公共行政、政治科學等領域的學者，都可以在這類影子交易的宣導、研究、政策和教育等面向發揮作用。

解放人類

▶ 對於外移的短線操作

　　全世界最貧窮的人，包括開發中經濟體、新興經濟體和工業化經濟體中社會經濟地位較低的一群人，是迄今為止最容易受到非正規人口移動和勞動剝削的群體。雖然壓迫他們的人可能是出於經濟上的貪婪，但受害者純粹是出於經濟上走投無路，許多消費者和企業是不知情的受益者。必須從根本上解決他們在本國的貧困、失業和可能的饑荒等基本推力因素，以及他們在目的地國的就業、收入和更好的生活等拉力因素。如果不從推拉因素著手，國內和國家之間就算有更嚴格的法律和執法，倒頭來可能都是徒勞，無助於阻止人口販運、人口走私和強迫勞動的浪潮，以及隨之而來的勞動剝削。這些問題不僅僅是社會學家、政治學家、地理學家和律師需要關注的道德倫理問題，也需要管理學和商業學者提供專業知識，從經濟學上打擊這些影子交易。然而，由於美國的奴隸管理係按照當年流行的經典管理學原則，因此目前在管理學的領域，大家似乎對這種影子交易有集體失憶症，以免承認曾參與壓迫人類的汙點。[51]

▶ 勞動的隱蔽性

　　即便有人主張，相較於合法的商品和服務貿易，這類影子交易屬於小規模，但事實是，後者多半蒙受不道德地買入勞工以

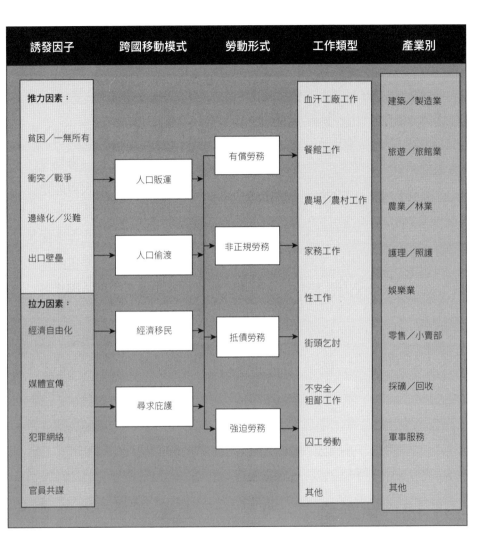

圖 3.3　追溯勞動力來源與推拉因素，以及移工的就業地點 [53]

及剝削勞工的汙名,甚至可能與犯罪掛勾。很明顯,政策制定者、社工人士和執法人員的努力,雖然值得肯定,但不足以解決這類交易的衝擊。被走私或販運的婦女及兒童通常受雇於性觀光產業,但也有人在低薪的血汗工廠生產各種物品,有時甚至是替工業化世界生產商品。一旦被送到家庭裡(幫傭)、家庭工廠、移工農場、孤立的微型企業或非正規經濟體中,這些人口走私的受害者會變得更隱蔽,讓社會研究員、政策制定者和執法者更難追蹤。[52] 因此,人口販運、人口走私和強迫勞動這些彼此相關聯的領域,為世界經濟體中許多合法企業提供了勞動力,並創造無數的商品和服務(圖 3.3)。從零售產品、農產品、工業機械,乃至餐旅業服務,這些移工現象可能比消費者認為和企業願意承認的更普遍,不只是象徵性地偷走低薪勞工的飯碗而已。然而這也代表可以著手加以干預的地方很多,可有效削弱非法移工和勞動剝削的現象,例如可從誘發因子、跨國移動模式,勞動形式、普遍使用移工的工作類型,和產業別等面向著手。

論點總結

　　所有消除或改善不正常人口移動和勞動剝削的干預措施都必須有一個更高的目標,亦即協助人類重獲自由,不受其他任何一個人或任何一個群體的奴役。社會心理學家可以幫助我們了解人口販運、走私和抵債勞動的受害者,在下定決心改變走投無路之生活時的心態——繼續待在家鄉無望地等死,還是甘冒一死的

風險到國外闖一闖，以求過上可能更好的生活。在輸出國開展宣傳活動，特別是以婦女和兒童為宣傳對象，有必要提醒他們和他們的家人，讓他們了解心懷不軌的仲介商、路途中可能遭遇的危險、國外受雇被剝削的現況，以及同情並接納被遣返的受害者。透過在大眾媒體的社會行銷，需要說服潛在的非法移民理解，在國外找工作獲得高薪的機會渺茫，反而更可能蒙受葬送個人資源、健康和生命等難以挽回的損失。此外，還需要務實地考慮融入移入國社會的挑戰，以及會與原籍國的文化漸行漸遠。

　　只有創造就業機會、維持政治穩定、不讓任何族群受到歧視、落實社會經濟正義，才能讓不正常人口移動變得不必要，也才能讓剝削勞工變得無關緊要。企業需要開發中國家低技能的勞動力，卻忍不住剝削他們，這點可能和以下現象相關：新興國家和工業化國家為了成本考量，不留情地將生產和服務等工作自動化以及數位化。在資本主義世界，全球規模經濟是生產和行銷的核心驅力，這是所有國家（涵蓋已開發、開發中等所有水平的國家）創業人士的惡夢，不管這些創業人士是草根創業團體、中小型企業還是社區經濟。值得注意的是，那些在經濟成長方面比較成功的開發中國家，諸如新興工業化國家（NICs）和中等收入國家（MICs），他們的公民在所有國家當中，最不容易淪為人口販運和走私集團剝削的對象。但不幸的是，這些國家經濟發展成功，卻反過來吸引和剝削鄰近地區不太幸運的公民。說到底，普及教育（以及教育對就業能力的最終影響）加上可持續的經濟發展，才是解決人口販運、走私、抵債奴工和剝削移工等問題的關鍵解藥。

暗領域

▶ 全球奴工悲歌 ──────────────

　　既然資本主義的本質是壓低成本，公司和政府，或者消費者和公民社會顯然不能無限期地忽視被剝削的移工。企業應該把這個問題視為員工關係、職業壓力、勞動力外包、工作場所健康與安全等面向的一環來解決。此外，跨科別的學者應該研究虐待移工、人口販賣、抵債勞工等現象，分析他們的動能和後果。商學院學者尤其得停止漠視這些交易，以免在不知不覺中縱容許多開發中國家和新興經濟體出現不公不義的社會經濟問題，並努力保護受害者，以及將壓迫他們的人繩之以法。當然還需要對全世界的奴隸、兒童、性工作者、受刑人勞動進行更詳細的個案研究，詳實紀錄和顯現對合法全球供應鏈的影響。[54] 宣導和積極行動是當務之急，不僅要揭露這些影子交易的確存在，而且無疑地要讓它們沒有利益可圖。

西非的奴工

　　象牙海岸、賴比瑞亞、喀麥隆、聖多美普林西比等國的可可業，長期以來一直使用被販運、走私和脅迫的勞動力，這歷史可追溯到 19 世紀。儘管國外的一些巧克力製造商早在四十年前就對這些國家的可可採取抵制措施，但當地的農莊還是繼續這種做法，歐洲殖民國直到 1950 年代對此仍是睜一隻眼閉一隻眼。並非所有被剝削的勞動力都來自於販賣，有些是因為國與國之間

一個相對富裕一個相對貧窮，導致複雜的經濟遷移模式。此外，西非的內戰和三不五時爆發饑荒，也會導致不正常人口移動。[55] 市場降價的壓力必然導致家庭成員必須幫忙分擔可可農場的工作，因此一開始會雇用童工，若這還不夠填補人力，就會使用被販賣和被脅迫的勞動力。全球可可價格嚴重下挫、貨幣匯率的變化，加上全球大宗商品市場充滿投機性，這些都可能與可可農場壓榨勞力的做法有關。

要解決這個行業中強迫勞動的問題，需要了解各自國家乃至全球各地的可可栽種方式、加工系統和貿易體系，這一點已有詳細記載。有一些成功的措施，例如成立農民合作社，以利協商更好的售價、提高產量、推廣「公平貿易」的可可產品。雖然這些措施對一些種植者影響很大，但對大多數小佃農而言，影響有限。由於缺乏教育，也不了解村外世界，就連投資移民也很容易被販賣，並在海外受到長期勞動剝削。影響所及，全球市場販賣的可可產品中，大多數似乎都蒙受剝削勞工的汙名。可可產品對工業化世界的飲食文化影響深遠，例如處處可見以可可為原料的糖果、飲料。然而抵制巧克力的行動，就像 2000 年歐洲的做法，當時新聞揭露可可種植業者剝削勞工的醜聞，但抵制可能會產生反效果，不利消除人口販運和奴工，反而會將勞工逼到其他條件類似的產業。[56]

南美洲的童工

儘管有關於巴拉圭童工的報導，但是否接近奴役的程度，迄今統計數字不夠完整。儘管巴拉圭簽署並批准聯合國和國際勞

工組織的所有公約，禁止剝削勞工，但在該國從事家庭傭工的兒童中，估計約 25％ 還未滿十歲，而法定最低年齡是十五歲。他們住在雇主家，無法與家人保持聯繫，特別容易受到剝削和虐待。此外，自 1990 年代中期以來，政府和非政府組織的報告顯示，濱海城市的旅遊服務業出現童妓、販賣兒童色情照等情況，不過報告的統計數據只有失蹤兒童人數以及童工被捕後被送至當局照顧的人數，沒有關於童妓的任何數據。也有證據顯示，一些兒童從厄瓜多和哥倫比亞被販運到巴拉圭，被迫乞討和販售織品。[57] 在祕魯的 30 萬名家庭傭工中，三分之一以上未滿十八歲。還有大量證據顯示，國內以及區域內，女童被販運從事性工作。此外，估計有 5 萬名兒童從事採礦業，他們與家人在被棄置、靠手工開採的礦場工作。這些童工背負重物、潛入被水淹沒的礦井、處理水銀，接觸有毒化學品和氣體，因爆炸而聽力受損，還有其他各種危險和健康風險，更不用說遭受體罰、家庭暴力和性剝削。[58]

完整紀錄顯示，有男性勞工被強迫在巴西亞馬遜叢林整地，[59] 除此之外，還有一個不太公開但同樣普遍的現象，就是兒童家庭傭工。1000 多名這些兒童和他們父母的受訪內容顯示，他們大多數是女性、非常貧窮、幾乎沒有受過任何正規教育、是非洲裔。他們的平均工資是官方最低工資的一半，但高達 22％ 勞工根本沒有得到任何工資。大多數人沒有固定一天的例假日，或是任何假期。[60]1990 年代，在瓜地馬拉一個地區發現約有 500 名兒童從事粉碎岩石的工作，由於揚塵、高溫和勞動，他們經常生病（儘管後來一一康復）。過去十年裡，婦女和女孩從巴西、巴拉

圭和多米尼加共和國被販運到阿根廷，阿根廷婦女也在國內與國外被轉手販運，國外目的地是巴西和西班牙。大多數玻利維亞婦女和女孩被販運到性產業，通常是為遊客提供服務，而男子和他們的家人則被販運到阿根廷境內的紡織業從事剝削性勞動。[61] 一項針對拉丁美洲街頭童工所做的研究發現，雖然他們能與家人保持聯繫，但 15％的兒童靠賣淫存活，另有 50％的兒童不定期地賣淫。在 2001 年，逾 50 名玻利維亞兒童和青少年被發現在四個血汗工廠工作，工廠外有武裝警衛看守，他們係遭綁架、被販運途中被注射鎮靜劑。此外，一些紡織廠業者剝削玻利維亞成年勞工的案件被法院駁回，不禁讓人懷疑警察、司法部門、政治經濟菁英相互勾結包庇，甚至使用威脅和賄賂等手段恐嚇證人。[62] 雖然童工的家務勞動可能不會直接與全球供應鏈有交集，但隨著兒童對採礦業、紡織業和旅遊業貢獻勞動力，從廣義上而言，肯定是一種影子交易。

東亞的監獄工

東亞的獨裁政權經常面臨媒體的指控，稱當局強迫囚犯勞動，這個問題尤其與中國相關，因為中國為跨國企業低價製造了許多產品，然後銷往世界各地。美中經濟和安全審議委員會（簡稱美中委員會）批評中國當局無視以前簽署的協議，拒絕讓檢查員對中國監獄進行檢查。中國主張，送入「勞改營」（不屬於司法系統）的政治異議人士在歸類上不屬於囚犯，因此不在檢查範圍之內。至於其他監獄，在 1996 年至 2005 年期間，每年被允許檢查的次數不到一次。其中沒有一次檢查按照協議規定，在提出

要求的六十天內進行，而且 2005 年以來，沒接受過任何一次檢查。外界一直無法確定中國監獄勞動力的規模及其經濟生產量，儘管過去曾根據與監獄地址相同或相近的公司地址，估計出約有一千萬囚犯。[63] 然而，中國國營機構在財政上自籌資金的壓力愈來愈大，腐敗的政治人物與商業企業相勾結，意味利用監獄勞動力增加收入的做法已漸成主流。儘管外界提到幾個例子，稱市場進口一些中國囚工生產的產品，但咸信這只占進口到美國和歐洲的中國製產品總數的一小部分。嚴格來說，囚工不符人口販運的定義，但囚工無疑被奴役，他們的勞動產出以各種形式進入全球市場。

訪問一些北韓的前囚犯後發現，似乎有大量證據顯示，在各種監禁機構中，例如政治拘留營、勞動訓練營和再教育營等等，都出現強迫勞動。不過關於囚工以及他們的經濟貢獻，我們不可能從這個極權國家取得確切數字。其中許多人逃到中國成為難民，中國違反國際公約，將他們遣返北韓。被北韓當局監禁的他們，生活和工作條件都非常惡劣。[64] 雖然他們的勞動主要是農業、製磚或採石供當地消費，但還有一項生產活動是種植罌粟，製造海洛因出口到全球市場，這也是另一種影子交易。多達 10 萬名工人被派往全球約三十個國家，為北韓賺取外匯收入，他們在國外受到行動限制、低薪，甚至無工資，有的則是勞動抵債，或是忍受惡劣的生活條件、恐嚇和暴力。[65] 在軍政府控制的緬甸，類似的強迫勞動指控也屢見不鮮，往往發生在人民的農業生技被當局破壞之後。雖然強迫勞動通常出現在軍用農場，替軍方擔任搬運工以及興建道路，但也可能在種植橡膠和柚木的農場工

作，供應全世界的市場需求。[66] 曾經有先例，對跨國公司提出告訴，指控他們與緬甸軍隊合謀，使用緬甸軍方強徵的勞工守護優尼科公司（Unocoal，現已被雪佛龍公司購併）的天然氣輸氣管。[67] 雖然從最嚴格的意義上講，這可能不構成人口販運，但受害者總是來自與中央政府對抗的少數民族，他們被迫離家，在家鄉以外的地區勞動。

西歐的性勞務

1990 年代末，發現二十五個歐洲國家中，只有十二國提供關於婦女被販運的數據，七個國家提供關於兒童被販運的數據。儘管每年約有 12 萬名婦女和兒童被販運到西歐，但一年裡被起訴定罪的數量不到一百起。儘管鮮少國家能夠提供一年以上的數據，但德國和荷蘭有關人口販運受害者被迫從事性交易的數據證實受害人逐年增加，儘管是個位數的成長率。被販運的婦女主要來自中歐和東歐，然後被販運到歐洲其他國家，成長率非常高，在 1990 至 1999 年這十年間，達到 44％至 78％。[68]1990 年代中期，被販運或偷渡到歐洲的婦女和兒童的數量估計每年五萬至三十萬不等，取決於統計該數據的單位所使用的方法以及研究員的層級，顯示彙整這種數據的過程充滿猜測、政治敏感性，以及坊間小道消息。[69]

被販運或偷渡至西歐從事性勞務的婦女中，大多數來自歐洲以外的地區，包括非洲、亞洲和拉丁美洲的開發中國家（尤其是貧窮的國家），形成一個龐大的跨邊界貿易。一些中歐國家，包括波士尼亞─黑山、摩爾多瓦和克羅埃西亞，加上土耳其，

成為從亞洲和非洲販運和偷渡婦女到歐盟國家的門戶。[70] 非洲的最大輸出國是奈及利亞，因為該國的人口販運集團與散居在歐洲的奈裔社區關係緊密。有影響力的奈國領導人，如牧師和部落首領，在被販運者和販運者之間調解具有約束力的財務協議。[71] 在英國，一個以教會為核心的倡議估計，每年約 4000 名婦女被販運至該國賣淫，其中大多數來自東歐、波羅的海國家、巴爾幹半島、中國、馬來西亞和泰國，其中 60％非法進入該國。這遠超過英國政府公布的數字，而且政府的工作重點似乎是搜捕和遣送非法移民，而非起訴人口走私販、定罪嫖客，或是照顧受害者。[72] 然而，我們得承認，人口販運也發生在工業世界，商業和政治菁英是剝削的共犯，剝削自己國內的年輕人和弱勢族群，卻不受任何懲罰。[73]

非人道對待／管理勞動人口的現象，絕非僅限於統計數據與個案史強調的國家和地區，因為這種現象普遍發生在全球各地。根據聯合國的統計，有一百六十一個國家受到人口販運的影響，其中一百二十七個是輸出國，九十八個是過境國，一百三十七個是目的地國。[74] 雖然強迫被販運或偷渡的婦女從事性勞動最讓人覺得髮指，抵債童工緊跟其後，但這絕不是任何地區的唯一剝削形式。其他剝削形式包括血汗工廠、約聘清潔、家庭傭工和看護工作，他們的工資、工作環境和條款不見容於任何一個開明社會，乃至世界任何一個地方。不消說，還有拉丁美洲和亞洲的抵債勞工，歐洲以外的性剝削，中東和亞洲的童工，亞洲以外的監獄工或強迫勞動等等。也許有人會說，之前已廣泛地研究以及公開發表過這些案例，即使大部分是在非學術領域。然而，這剛

好強化了本書的一個核心要點，亦即這種勞動剝削不僅是政府、政府間，以及非政府組織的領域，也和從中受益的企業與消費者有很大的關係。

關鍵問題

聲稱保證生產者有足夠報酬的公平貿易產品，是否一定代表行銷商按一定比例加成標高售價？如何辨識紙製產品或傢俱的木材是來自於非法森林整地或使用被剝削的勞動力？

為什麼被販運到高收入國家性產業的婦女有時並不想被遣送回國？是否可以說，那些花錢偷渡到高收入國家從事性工作的婦女，嚴格而言並非受害者？因為這也許是短期內最能賺錢的方式。

當兒童的父母無力養育他們，卻要依賴小孩的收入時，是否應該讓小孩離家替他人或其他家庭事業付出勞務？他們容易淪為乞丐、家庭傭工，甚至成為戀童癖人士性剝削的對象，這類的風險有多大？

勞力輸出國在多大程度上是共謀？藉由出口年輕公民以便減少社會對就業機會和窮困生活的不滿與動亂？這些政府是否應該對非正常人口移動負責，如果是，應該如何負責？

監獄勞動是否真的可視為具改造性？能否確保因犯一出獄便可獲得就業培訓，順利就業賺錢？在行銷商和零售商力求壓低產品售價的情況下，工廠為了提高在全球的銷售量與利潤而使用囚工，這種做法的合法性如何？

第四章

器官移植旅行與器官買賣

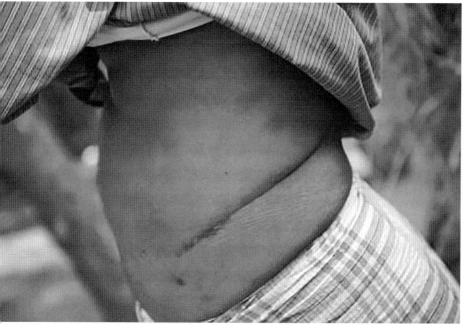

Credit: *MSU Today*, Michigan State University

概述

　　為移植而活摘人體器官很大程度上仍屬調查性報導的範疇，是醫學界關注的話題，也為偶爾出現的法律醜聞提供素材。由於對這種影子交易內幕的研究相對較少，因此儘管在網上和某些發展中國家的媒體會出現人體器官買賣的廣告，但有關活摘器官的現況仍只是猜測居多。儘管大眾不時對活摘弱勢人口器官感到憤怒，但全世界對器官的需求有增無減。器官買賣讓工業化國家甚至是新興國家延長壽命、累積財富、精進移植手術。與此同時，分散在全球的招攬對象、身體器官的來源、手術地點，三者的連結往往被漠視。本章將說明，器官買賣（organ acquisition）不僅是經濟或技術的現象，還牽涉政治、文化和意識形態等層面。本章最後評估提高人體器官的本地供應量，以及抑制全球對器官的需求，是否可作為因應這種影子交易的戰略手段。本章著墨的主題包括：販賣器官、移植旅遊、基於利他精神的器官捐贈、得到報酬的器捐者、仲介機構、海外市場、同意器捐／默許器捐、受管制的費用給付、身體器官定價、文化禁忌和增進健康。

困境與權利

▶ 移植治療的發展史

　　早在 18 世紀，器官移植就已在動物和人體進行實驗，結果

大多是失敗收場。在 20 世紀中期，第一個被成功移植的人體器官是腎臟，隨後在 1960 年代末陸續進行肝臟、心臟和胰臟的移植。醫學上的突破，例如 1970 年代中期的組織抗原分型（tissue typing）和免疫抑制藥物等等，提高受贈者的存活率。[1] 移植手術作為一種有益人體的療法，在全世界（特別是工業化國家），已經相當普遍。近幾十年來，移植手術在新興經濟體愈來愈多，至少在崛起的中上階層是如此。因此，移植手術對器官的需求一直遠大於供應量，因而出現向開發中國家購買器官的現象，並飽受質疑。迄今，全球器官買賣市場的規模都只是猜測，是政府間機構和非政府組織猜測的結果。然而，在 2010 年代初，據可靠估計，器官零售產業介於 6 億至 12 億美元之間，稱得上是十大影子交易之一。[2] 商業研究似乎很少深入研究人體器官交易，甚至附屬在醫療保健管理下的子領域也是如此，因此器官買賣主要仍只是醫學界和公共政策制定者關注的問題。影響所及，這種令人絕望（但有利可圖）的全球業務，一直是法律界三不五時爆出醜聞與弊案的肇因，是調查性新聞報導的對象，是預測未來價格變動的冷靜經濟模型（economic modelling），或是批判人類學（critical anthropology）領域的民族誌研究。

▶ 分散痛苦

對於器官衰竭的有錢人而言，器官移植是負擔得起的一種求生手段，而且來自活體捐贈的器官比摘自屍體的器官更受到偏愛，後者通常由老人和臨終病人捐贈。只要病人所在的國家缺

乏可供移植的器官，就必然會有一個全球人體器官市場，而器官主要來自開發中國家的可憐窮人。世界衛生組織（WHO）與「全球捐贈和移植觀察站」（Global Observatory on Donation and Transplantation）合作，這是提供有關全球移植手術情況的可靠消息來源之一。他們過去十年來的統計數字（交易的器官數以百計、千計）可能看起來相當微不足道，但這些只是公開申報的器官數（圖 4.1）。由於各種政治、法規、基礎設施和研究方法等諸多原因，它對不同數據來源的綜合分析並不包括每個國家的實際情況。[3]

在一些開發中國家／新興國家，特別是印度、孟加拉、土耳其、巴西和菲律賓，以及東歐和中歐的一些後轉型經濟體中，定期會出現半官方人體器官買賣的報導。中國的特色是不透明，它經常被指涉與這種影子交易脫不了干係，特別是因為它居高不下的死刑處決率難免引起外界揣測。甚至在工業化國家，也不時傳出關於屍體器官買賣的風波，醫院、實驗室、製藥公司、研究機構和大學都受到牽連。當然，那些祕密進行的移植手術永遠不會被報導，無論在什麼地方都是如此，而且在許多開發中國家和新興經濟體，關於移植的數據既不存在也不容易取得。全球器官交易的器官來源和最後目的地，相關的最新數據來自活躍組織或激進團體，但這些數據仍有爭議。

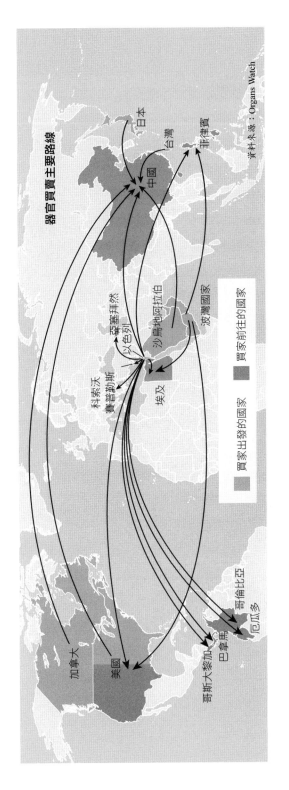

器官買賣主要路線

日本
台灣
中國
菲律賓

亞塞拜然
以色列
沙烏地阿拉伯
波灣國家

科索沃
賽普勒斯
埃及

■ 買家出發的國家
■ 買家前往的國家

加拿大
美國

哥斯大黎加
巴拿馬
哥倫比亞
厄瓜多

資料來源：Organs Watch

圖 4.1 全球器官移植主要貿易路線 [4]

註：獲得「新國際主義」（New Internationalist）授權轉載。

器官移植觀光潮

▶ 隨選移植

    偏愛活體器官甚過死屍器官，意味須同步進行摘取與移植手術，才能保持移植器官的品質，影響所及，催生了醫療─手術觀光潮。開發中國家的器捐者被安排飛往受贈人所在的工業化國家（或是兩者對調）。此外，雙方也可能飛往第三國進行手術然後休養。一開始的相關報導出現在印度、巴基斯坦、中國和菲律賓等國，近幾十年來，已蔓延到亞洲、中東、拉丁美洲、東歐和南非的開發中國家、新興國家和轉型經濟體。2000 年代末左右，一些國家已通過立法，控制以醫療觀光為名義的新殖民主義器官交易，但不清楚是否落實執法。儘管印度的法律只允許親屬捐贈腎臟，但以造假文件獲得腎臟的做法仍很普遍，據悉一位外科醫生竟在貧困村莊強行為大約 500 人進行摘取手術。[5]

    表面上，這種醫療─手術觀光看似良性無害，在倫理上也站得住腳，由工業化國家人士出一小部分費用獲得還不錯的服務。想必它能讓更多人，包括開發中國家和新興國家的中產階級，負擔得起醫療服務，所以醫療─手術觀光可謂有利社會公平。[6] 有人主張，這些來自工業化國家病人的付費手術能挹注開發中國家的醫院，讓醫院能夠為當地窮人提供免費或高額補貼的醫療服務，包括移植手術本身。擔心到國外就醫可能有手術風險，這種心態可以說在很大程度上反映社會對開發中國家醫護人員的偏見，以及工業化國家外科醫生的恐懼，擔心其他世界搶了

其利潤豐厚的醫療生意。醫療─手術觀光也可能是規避本國法律限制、宗教制裁和文化禁忌的一種辦法，例如可到國外接受生育治療、墮胎和變性手術，因此可能被受到歧視或弱勢公民視為一種有效的選擇。[7] 醫療─手術旅遊的項目五花八門，涵蓋牙科、整形手術、代理孕母、神經外科、器官移植等等，公共政策和國際法規能否涵蓋所有項目，得打上大問號。

▶ 器官「零件」的定價

　　儘管人體器官黑市交易欠缺透明性，因此不易估計其規模，但全球每一類移植手術的參考價格都可在網上找到。世衛組織承認沒有關於器官販賣的可靠數據，但 WHO 的報告指出，器官仲介會向富裕病患收取 10 萬至 20 萬美元的器官移植費，並只支付貧窮的器捐者 1000 至 5000 美元。[8] 據說一枚腎的價格在伊拉克是 500 美元，在土耳其喊到 5000 美元。[9] 然而網路上有關移植手術費（包括器官取得費用）的報價顯示，工業化國家的價格與開發中國家的價格，兩者存在巨大差異（表 4.1）。可以說，在巴基斯坦或中國這樣的國家進行腎臟移植手術的費用可能不到美國的十分之一，也不會不超過以色列或菲律賓等國家的三分之一。這對資本主義經濟體的私有化的醫療業是利多。

　　根據《伊斯坦堡宣言》，鑑於倫理問題，建議醫生勸告病人不要去國外購買器官進行移植。然而，一項針對腎臟科醫生、移植外科醫生、器捐協調師和病人所做的研究發現，醫護人員並不希望詢問病人的意向或過去的行為。在荷蘭進行的這項研究也

表 4.1　移植旅遊價格比較 [10, 11]

地點	受贈者 所在地	器官	海外行一切費用 （美元）	相當於美國的 費用（美元）	價格比：海外 ／美國（%）
中國		腎	42,000–63,000	414,800	10.2–15.2
		肝	40,000–75,000	812,500	4.9–9.2
		肺	150,000	861,700	17.4
		心	130,000	1,382,400	9.4
巴基斯坦	當地	腎	6,000–10,000	414,800	1.5–2.4
	海外	腎	20,000–30,000	414,800	4.8–7.2
菲律賓		腎	65,000–100,000	414,800	15.6–24.0
以色列	當地	腎	100,000–120,000	414,800	24.0–28.9
	海外	腎	125,000–135,000	414,800	30.1–32.5

註：數據取自和分析多個線上和線下來源，包括本書正文引用的數據。

發現，很難確認移植旅遊的規模，儘管大家知道病人曾前往中
國、伊朗、印度和巴基斯坦接受移植，這些國家往往是病患的原
籍國，畢竟是他們比較熟悉的環境。眾所周知，上述這些國家多
半參與人口販賣與走私，為的是活摘他們的腎臟。這造成倫理上
的挑戰，需要國際介入規範和執法。一些人主張區分移植旅遊、
移植商業行為，以及以活摘器官為主的人口販賣，儘管三者緊密
相連。在解決民族國家和地緣政治集團內部病患等不到移植器官
的問題，以及提供執法資源打擊人口販賣弊端時，大家似乎沒預
設到人口販賣問題隱含在前兩種現象內。[12]

▶ 絕望的病人

　　禁止出售身體器官的規定與禁令，無疑代表病患需要更長的時間等待合適的器捐者，而這對於受贈者而言，形同預示等待期間存在死亡的風險。[13] 據估計，在美國有 10 萬名病患在候補名單上已等待多年，儘管每年有近三萬例的移植手術。[14] 同時，這些病人幾乎每天都要被拴在透析機上度過漫長的時間，病人、投保的民營保險公司和政府都要付出鉅額費用。然而，赴國外進行所費不貲的移植手術並不能保證患者能活命，也不能保證改善患者的健康，這一事實經常被這類影子交易的各方所掩蓋。整體而言，接受非親屬活體器捐的病患，在移植手術、病毒感染、需要更多免疫抑制藥物、出現糖尿病等併發症，以及死亡率等數字上，表現都很差。[15] 事實上，出國移植的兒童患者，術後結果特別不幸。除了不可預測的器官排斥問題，還有醫師不夠格不適任的風險、因醫療條件差而感染的風險、立刻在移植國出現的其他併發症，以及事後在自己母國（通常醫療費更高）出現併發症的風險。

▶ 弱勢的器捐者

器捐者報酬過低

　　貧困、失業、個人危機和負債，是開發中國家器捐者賣器官或組織的主因。在事後扣除各種醫療和非醫療費用後，他們得到的報酬往往比承諾的少很多。這些從有償器捐者獲得的器官，

價格卻飆漲數百甚至數千倍（表 4.2）。文盲似乎是原因之一，因為窮人更容易受到這種欺騙和剝削。印度的學術研究證實了其他開發中國家的媒體報導，器捐者賣了器官後，繼續過著赤貧生活，健康狀況不佳，以及以過來人的經驗不建議其他人跟進。[16] 健康狀況不佳對器捐者未來工資的影響以及少不了的醫療開銷（後者通常由開發中國家政府承擔），幾乎從未被器官買賣供應商納入移植器官的定價裡。同時，受捐者被收取高額的器官費用，大部分的利潤由仲介商、醫生、醫院、旅行社、酒店和其他輔助服務機構瓜分。

偷偷摸摸摘器官

並非所有的身體器官捐贈者或出售者都是自願的，因為在一些國家，不乏新聞指出，有人被說服接受手術治療一些不明的疾病，後來卻發現腎臟被摘除。還有一些例子，有些人被更優渥的工資利誘到國外，結果發現對方要強摘他們的器官，或者得以勞力換取遣送回國費。時不時會出現一些「城市怪談」，稱有人被下藥後醒來，發現自己一顆腎臟已被動手術摘除，這類故事不能說百分之百造假。流浪兒童或孤兒院孩童失蹤也被懷疑與這種影子交易有關。[17] 為研究目的而收集幹細胞，以及為治療目的而自然流產或手術流產的胎兒，是否屬於這種非自願捐贈的範疇，仍有待商榷。

被迫器捐

從活體或被處決的囚犯或戰俘身上摘除器官的做法，已被

證實在過去獨裁國家中發生過。儘管中國的官方政策已改變，但商業罪犯和政治異議分子被處死的人數有增無減，這點持續與有利可圖的人體器官交易有關聯，獄方甚至會根據來訪外國移植病患的需要而處決死刑犯。[18] 外界質疑，死刑犯捐贈器官猶如「饋贈社會禮物」，以此彌補他們的罪行。甚至根據共產主義的詮釋與暗示，似乎所有公民的身體原則上屬於國家所有。在其他貧窮國家，如印度和巴基斯坦，也有登記有案的指控，稱弱勢團體在暴力威脅下被迫捐贈腎臟（也許是因為拖欠債務），或被迫收回手術同意書，放棄治療。

表 4.2　器官移植價目表的價格持續上漲 [19]

捐贈者／手術地點	人體器官	承諾給捐贈者的金額（美元）	器捐者收到的付款（美元）	仲介人／器捐者扣抵額（%）	接受移植器官者支付的成套費用（美元）	接受者／捐贈者的溢價（%）
巴西／以色列	腎臟	>10,000	3,000–6,000	–40–70	20,000	+33–66
以色列／以色列	腎臟		10,000–20,000		100,000–160,000	+500–1,600
印度／印度	腎臟	1,410	1,070	–25	20,000	+1,400
巴基斯坦／巴基斯坦	腎臟	1,737–2,400	1,377–1,600	–20	7,271	+300
土耳其／埃及	腎臟	30,000	10,000	–67	35,000–40,000	+35–40
菲律賓	腎臟	2,750	2,133	–22	65,000–85,000	+2,360–4,000

註：數據取自和分析多個線上和線下來源，包括本書正文引用的數據。

診斷身體不適

▶ 病例和成長 ─────────────────────

有利可圖的治療，研究所需

隨著全球醫療保健逐步民營化，在利他主義器捐者以及受贈者在等待名單上的順序，政府作為兩者之間仲裁者的角色愈來愈小。器官移植手術可能是醫學界收入最高的一門專科，可與整型手術媲美，[20] 因此形成一個可能不光彩的全球供應鏈，利用最關鍵的元素——亦即病患對器官的需求，來圖利。窮人（甚至包括工業化國家）賣血漿給醫學實驗室、診所和製藥公司，這些血漿用於輸血療法（transfusion therapies）。在一些國家，無論是否徵得死者或其家屬的同意，從屍體上取皮膚和組織已成常態。然而，另一個最近出現成長態勢的領域是移植他人的胚胎用於生育治療、商業代孕和幹細胞療法。此外，移植並非醫療界唯一目的地，因為身體的所有部位或整個身體都已被用於製藥和醫學研究，以及當作醫護人員的培訓。

需求增加，供應減少

隨著工業化國家富裕生活普及後，新興經濟體也不遜色，腎衰竭人口也隨之上升，主要是因為肥胖、高血壓和糖尿病等健康問題所致。[21] 另一方面，公共衛生、安全宣導活動有成，加上更好的醫療照護，因此中風、心臟病，乃至意外事故致死人口則下降。一增一減，無意間造成工業化國家可用於移植的死者器捐

數量減少。複雜的因素包括：器捐者和受贈者之間的相容性，移植手術優先考慮潛在受贈者的年紀（年輕人優先），移植器官的品質，是否患有其他傳染性疾病（如肝炎、癌症和愛滋病）。此外，病人病情的危急程度，以及器捐者與病人之間的距離是否夠近（以便能快速運送要移植的器官）。這些因素在在導致移植手術作為一種醫療補救措施特別具有挑戰性。

▶ 全球市場

政治與經濟

　　人體器官交易可能是經濟全球化的象徵，也代表移植手術在過去一個世紀持續進步。哈里森（Harrison T）指出，儘管開發中國家弱勢人口被脅迫活摘器官的醜聞時有所聞，但他遺憾相關的研究相對不足，也強調這並非只是經濟現象。[22] 他說，這還是政治現象，因為政府在社會服務領域的角色被弱化；此外，它也是文化現象，因為西方的現代化概念被外擴；它還是一種意識形態，因為它支持資本主義的交換形式。上述背景和因素確實促成這種特殊的黑市人體器官交易蓬勃發展。再者，深入研究全球涉及器捐者和受贈者的其他交換模式，這點對於克服社會瀰漫道德保留或觀望現象至關重要。此外，需要跨部門參與監督與規範，包括合法和非正規的機構與人士，讓他們加入複雜、跨國界的器官買賣與移植網絡（圖 4.2）。

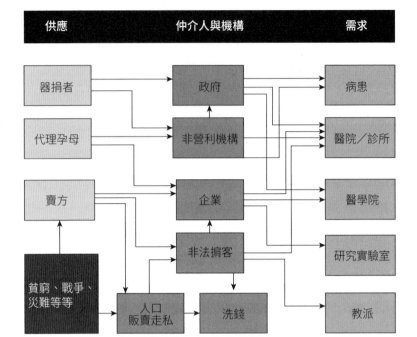

| 供應 | 仲介人與機構 | 需求 |

圖 4.2　器官買賣網

網路價格套利

　　網際網路的出現和電子商務的快速發展，為人體器官交易提供新驅力，因為需要移植手術的人可以在全球輕易找到捐贈者、醫生、醫院和手術套餐。一如任何一種全球化的商品和服務，移植手術和其他醫療服務也存在價格套利，因為大家發現在國外可以負擔得起這些服務，旅費沒有想像昂貴，移民障礙少了，語言障礙降低，以及國外醫療水平提升。因此，人體器官影

子交易既是這些器官移植旅遊全球化趨勢的受益者，也是催生者，但也與洗錢和其他非法活動掛勾。[23] 在這種情況下，任何一個法律管轄區實施監管或是禁止人體器官交易的主張可能會適得其反，因為這兩種措施都可能將已經部分隱蔽的全球交易進一步推向地下。

文化相近性

對休養非常重要的社會支持網似乎決定手術得在接近病患國家、文化或地區的地方進行。在全球化的世界，這可以擴展到包括有共通語言交流的國家，例如曾被同一個歐洲國家殖民的開發中國家。因此，來自曾經被大英帝國殖民的國家（如肯尼亞）的移植手術病患，可能會覺得在一個同樣被大英帝國殖民的亞洲國家（如新加坡）進行手術更舒服。根據現成的統計數據，波灣國家富裕的阿拉伯人顯然更傾向於尋找其他以穆斯林人口為主的國家，如巴基斯坦。[24] 除了明顯的經濟差異，這種因飲食和宗教而對器捐者文化背景的明顯偏愛鮮少被明確提及。無論如何，這些模式暴露了大家對文化相近性的偏愛，不管交集是殖民主義還是宗教信仰，都超越了對移植手術地點的其他考慮因素。

僑民為主的市場

討論器官移植的影子交易時，多少會忽略開發中國家的海外僑民與器官來源和手術地點的連結。雖然其他國家／民族的僑民也可能參與這種交易，但原籍國僑民的角色更顯著。[25] 有限的統計數據和傳聞讓大家有理由相信，擁有亞洲其他國家公民身分

的富裕華人，在中國和台灣尋找器官和後續的移植手術。同理，居住在歐洲和北美的非當地居民印度人（NRI），似乎更喜歡在印度和模里西斯進行移植手術，後者的印度裔人口占多數。儘管這些選擇反映了文化的相近性，但仍然是富裕國家的僑民對貧窮國家人民的一種新殖民主義剝削，即使他們擁有相似的種族血脈。

第三國供應者

擁有先進醫療系統的南非，在 2001 年至 2003 年期間，從巴西和羅馬尼亞等國招募器捐者，為需要器官移植的病人提供服務，病患主要來自以色列，可能是來自巴勒斯坦占領區。[26] 可以說，這些醫療保健提供者屬於半邊緣國家，在世界資本主義體系中充當核心和邊緣國家之間的中間人。幾乎沒有理由懷疑，除南非以外，其他地區也提供類似的服務，器捐者和接受者都在相同的第三國，以便進行較小距離的移動。在一體化的經濟區更是如此，這些地區不需要簽證就可跨越邊界，或者國界管理相當鬆散，而且這些地區的醫療法律環境可能沒有那麼嚴苛。在選擇工業化國家以外的地點治療時，對新興經濟體的醫療設施和專業知識愈來愈有信心，是另一個有充分說服力的考量因素。

▶ 助攻部門

醫院和診所

雖然醫院最常牽涉到全球性的人體器官交易，但誰是提供

手術服務的機構，各國可能有所不同。設備相對完善的私人診所和一個無所顧忌的外科醫生可能就足以進行移植手術，而且可能是祕密進行，以免引起醫學界或政府的監管。[27] 如果病人和／或捐贈者，甚至外科醫生和輔助人員都來自國外或國內另一個鞭長莫及的地方，未來就不太可能面臨醫療疏失訴訟或／和刑事過失的起訴。雖然嚴格來說不涉及人體器官，但另一個合法的醫療領域是生育治療，它涉及卵子捐贈和代理孕母的人工授精，後者往往是開發中國家或新興經濟體的窮人。[28]

旅行服務

人體器官交易的隱蔽參與者和受益者，是為器捐者和受贈者提供機票、簽證和酒店住宿的商家。在某些情況下，他們也可能是器官的掮客，或者至少是醫療旅遊目的地和器官移植業者的行銷公司，儘管他們的促銷表現並不是百分之百最理想，例如在泰國（儘管它是知名的目的地）。[29] 我們非常不易區分哪些旅客可能有合法理由到另一個國家旅遊、洽公、家庭團聚和接受醫療，哪些旅客僅是為了移植手術而赴海外，並從本地或第三國的捐贈者（活體或死屍）獲得器官。收養和代孕機構也會涉足旅遊業，這些機構聲稱要協助沒有孩子的夫婦收養小孩，並替後者提供完整的一攬子服務，包括親赴被收養孩童的所在國。

農工

在一些開發中國家所做的研究顯示，活體器官捐贈者多半來自社會中最弱勢的族群，亦即非技術工人和農民。他們的教育

程度低、低度就業、生活在貧窮線以下，只要個人財務稍稍陷入危機，就會面臨捐贈器官的壓力。[30] 活摘器官關聯到抵債勞動與現代奴隸制，存在於兩者之間的影子交易顯示，勞工為了讓自己擺脫債務，不得不賣器官。[31] 可悲的是，摘取器官已被證明會導致絕大多數器捐者的健康惡化、工作能力下降，以及進一步惡化財務狀況。

宗教和儀式

雖然主流的醫療衛生和相關部門可能會受到規範和監督，但因為文化或宗教儀式而摘取器官或身體其他部位的行為，通常不會受到監督。身體所有部位，包括骨骼和頭髮，甚至整個身體，都可以被傳統治療師用來製作成藥水，也可以被牧師用於宗教儀式。[32] 尤其令人不安的是使用兒童的身體部位來醫病，特別是用白化病病童的身體部位。目前在非洲許多地方仍是如此，形同指控過去殖民時代和當今後殖民時代的教育系統失敗。這種習俗通常發生在開發中國家的偏遠地區或少數移民民族。即使國家法律明文禁止，但很難在信徒中根除，因為除了在比較富裕的城市地區，這些禁令難以落實。

干預的前景

▶ 倫理上的窘境 ──────────────────────

利他主義 VS 買賣

　　有關器官移植的一大倫理困境，肯定是該用什麼標準決定誰可優先獲贈器官。在講究利他主義的器捐制度裡，這可能是一個道德雷區。拯救生命的器官是否應該給年輕人而不是老年人？給有家庭的父母而不是單身人？給傑出的專業人士或科學家，而不是給無一技之長的工人？在某種程度上，這個難題被一個以市場為基礎的器捐系統規避，但建立器捐系統所衍生的道德爭論，掀起了人體器官是否應該像其他商品一樣被標價然後求售的辯論。器捐這個全球貿易存在另一個道德問題：有錢的病人，無論多麼亟需手術，是否能從絕望之至的窮人那裡購買器官？並透過以市場為基礎的系統繞過進入移植手術等待名單的諸多社會限制？

　　有一種觀點認為，即使在當今醫療不斷進步以及全球自由市場的時代，器官取得仍是工業化世界的富人對開發中國家窮人的一種剝削。器官移植所涉及的社會經濟不公不義和人權侵犯無異於過去的殖民主義，甚至是奴隸制度。支持這一個觀點的外科醫生、醫院、實驗室和生物倫理學家當中，值得注意的學者是謝普—休斯（Scheper-Hughes），她以民族誌視角研究分析器官買賣這個全球貿易，研究完整涵蓋了來源、仲介和受贈團體、機構、城市和國家。[33] 反對的觀點認為，禁止器官捐贈商業化，等

於剝奪窮人改善命運的另一個經濟機會。該觀點認為,反對從窮人身上得到器官的人無法證明這侵犯了窮人的人權。此外,若對器官捐贈定罪,可能會讓器捐市場地下化,加劇走私現象,也讓器捐者無法獲得長期照護。[34]

確定死亡

雖然活體器官移植較受青睞,但若是從死屍獲得器官,關鍵的倫理問題在於決定死亡時間,因為器官在器捐者心臟死亡時就開始惡化。中庸之道是腦死,允許人在大腦活動停止時被宣布死亡,這時身體仍繼續運作,特別是當心和肺得到機械維生時。然而即使在工業化社會,對腦死的接受程度也遠遠不夠普及。[35]此外,還有一個令人困擾的問題,如何決定器捐者的死亡時間,畢竟有可能靠外力讓心臟死亡,這可以根據預判神經系統損傷已到無法續命的程度,讓心跳停止,然後確定器捐者的死亡時間。[36]另外一個爭議涉及醫藥管理,給藥係為了保護器官而不是嘉惠垂死的患者。需要器官移植的外國病患遠赴海外就醫,在需求推動下,可能會以迂迴方式提高以下兩種反人權現象的風險:誘導死亡和器官保存。

匿名 VS 披露

一個尚未解決的問題是,是否應該允許過世的器捐者家人知道或甚至鼓勵他們與受贈者接觸。若是,這會讓八竿子打不著的人有了建立擬親屬關係網(pseudo-kinship networks)的可能性,類似孩童收養。靠著擁有共同價值觀建立的群體社會,似乎

更適合這類新型社群網絡，只不過這些社會的傳統文化根本不允許器官捐贈（至少不允許捐贈給陌生人）。在禁止出售器官的地方，如禁止販賣腎臟的美國，虛構的情感鏈結被獲得有償酬勞器捐者用來塑造利他主義的表象。[37] 在跨境器官移植，維持器捐者和受贈者之間的擬親屬關係尤其不切實際，所涉及的風險似乎會讓天平傾向於保持器捐者和受贈者的匿名性。

▶ 增加供應

選擇同意器捐或選擇推定（默許）器捐

　　幾乎所有國家，包括工業化國家，都面臨一場艱苦的戰鬥——如何獲得足夠人民簽署器捐同意書滿足病患的移植需求。一些國家已經實施「選擇同意捐贈」政策（opt-in policy），說服潛在捐贈者簽署同意書，一旦死亡允許摘取其器官和身體部位。然而悲傷的家屬通常拒絕遵從死者的意願。其他國家則選擇實施「拒捐」政策（opt-out policy，譯注：亦稱器捐默許制），個人必須在生前明確拒絕嚥氣時被摘取器官。雖然這做法獲得肯定，認為能更成功地勸募到移植器官。但「拒捐」政策衍生出更大的問題，包括國家的角色和個人的權利，也降低家屬在決定捐贈或不捐贈時的重要性。[38] 對悲傷的家屬感情喊話，稱他／她雖然過世，但可透過捐贈器官給一個既有需要又有家屬的垂死者，延續病患的生命，這可讓他們的死變得有意義。在重視社群的文化裡，當務之急是讓器捐者在簽署器捐同意書時，也讓其近親共同簽署，以免家屬在器捐者過世時提出保留或反對意見。[39]

受到規範的補償

任何搭配合理補償和適當術前術後護理的活體器捐計畫，儘管與《伊斯坦堡宣言》和《世衛組織指導原則》相牴觸，卻有助於降低人體器官在黑市買賣的剝削性做法。值得國際社會仿效的是伊朗政府首開先例，提供活體器捐者補償和醫療照護，並成功消除等待名單。[40] 它提供器捐者合法補償，並設計一些保障措施，例如器捐者與受贈者雙方必須是同一國籍，這看似有歧視性，但有助於克服任何與圖利動機相連的汙名。在捐贈者和受贈者可能來自不同國家的情況下，如果沒有一個區域性的合作網絡（按規定，醫療專業人員若參與合作網絡外的非法移植，將會受到制裁），合法的補償計畫就無法根除黑市買賣。綜上所述，許多工業化國家不太可能採用由開發中國家開先例的制度，無論該制度多麼創新或有可行性。

混合系統

承認各自存在爭議之際，提高可用器官數量的四個典型解決方案是預設默許制（presumed consent）、指定捐贈、商品化、複製。但還有一種是商品化和利他性捐贈的混合系統，換句話說，就是結合公—私和法律系統（public-private and legal system），古德溫（Goodwin）不厭其煩駁斥這種系統是一種奴隸制，因為她所關注的非裔美國人的器官衰竭率很高。[41] 遏制人體器官黑市買賣的嘗試，如果不能輔以合法的手段彌補供需之間的差距，似乎注定會失敗。斯堪的納維亞半島於所在區域內採購和交換器官／組織的例子，可以為亞洲的開發中經濟體和新興經濟體提供參考

基礎。[42] 死亡後器捐做法若愈可靠，來自有償活體捐贈者的壓力就愈小，特別是來自開發中國家弱勢的窮人。總之，管理移植器官的供需時，存在著各種不同的選擇，涉及到政府、醫療機構、市場和非營利機構，在不同的政治、經濟、文化和技術背景脈絡下，可以仔細考慮要採用或調整哪些選擇（圖 4.3）。

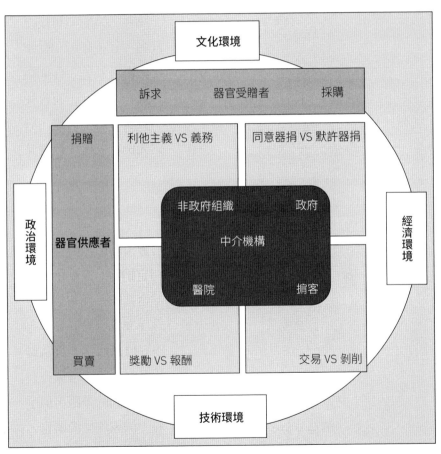

圖 4.3　器官交換的背景和模式

全成本定價

經濟學家利用 1990 年代末的數據，努力建立器官捐贈的均衡價（equilibrium price），希望提高供應量、縮短排隊時間、消除黑市，並在整體上減少邊際成本上升的痛苦。[43] 雖然這是一個值得稱讚的嘗試，但難免少了人性的溫度。預估美國捐贈者的統計生命價值（value of statistical life）、生活品質和死亡風險時，發現腎臟的價格差異頗大，從 7000 美元到 2.8 萬美元不等。在制定包括捐贈後醫療保健的綜合成本時，應該呼籲參與器官移植程序的民間社會和非營利組織提供援助。[44] 因為在為器捐者和受贈者提供長期醫療服務之前，由於不公平的經濟制度，器官交換的社會成本不可避免地會由較貧窮的器捐者個人承擔。

基因改造

不久的將來，經過基因改造的動物器官可望成為人體器官的可行替代品，這會影響器官買賣，此外，也存在文化或宗教的阻力，特別是來自豬的器官。[45] 動保人士無疑會提出人類為醫療目的而飼養、實驗和殺害動物的倫理問題。在有選擇的情況下，大家通常傾向於選擇人造器官，而不是動物甚至人類的器官，因為他們認為人造器官更健康、更安全，但這也可能受制於社會中不同民族的文化差異。[46] 如果不是因為從培養或流產的胚胎獲取幹細胞的倫理爭議（這通常會受到教會禁止與批評），那麼使用幹細胞培養人體部位的前景似乎是一個受歡迎的選項。尚待考慮的是，從缺乏相關法律或法律不夠嚴謹的開發中國家獲取幹細胞，用於工業化世界的各種治療和研究目的，這會產生哪些影響。以

及誰該為這些器官再生技術的研發費用買單，也是另一個課題。

▶ 抑制需求

人口計畫

有關減少對人體器官的需求，或者至少不讓這種需求高速成長，文獻與媒體鮮少提出看法。有人暗示，這種需求主要是因為在經濟蒸蒸向上的國家，人民的預期壽命延長所致，實際上這種說法不無問題。[47] 然而不成比例的供需很大程度上是由於人口高齡化使然，也可能是由於中國等新興經濟體實施嚴厲的計畫生育所致，以及大部分工業化國家（特別是歐洲國家）生育率下降之故，這可能需要像瑞典一樣，透過友善家庭政策（family-friendly policies）解決。另一個辦法是增加移民，歡迎來自非洲、拉丁美洲和亞洲等人口不斷成長的開發中國家的人民，但這辦法有爭議性，畢竟移民衍生了政治、經濟和文化等諸多問題，更不用說右翼領導人煽動的仇外心理。

健康促進

由於許多導致需要器官移植的病症都與不健康的飲食有關，因此社會上出現一些活躍團體，反對速食業和冷凍食品業大打廣告或積極行銷。雖然這類運動在工業化國家陸續出現並繼續成長，但在開發中國家不太可能成氣候，儘管許多開發中國家崛起的中產階級人口中，愈來愈多人成為這些不健康加工食品的消費者。[48] 開發中國家和新興經濟體的政府也可能不願意阻止跨國

企業投資該國的冷凍調理食品業，更不用說限制這些業者的經營和出口。導致需要移植病況的另一個原因是工業化國家或新興經濟體的富人缺乏運動和久坐不動的生活方式，這問題可以透過鼓吹運動和定期鍛鍊克服。這通常由工業化國家的政府和民營醫療保險公司贊助，但是除了實施社會主義的國家，鮮少開發中國家實施全民運動與鍛鍊計畫。

普及醫療保健

　　早期診斷出嚴重疾病，可以減少對器官移植治療的依賴與需求。此外，及早查出疾病並接受治療，或是根據醫師建議的飲食並改變生活方式，再輔以基因檢測看是否有罹患重大疾病的傾向，在在都可以減少對器官移植的需求。提供更優質的醫護以及負擔得起的醫療是當務之急，但由於經濟限制和／或政府管理不善，開發中國家嚴重缺乏這種系統。[49] 不幸的是，國際貨幣基金（IMF）與世界銀行向舉債度日的開發中國家推薦新自由主義倡議的「使用者付費」醫療措施，等於把醫療費轉嫁到病患身上，影響所及，增加了病患被保險公司拒付治療費的風險，以及在發現罹患重大疾病（如器官衰竭）時恐失去工作。

醫療疏失

▶ 以人為重，利潤次之─────────────

　　近幾十年來，資本主義向全世界蔓延，這可能是造成目前

器官捐贈商品化的原因，也導致民眾對移植技術的要求愈來愈高，對醫療抱更大期望，並選擇延長壽命。醫療保健不再是政府的責任，而是病人自己擔責，自己想辦法尋找醫療服務（如果不是在當地也可以到國際）。工業化國家的醫療保險公司以營利為重，這是普遍現象，所以會盡量降低長期性替代療法的費用或是在本國的移植治療費，這可能也是導致開發中新興國家器官移植市場成長的因素之一。至關重要的是各方都必須保持透明度，包括製藥公司和保險公司在內，畢竟有些業者會以窮人以及社會正義為代價，為富人張羅器官移植並從中獲利。[50] 除此之外，名單還可加入醫療從業者、醫院、旅行社、旅館經營者、為器捐者和受贈者服務的中間人等等，畢竟器捐者和受贈者雙方都是易受剝削的對象。

▶ 切實監督

中間人以商業手法對貧窮人口招手，是有違倫理的剝削行為，而這些國家的政府卻不加干預，民間社會也對此視若無睹。雖然大多數工業化國家都有禁止人體器官買賣的法律，但大多數開發中國家並無這樣的法律，或者法律不健全，或是執法不力。結果形成了醫學上的種族隔離（medical apartheid），亦即從窮人身上摘取器官，然後提供最少額的補償，器官供全世界的富人使用。在全球資本主義的經濟體中，問題可能不在於人體器官是否會被商業化、被買賣，而是這種交易是否受到監管，是否為器捐者和受贈者提供適當的保護，以免他們受到剝削。這種監管制

度或可縮小向器捐者購買器官的成本與向受贈者索費之間的差距，進而杜絕器官買賣市場的牟利參與者。因此，目前當務之急是，在每個批准器官買賣和移植的國家，探討利他主義和有償捐贈兩者並行的可行性，並制定全球適用的準則。

論點總結

　　器官取得和移植旅遊可能是醫療業（涵蓋公營與民營）棄守的跡象。公營和民營醫療機構放棄發展資源密集型的屍體器官分配系統，而器捐者與受贈者雖在同一個社會醫療系統內，但醫療機構也放棄為活體捐贈者提供術後醫護。大家需要了解，許多開發中國家和新興國家都有雙重經濟體（dual-economies），一個是生活在國際定義的貧窮線以下的民眾，另一個是中上階層。雖然亞洲、非洲、中東和拉丁美洲的中產階級的收入可能無法與工業化國家相比，但他們可能要求獲得優於公共衛生系統所能提供的醫療照護，因而在國內或鄰國催生出私營的移植市場。因此，針對器官移植手術市場所做的一切討論，都該將以下現象一分為二：一類國家將醫療保健視為經濟活動，合法允許業者吸引招攬區域內的客戶；另一類國家不制定任何政策，鼓勵機會導向企業家（opportunistic entrepreneurs）進入所謂的移植旅遊業，剝削絕望的病人和器捐者。處理移植旅遊和器官買賣這類影子交易的利器是制定法律，明文禁止剝削貧窮人民，過去殖民政權往往受到這種指控，在今天這個時代剝削窮人不容接受。

暗領域

▶腎臟供應補救措施————————————————————

　　移植外科醫生的專業認證可能有利於解決移植手術的水平和道德問題。然而，這需要對專家進行多國認證，因為他們接受培訓的國家可能不同於執業地點。但是，若在跨國環境下進行的手術失敗，捐贈者和受贈者會獲得什麼樣的法律資源與保障？病人祖籍國的醫生拒絕提供術後護理，可能是器官移植這個全球產業發展的最大障礙。如果能在器官移植進行國際合作，為器受體和器捐者的術前術後護理達成協議，那會怎樣？一個關鍵問題是，器受體是否該為他們當時認為最符合自己利益的做法（亦即在其他國家以私人負擔得起的費用進行手術）而受到法律的懲罰？一些國家負起監督與承保雙方交易的例子，可能值得世界其他國家研究、模仿和借鑑。

中國

　　根據記者報導和民間社會的消息，在中國，因相對較輕罪行而被處決的青少年人數急劇增加。據說這是為了提供移植所需的器官，器受體主要是黨的高階幹部和富有的外國人。據說這些犯人被判處死刑後，會根據血型加以分類，然後配合器受者方便的時間，安排處決時間。據說他們伏法前，同意捐贈、被下藥、被槍斃，偶爾會保留呼吸，一直活到被摘除器官。雖然這類移植費用只是中國以外國家的幾分之幾，但在中國境內，在公共預算

有限的時代，這種靠死刑犯器官的移植手術是醫院的寶貴收入來源。在 2006 年，美國國會的一項調查宣稱發現愈來愈多證據，顯示中國有系統地匹配和準備處決死刑犯，特別是因政治異議而被鎮壓的法輪功教派的死刑犯，以便在處決時同時進行器官移植。[51]

日本

在接近中國的日本，作為一個工業化國家，1997 年通過一項法律，主要根據器官移植的可能性定義腦死，所以兩個臨床狀況相同的人，可能得到不同的診斷結果。因此，親屬可能無法選擇讓腦死家屬自然死亡，除非他們同意對病患進行器官摘除手術，原來移植手術比生命維護系統更有利可圖（兩者都有政府資助）。這種現象引起民眾的疑慮，認為不符倫理。使用被汙染的器官做移植手術，成功率有限，這點坐實了上述的動機是因為手術費。[52] 同理，西班牙成功的器官採購系統歸功於對屍體器捐高度依賴，在醫院訓練有素醫護人員的協助下，器官買賣量倍增，從 1989 年的 14％飆漲到 2002 年的 34％。[53]

巴基斯坦

雖然在 1991 年，巴基斯坦 75％的腎臟移植手術的器官來自親屬，但是到了 2003 年，約 80％的腎臟來自非親屬的器捐者，在兩千多例移植手術中，受器者有一半是外國公民。相較於鄰國印度和其他伊斯蘭國家，巴基斯坦缺乏規範移植的相關立法，影響所及，巴國發展成重要的區域性移植旅遊中心之一。[54] 這可能

部分要歸因於巴基斯坦在地理上靠近富裕的中東海灣國家。在中東地區，病患可能較青睞與自己有相同飲食禁忌的穆斯林同胞捐贈的器官。在中東地區，要提高穆斯林對屍體器捐的接受程度，必須要靠國家資助，提供活體捐贈人或死者家屬捐贈金，這有效地消除了等待時間。針對土耳其醫科學生所進行的一項調查發現，雖然 84.9％的學生對器官移植有所了解，但迄今他們獲得訊息的主要來源是大眾傳媒。[55] 雖然 58.4％的人似乎願意捐贈自己的器官，但只有 1.2％的人持器捐卡，顯示他們的影響力只是杯水車薪，無益於鼓勵大家加入利他式器捐的行列。

印度

印度愈來愈是醫療旅遊的目的地，他們提供優秀的醫療和外科服務，而且手術費用低於高收入國家。近年來，印度提供有先進技術的醫院，不用等待以及專業的外科醫生。印度醫療旅遊提供腎臟、肝臟、肺臟、角膜、骨髓和其他部位的器官移植「套餐」。套餐包括機票、酒店住宿、手術費用、專家諮詢、藥物治療，以及專業人員服務等等，價格合理。雖然他們偏好讓病人接受親屬的活體捐贈，如兄弟姐妹、父母或配偶，但也接受非親屬捐贈的移植器官，只是費用較高。有親屬關係的器捐者和器受者的腎臟移植套餐費用為 7207 美元，無親屬關係的器捐者和器受者則需要 1 萬 052 美元，暗示須支付器捐者報酬。肝臟移植手術的價格更高，介於 5 萬美元至 6 萬美元之間。[56]

南非

　　儘管買賣人體器官在南非是非法的，但有人在繁忙十字路口發放廣告單，向開車族兜售器官移植服務，這些開車族多半是南非的富豪。根據一位女子（戴著醫療口罩和乳膠手套裝扮成外科醫師模樣）發送的廣告單，稱可以在一週內提供人體器官，而且移植手術在世界頂級的醫療機構進行。據悉可買賣的器官包括心臟，價格為 150 萬南非蘭特（約 11.6 萬美元）；腎臟略高於 350 萬南非蘭特（約 27 萬美元）；脾臟僅需 7000 南非蘭特（約 540 美元）；眼睛每隻兩千南非蘭特（160 美元）。這張廣告單的內容如下：「需要器官嗎？我們可以在一百六十八小時內提供器官；健康、可靠、經過完整測試……換言之，既然窮人可以幫助你健康又長壽，為什麼還要受病痛煎熬呢？我們的建物、醫生和醫療設備都是頂級之選。」

　　廣告單列出一個網址，但沒有列出診所的地址，提供的聯繫電話，接電話的人是一位男子，負責器官買賣。[57]

巴西

　　在巴西，窮人買賣器官的現象非常普遍，巴西一些城市還靠此出名，器官買賣掮客在這些地方成功招募到有償的器捐者。其中一個例子是東北部巴伊亞州首府薩爾瓦多（Salvador da Bahia）的貧民窟，那裡高達 260 萬（約該市 60％人口）居民陷入絕望的生活。此外，證據顯示，巴西會偷器官，但受害者是另一類型的人：已故窮人。雖然巴西有「默許同意」的器捐法，但遇到器捐荒時，只有富人能夠說服醫生，不用考慮使用腦死親屬

的器官，因為窮人發現，他們在未被諮詢下，腦死的親屬就被摘了器官，供他人移植之用。像巴西這種國家，僅把注意力集中在解決窮人被迫賣器官以及貪腐問題，卻忽略造成他們經濟陷入困境的原因。有人認為，有償器捐不僅是提供窮人必要收入的一種手段，而且這種做法合法化可能是緩解貧窮的一種方式。雖然器官買賣往往被認為是個別國家的問題，但器官買賣市場全球化現象不能被忽視。首先，由於有些國家的法規限制活體或屍體器捐，因此器官移植市場跨越國境。其次，技術發展不僅提升移植治療，也精進運輸和訊息交流。例如，來自巴西的器捐者可能發現自己在以色列做了摘除手術，讓來自南非的器受者受益。因此貧窮的器捐者可以從世界任何一個地方招募，因為他們可以和富裕的器受者一起前往著名的醫療機構進行移植手術。[58]

美國

　　在美國，民眾可以在近親一死亡，捐贈他們的器官或組織，除非已故親屬事先清楚交待不得這麼做。如果立法允許一個人可在死前同意出售死後的器官，更多人可能會選擇跟進，增加器官的總體供應量。雖然這可能會增加來自腦死（只能靠維生設備維持生命）病患的器捐量，但出售器官的機會大多發生在實際死亡之後。死後是否適合捐贈器官，取決於死了多久、死因和死者生前的健康等因素。因此這計畫寧願只取組織、角膜、瓣膜和骨骼，因為這些部位都可以從死後器捐者那裡獲得，不僅對健康的限制較少，也不用在死後立刻就摘取。只有廢除現行法律，允許活體器捐者出售器官，才會出現器官買賣市場，但這會造成諸

多社會問題。反對者認為，窮人有意向富人出售器官，目的只為了緩解他們的經濟困境。支持出售器官合法化的人則認為，這些貧窮的活體器捐者可透過出售器官，改善經濟狀況。此外，經濟穩定的潛在器捐者不太可能被說服出售器官，除非收益足以覆蓋可能的醫療風險。[59]

關鍵問題

相較於政治與經濟措施，器官取得是否牽涉到的文化和社會層面更大？那麼，鼓勵死後器捐或立法通過默許同意器捐，是否能緩解活體器捐供不應求的現象？

有關器官交易，哪些國家的做法更公平並值得稱許，可以在更多國家逐步落實？某國的法規、做法和模式在其他國家是否可行？

是否有些器官在倫理上比其他器官更值得關注？以及更需要監管規範？器官捐贈是否應該是絕對利他，或是僅限於血緣親屬之間？因為這才能減少有償器捐的市場？

從窮人身上取得器官，無論是在本國還是在國外，都算是富人在奴役／剝削窮人嗎？一邊是絕望的末期病患（器受者），一邊是希望靠有償器捐緩解水深火熱的貧窮生活，哪一方更可憐？

貧窮的器捐者是否可以為他們被摘取的器官獲得更高的價格？並保證獲得術後任何併發症的長期醫護？是否能確保富裕外國人的醫療旅遊能夠補貼開發中新興國家公民的醫療保健？

第五章

資源盜用與
環境惡化

Credit: Pedro Henrique Santos/Unsplash

概述

　　掌控能左右世界經濟值成長的重要資源，往往是醞釀或至少造成一大部分國際性、區域性和國內衝突的主因。通常這些資源包括金屬、寶石、稀土、木材；此外，野生動物、文化遺產和其他珍貴的國家資產也包括在內。這些資源通常在開發中國家開採後，運往新興和工業化經濟體。最值得注意的是，石油工業引爆了重大戰爭，而貴金屬開採因涉及國內衝突而蒙上汙點。買賣這類引爆衝突的資源（conflict resources）難免涉及對人權的侵犯，以及叛亂團體、恐怖分子、當地民兵、政府軍，或其他武裝士兵對人民的暴力行為。

　　本章揭露，儘管有禁運和杯葛，這些資源如何進入複雜的供應鏈，由合法的公司進行加工，變成消費性與工業性產品，然後行銷於全球。

　　然而，由於有了可行的追蹤技術，可找出資源供應商的所在位置、身分和做法，讓涉入這類影子交易的相關企業被究責。本章揭露的現象涵蓋衝突地區採礦、礦產資源、血鑽石、稀土、鉭鈮鐵礦（coltan）、文化遺產、文物收購、石油走私、野生動物盜獵、非國家擁有的正規武裝力量、貪汙、裁武、閉環供應鏈（closed pipe sourcing）、技術追蹤和全球供應鏈。

為衝突提供資源

▶ 掠奪與搶奪

　　掠奪（pillage）的定義是：犯罪者因私人目的的侵占他人財產，未經財產所有人同意，或是剝奪後者的使用權。掠奪在人類衝突中有著悠久的歷史，被掠奪的資源涉及金屬、寶石、燃料、木材、動物、食物和水，這些通常是稀缺的資源，可為區域性或國內武裝衝突提供資金。引進異國動物從事勞動和娛樂，這做法可以追溯到古文明，如埃及人、希臘人和羅馬人，結果導致動物數量減少，甚至在原生棲息地絕種。

　　幾世紀以來，掠奪文物一直是不斷擴大帝國版圖和殖民政權的特點，例如西班牙的征服者、法國的拿破崙軍隊和德國的納粹分子。掠奪罪首次出現在 1863 年的《利伯法典》（Lieber Code），該法典規定，即使衝突結束，亦禁止武裝部隊有任何掠奪行為，若違法可判處死刑。今天，掠奪及其同義詞搶奪（plunder）在「海牙公約」等國際法或「美國戰爭罪法」等國內法，均被視為戰爭罪。[1] 其他國家，包括開發中經濟體和制度千瘡百孔的失敗國家，努力阻止這類影子交易時，通常會參照國際條約。然而，在衝突地區開採資源的公司往往無視國家法和國際法的規定，而傾向於向外國占領勢力（包括叛亂團體）求情，爭取批准。

▶ 造成嚴重後果的催化劑 ────────

　　過去六十年來，各國的內戰或衝突中，不少於四成與搶奪自然資源有關：取得、搜刮、買賣自然資源往往受益於這些衝突，但也讓衝突更加惡化。影響所及，政府軍、分離主義運動、軍閥民兵、恐怖組織，和其他參與衝突的武裝勢力等等，紛紛

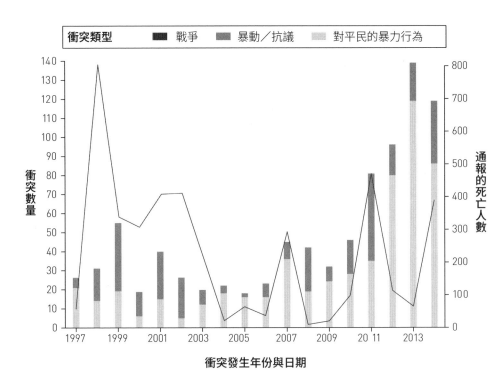

圖 5.1　在非洲，與資源相關的衝突[3]

傳出涉及侵犯人權、違反人道主義法，甚至犯下戰爭罪。[2] 國際和國內的衝突的導火線一直都與爭奪礦產資源有關，特別是在非洲等開發中經濟體（圖 5.1）。儘管採礦業對這些資源豐富的開發中國家經濟極具重要性，但並未嘉惠大多數人口的經濟發展，奈及利亞和剛果民主共和國就是兩個代表例子。兩國發展之所以迥異於南非，一部分原因是政府政策千瘡百孔、缺乏民主、貪腐和長期動盪，這還不包括世界經濟從來沒有停止對他們資源的需求。同時，為了進口異國寵物以及傳統藥材，盜獵猖獗，對野生動物構成了威脅。掠奪考古文物和其他珍貴的文化資源，往往發生在軍事衝突之後，如最近發生在中東地區的新聞。由此可見，武裝衝突往往會導致礦產、生物多樣性和文化資源慘遭搜刮，不管行為人是最終的贏家還是絕望的輸家。

跌入谷底

▶同流合汙 ────────────────

　　儘管大家已經注意到衝突會衝擊到戰區的採礦工人和其他小規模經營者，但是對於跨國資源公司如何（在不知不覺下）點燃或延長衝突，關注卻少之又少。這些衝突可能會進一步提高這些企業的利潤，儘管會減少他們對衝突所在國經濟發展的貢獻。在當前或潛在衝突的背景下，跨國礦業公司需要決定該投資或撤資，或者如果繼續留在那裡，該如何預防、減輕和解決衝突。因

此企業必須評估各種可能的風險，包括實體資產、雇員、工作中斷、下游承包商、訴訟、保險、聲譽、消費者抵制等都可能受到衝擊。因此企業必須採取衝突管理策略，並考慮到以下因素：經濟利益分配不公、非依賴這一資源不可、政府貪汙腐化、環境衝擊和維持武裝團體運作等因素。[4] 迄今為止，衝突地區的原物料資源企業並不重視與政府、社區團體、公民社會、國際組織等所有利害關係方合作，也沒有透過透明通報和稽核，建立大家對他們的信任感，讓大家相信他們會履行永續發展的承諾。

爆發衝突期間，法律和秩序崩盤，大家對環境和人權也漠不關心，這些都有利資源的影子交易，尤其是當武裝團體可從這類貿易中獲得財務上的利益，這讓他們心生讓衝突繼續下去的動機。不像城市基礎設施或農田，開採鑽石、黃金、木材等等，較不易受到衝突的不利影響。因為這些資源並不依賴當地市場，而且是通用商品（generic commodities），所以它們的起源地可以造假，然後賣到海外。上述理由莫不支持以下這個論點：因為海外的開發中國家需要大宗商品，加上自己國內經濟嚴重不平等，影響所及，可透過銷售大宗商品或對大宗商品徵稅等手段，獲得龐大金錢利益，難怪內戰會打不停。充分的資料顯示，世界各地的衝突中，例如在哥倫比亞、科索沃、柬埔寨、阿富汗、索馬利亞、安哥拉、賴比瑞亞等國，像英國石油（BP）、Lonhro 和 Dole 等跨國企業，甚至像紅十字會這樣的援助組織，已知都曾向與政府為敵的勢力（游擊組織）支付「戰爭稅」，聲稱這是「保護費」。[5] 通過政府禁運、公司稽核或消費者抵制等措施，藉此限制衝突地區資源進入全球貿易網的善意與努力，有可能對合法

進行貿易的相同商品產生不利影響。這種新殖民主義式的干預，可能造成的意外後果是剝奪當地礦主、工人和商人的生計，造成政治不穩定，並進一步惡化衝突。

▶ 嘉惠終端用戶

儘管有禁運和杯葛，所有衝突資源仍進入了複雜的全球供應鏈，經合法公司輸送、加工，成為消費商品和工業成品，在世界各地銷售。最值得注意的是，全球近 9000 萬美元的鑽石業仍無法擺脫被捲入衝突的汙點，特別是非洲的衝突。十多年前，透過國際認證制度〔簡稱金伯利流程（Kimberley Process）〕，努力根除血鑽石買賣進而讓消費者放心，但這樣的努力卻因為不承認當地的暴力衝突和侵犯人權等漏洞而失敗。雖然非法買賣野生動物的問題，面臨來源國和目的地國愈來愈頻繁地執法和監管，但非法買賣野生動物的犯罪網依舊活躍。不管是喝咖啡、吃海鮮還是購買時裝，以相對低廉價格享受這些東西的消費者都有可能循運輸、加工和製造的供應鏈，查出原料供應商的所在位置、身分和做法。在當今資訊時代，產品成分的來源可以透過區塊鏈和其他技術加以追蹤定位，但是消費者、市場，以及政府莫不表現出選擇性失憶，這的確是社會倫理上的異常現象。

在世界各地，特別是在開發中國家和新興經濟體，開採業的經營方式違反現有國家法和國際法，侵犯人權是普遍的現象。他們以保護資產和營運為名，出問題的做法包括導致人民流離失所、強迫人民勞動、工作場所健康和安全亮紅燈，以及放任武裝

團體和安全人員任意拘留、性侵、謀殺和凌虐村民。這些違反人權的行為可能是因為政府、當地商業夥伴或供應商縱容，有時也可能是這些團體自己所為，通常發生在極端貧困、腐敗、公共管理不完善和政治不穩定的開發中國家。反之在工業化國家，跨國公司會因為共謀而被究責，因為它們的所有權通常設在那裡。已被追究法律責任的跨國資源公司包括：殼牌公司，因在奈及利亞殺害、刑求和拘留社區居民遭起訴；道達爾公司（Total）和優尼科公司（Unocal）在緬甸雇用該國軍方提供的強迫勞動力而被起訴；塔利斯曼能源公司（Talisman Energy）因在蘇丹強迫當地居民離開自己家園被起訴；雀巢公司因在西非可可莊園雇用童工被起訴。[6]

▶ 助發展還是導致貧窮

儘管聲稱能提供開發中國家就業機會並改善社區的生活水平，但跨國開採公司長期以來一直支付相當低的稅金與權利金而受抨擊。他們限制工會活動，支付低薪，為工人提供比本國（工業化國家）工人更差的安全保障，種種剝削性的做法加劇經濟不平等與社會動盪。雖然利害關係人理論（stakeholder theory）認為，企業要成功賺錢，最佳途徑是平衡所有關係人的利益，包括企業所有人、管理階層、員工、客戶、政府和社區等等，但在實際做法上，管理團隊會優先考慮最有權有勢的族群，影響所及，可能造成巨大變化，特別是在衝突情況下。[7] 雖然大多數開發中國家可能有勞動基準法，但往往缺乏執行這些立法的手段和政治

意願。為了要爭取和留住跨國公司的投資，政府甚至可能故意放水。合法性理論（legitimacy theory）認為，任何公司只有負責任地使用其產能，才會被社會認為值得支持，而其管理階層也應努力縮小企業業績和社會期待之間的合法性差距（legitimacy gap）。[8] 如果跨國公司在勞資關係上繼續面臨合法性差距，他們可以透過國際勞工組織的指導方針，藉由履行道德義務尋求支持。同時，國內外愈來愈民主的政府和負責任的工會，也可以在實現公平的經濟發展上發揮作用。[9]

互爭所有權

▶ 礦產資源

鑽石和黃金

1990 年代，西非國家獅子山的鑽石開採業由叛亂團體「革命聯合陣線」（Revolutionary United Front）所控，該陣線因侵犯人權以及犯下戰爭罪而「享譽」國際。這個武裝團體得到鄰國賴比瑞亞政府支持，結果獅子山的鑽石得以與賴比瑞亞的鑽石混在一起，順利規避聯合國從 2000 年起對獅子山實施的禁運措施。[10] 利用剛果民主共和國的地理參照數據所做的研究顯示，美國針對衝突礦石（conflict minerals）的立法導致適得其反的現象，反而讓以下的論點更站得住腳：偏遠地區的採礦和衝突有著非常複雜的關係。在剛果民主共和國，武裝團體進入不受監管的礦區，

平民慘遭暴力對待的事件增加約兩倍，儘管那兒開採的各種礦石在全球的價格持續飆升。遠在另一端的印度，也捲入這種影子交易，因為蘇拉特市（Surat）為全球90％以上的鑽石進行加工，其中大部分鑽石都躲過金伯利流程監管，而該市雇用近50萬名勞工，但勞工的生命安全非常沒有保障。矛盾的是，當地礦工付錢給民兵，換取粗簡到不行的保護，這種非正式的交換似乎讓該區少了衝突，多了和平，經濟上也更有生產力，優於外國出於善意派兵進駐干預（結果造成社會無政府狀態）。[11]

鈳鉭鐵礦和稀土

剛果民主共和國東部衝突不斷和礦產資源貿易相關，聯合國安理會因此在2008年通過決議，禁止向捲入衝突的非國家團體和個人出售武器。儘管非政府組織提供明確的可究責證據，但沒有任何一個個人、團體或公司受到進一步制裁。有些公司被聯合國和非政府組織點名，稱他們涉及剛果民主共和國衝突地區的礦石買賣，這些公司包括英國的阿佛瑞麥克斯（Afrimex）和泰薩科（Thaisarco），它們是重要的金屬貿易商和冶煉公司，卻無視經合組織（OECD）準則。還有許多剛果出口商也被點名。[12] 在2007年，除了價值80億美元的鑽石業，賴比瑞亞還積極開採鈳鉭鐵礦石，該礦石是用於價值650億美元全球電子工業的重要原料，因此讓賴國成為非洲衝突地區和世界經濟體之間的中間人，規避了原本需要在企業社會責任措施上投入大量資金的立法。[13] 在拉丁美洲，委內瑞拉直到2009年才在亞馬遜叢林深處發現蘊藏豐富的鈳鉭鐵礦石。由於委內瑞拉和哥倫比亞之間的邊

境地區是他們向美國走私毒品的必經之路，控制該地區的犯罪集團已將業務從毒品擴展到同樣有利可圖的鈳鉭鐵礦石貿易。[14] 兩國的軍方都禁止民間開採，但既無法阻止礦工開採，也無法阻止鈳鉭鐵礦石被走私到巴西，甚至出口到全球各地，以滿足當地製造業的需求。由於走社會主義路線、反帝國主義的委內瑞拉，與右傾、親美的哥倫比亞政府在外交上關係緊張，兩國重疊的資源主權伸張很可能升級成武裝衝突。[15]

石油和能源

過去五十年來，爭奪石油和天然氣資源是印尼入侵東帝汶、摩洛哥入侵西撒哈拉、伊拉克入侵科威特的主要原因。目前因爭奪石油資源導致局勢緊張的地區包括南海的南沙群島、亞馬遜盆地（Amazon Basin）部分地區和北極海海床，這些地區的主權聲索國互不相讓。由於跨國能源公司殼牌公司與腐敗的奈及利亞軍事和政治當權者勾結，在尼日河三角洲地區不受限制地進行鑽探，導致過去數十年來該地爆發民間抗議和武裝叛亂，造成廣泛的汙染，經濟發展卻甚微。[16] 近年來，也許最讓人不安的是盤據伊拉克和敘利亞的極端組織「伊斯蘭國」（ISIS），它在全盛時期控制了盛產石油的黎凡特地區 60％的版圖，並利用油錢資助它的恐怖政權。在極盛時期，伊斯蘭國成功透過鄰國土耳其走私和出口大部分石油，這些石油與來自裏海週邊國家以及伊拉克北部庫德族的合法石油混在一起，運往合法買賣的全球市場。[17] 開發中國家廣泛使用的另一種能源是煤礦，印度政府在礦藏豐富的叢林開採煤礦期間，與居住在當地的部落悄悄地醞釀著衝突。

政府軍與毛派共黨叛亂分子發生了武裝衝突，這些叛亂分子高舉部落的訴求，並對開採出來的煤礦進行加工，還賄賂警察，讓警察不會來騷擾他們。另一方面，印度政府擁有的煤礦開採公司據悉向叛亂分子支付數百萬盧比作為「保護費」，保護設施不受攻擊。[18] 由於能源具有戰略重要性，所以能源特別容易受到戰爭、恐怖主義、內戰和禁運的影響，只要供應鏈的任何一環中斷，都會導致走私。

▶ 生物多樣性資產

林業

掠奪森林資源可在衝突結束後繼續進行。例如，結束柬埔寨內戰的《巴黎和平協議》讓以暴行而惡名遠播的叛亂團體「赤棉」，控制了該國資源豐富的地區。因此，在中國停止支持赤棉後，赤棉部隊利用出口珍貴的硬木木材，資助他們與越南開戰。儘管聯合國安理會通過決議，與柬埔寨政府站在同一陣線，禁止出口這些硬木，但禁令並不包括加工的木材，結果導致邊境一帶鋸木廠林立。此外，因為柬埔寨和中立鄰國泰國，雙方腐敗的政府官員互相勾結，結果邊境的木材生意蒸蒸日上，每月交易金額約 1000 萬至 2000 萬美元之間。[19] 二十多年來，身為工業化經濟體的日本無視國際協議，在開發中國家馬來西亞進行伐木。日本公司與其他亞洲國家的企業合作，靠著土地特許權、非法伐木、破壞生物多樣性和侵犯原住民人權，助長當地貪汙的風氣。[20] 此外，在熱帶開發中國家砍伐森林，取得紅木和柚木等珍貴木材，

早在強權殖民占領期間或帝國主義貿易興起以來，就已存在。

盜伐是另一個重要的現金流管道。2001年聯合國對賴比瑞亞鑽石實施禁令，影響所及，該國政府轉而透過伐木生財，用以資助鄰國獅子山的叛軍以及自己國內的戰事。諷刺的是，由於常任理事國法國和中國的反對，聯合國安理會一開始未能對賴比瑞亞政府此舉採取行動，因為中法是賴國木材的兩大進口國。2003年終於對賴國實施木材制裁，斷了賴國政府這個金源，不久政權崩潰，值得注意的是，十四年內戰也跟著結束。此外，印尼和巴西兩國的森林也面臨被大量砍伐的壓力，背後的驅力主要是全球消費者和工業界對牛肉、棕櫚油、木材，以及一些礦石的需求有增無減。企業和農民持續使用火耕法（slash and burn），希望提高農耕效率，卻導致嚴重而危險的空氣汙染，也破壞當地動物的棲息地，更不用說原住民社區也大受影響。隨著大氣和天氣的變化，火耕造成的霧霾已成為全球性課題，影響到大多數國家的居民，包括在工業化國家享用終端產品的公民。有地球肺部之稱的熱帶雨林不斷縮減面積，肯定與氣候變遷和全球暖化有關，而其造成的社會和經濟代價也即將到來。

農業

大家鮮少發現，在衝突地區（特別是該地區的礦石實施受到制裁時），農業同樣是有利可圖的生財手段。在2005年，聯合國安理會禁止象牙海岸（Côte D'Ivoire）鑽石出口，因為叛軍「新軍」（Forces Nouvelles）控制了該國的鑽石礦區，為了另闢財源，叛軍轉而透過可可貿易，資助武裝衝突。由於象牙海岸是世界最

大的可可生產國,而叛軍控制地區的產量占全球總產量的 3% 至 4%,叛軍每年僅須對可可貿易徵稅,就能進帳約 3000 萬美元,甚至超過他們賣鑽石獲得的收入。若不對他們在十個衝突區的指揮官祭出有針對性的禁令,叛軍就能繼續控制該國的北部,並將武器走私進口到該國,據稱他們走私武器用的袋子正是出口可可的袋子。[21] 但是若全面禁止可可貿易,將會影響約 300 萬至 400 萬依賴可可作物維生的象牙海岸居民。此外,為全球毒品市場提供原料的經濟作物也是另一個影子交易的主角,但這不在本書的討論範圍之內,因為其他著作對此已有充分紀錄。然而,武裝衝突中土地被重新分配使用所造成的嚴重環境後果,鮮少成為全球氣候變遷討論的話題。

野生動物

雖然盜獵野生動物估計每年在全球造成 100 億至 200 億美元的損失,約為國際毒品走私金額的 5%,但相形之下,用於打擊野生動物犯罪的資源實在是杯水車薪。稀有或瀕危物種,如鳥類、爬蟲類、昆蟲、魚類和大型獵物,被當作盜獵目標,有些落入收藏家和寵物飼主手中,有些動物則因為皮毛和皮膚成為時尚祭品,有些動物的角、骨和器官做成傳統藥材。[22]

自 1973 年以來,國際貿易受到《瀕危物種國際貿易公約》(CITES)監管,該公約目前有 176 個締約國,幾乎涵蓋全世界所有國家。該公約涵蓋近 3.5 萬個物種,旨在確保國際貿易不會威脅這些動植物的生存。[23] 野生動植物貿易、森林濫伐均與抗藥性病毒從動物傳播給人類有關,例如愛滋病毒、伊波拉病毒、

H1N1 禽流感病毒，乃至最近新冠大流行病等等，這些莫不對健康與經濟造成衝擊。[24]

　　在非洲等開發中國家，盜獵網絡往往包括從附近村落溜進國家公園的在地人，也包括具備先進追蹤技術的犯罪組織。這些盜獵者多半將獵物交給中間人，後者與海關當局勾結，安排這些戰利品的進出口，所有這些活動都是在國際犯罪集團的支持下進行，這些集團能夠迅速調整作業方式，適應不斷變化的環境。在中部非洲，一些國家軍隊參與了盜獵活動，影響所及，流入的武器可以加速非法象牙的盜獵速度。更重要的是，這些武器若被當地人用於戰鬥與衝突，還會讓當地人民的生命陷入更大的風險。[25] 由於野生動物相關產品是構成東亞文化遺產的一部分，該地區的人口持續成長，也比以往更富裕，意味需求增加，故加速非法野生動物貿易，貪汙腐敗現象和非法狩獵跟著氾濫。儘管存在健康風險，但東亞地區人民對一些動物與動物的器官有藥用和食用需求，例如穿山甲、蝙蝠、蛇、海馬、老虎和熊等等。[26] 目前，中國和越南等國家是犀牛角的主要市場，據說犀牛角在傳統醫學中可治療發燒、風濕病、痛風、中風，甚至癌症。隨著他們的子孫移居北美洲、美、歐和大洋洲，對於野生動物產品的需求已然全球化。

▶ 文化遺產

　　雖然大多數國家都面臨文物被盜的風險，但陷入戰爭或衝突的國家，以及失靈的國家，如敘利亞、阿富汗、伊拉克和巴勒斯坦，因為政府無法掌控整個國家的領土，因此文物特別容易受

到廣泛的掠奪。拜先進技術之賜，深海勘探已非難事，沉於海裡的歷史文物得以重見天日並進行買賣，這些物品不受當局監控，也遠超出國家主權所及的範圍，結果導致各國對沉船以及船裡珍寶的所有權爭執不休，更不用說也頻頻和出資打撈沉船的企業互爭所有權。儘管聯合國教科文組織在 1954 年至 2001 年制定各種公約，力阻收藏家剝削和侵蝕民族國家的文化遺產，但過去三十年來，這類的全球貿易仍有增無減，估計每年貿易金額高達 20 億美元，僅次於非法毒品和武器貿易。[27] 澳洲和加拿大對聯合國教科文組織的公約採廣泛解釋，確保所有非法出口的文化遺產一旦被截獲，一律得歸還原籍國。然而其他許多工業化經濟體，包括美國、瑞士和英國，大幅限縮對這些公約的解釋。他們對進口文物所實施的政策，多半是為了支持國內龐大的古文物產業，滿足該產業的機構和個人收藏家。

規範古文物產業的相關國際法，未能成功阻止收藏家買賣非法打撈與出口的文化遺產，主要是因為工業化國家拒絕配合（畢竟是有利可圖的市場）。從事海底打撈的商業集團聲稱自己擁有沉船的所有權，這也造成古船的原籍國或古船沉沒地點，保不住重要的文化遺產，儘管他們提出申訴也無濟於事。一般而言，參與文化遺產非法交易的人士，以及過程中牽涉的流程（往往從源頭的開發中國家一直到終端工業化國家的市場悉數都是環節），可能都見不得光。此外，不時被人揣測有犯罪組織參與其中。[28] 唯有拍賣公司、古董商和博物館願意遵守比國內法更嚴格的規定，服膺全球最符合道德規範的做法，以利恢復受損的聲譽，這時他們才可獲得經濟上的回報，同時又能保護文化資產。

²⁹ 值得注意的是，聯合國教科文組織對文化遺產的定義不同於世貿組織的定義，影響所及，民族國家之間因為對前者的定義解釋不一，難免衍生衝突進而爆發爭端，但是世貿組織不願意出面協調解決。³⁰ 因此，嚴格的監管和執法似乎反而助長了文化遺產市場更蓬勃，獲利也更好。這完全不合乎邏輯。

供應鏈脫鉤

▶ 稽核加工過程

　　追蹤衝突礦石的來源充滿挑戰，但可以克服，例如可對鉭礦區（tantalum ores）的鈮鉭鐵礦石進行科學性的「指紋」鑑定，方式是檢測非洲各地區礦石的不同礦物組合並分析其特質，儘管礦區的地質年代相似。從這些指紋鑑定得到的數據可以將位於剛果民主共和國（剛果）境內的東非大裂谷西部的礦床，與位於大裂谷東部同一礦區（盧安達境內）礦床進行精細區分，區分結果可望成為鈮鉭鐵礦供應鏈的認證基礎。不過，一旦來自衝突地區的礦石與其他礦石一起被冶煉，就無法確定冶煉後礦物的來源。因此，「無衝突礦產冶煉廠」（CFS）計畫應運而生，針對終端電子產品使用的鉭、錫、鎢、金等金屬礦藏的來源提供認證，協助有意遵守經合組織準則和美國法律的企業一臂之力，並解決消費者和非政府組織施壓企業重視企業社會責任（CSR）的問題。然而，評估並追蹤層層供應商的礦產來源，確定礦源是無衝突礦

產，這過程並非零挑戰。大多數冶煉廠無法通過最初的稽核，因為資訊系統不足以覆蓋眾多的礦源管道，但實施矯正措施後，最後仍可順利合規。[31] 由於冶煉廠位於供應鏈的收窄處，稽核人員習慣鎖定世界各地的金屬生產商的冶煉廠，包括工業化國家的冶煉廠：如澳洲、德國、加拿大和美國，以及新興經濟體的冶煉廠：如中國、哈薩克、俄羅斯和泰國。儘管報告裡各終端使用者的合規性似乎很粗略，而且各產業之間的合規程度也存在差異（圖 5.2），但聊勝於無。

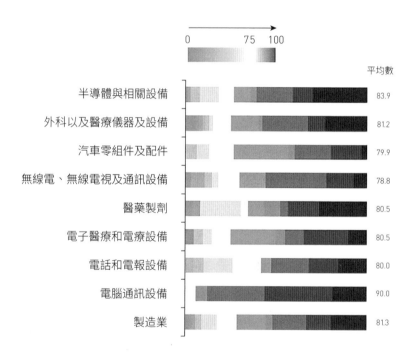

圖 5.2 美國製造商就衝突礦產的合規程度 [32]

除了稽核供應商、提供冶煉廠認證、進行指紋分析之外，確保礦源是無衝突礦產的另一種方式是透過包裝一標籤程序（bag-and-tag procedure），該程序要求礦物在開採後立即由鑑定機構、礦場或政府進行認證，並將打上序號的標籤貼在包裝袋上，以利追蹤礦源在供應鏈流動的每一個環節，並透過登載和與更新電腦資料庫，提供最新的交易資訊。[33] 根據與剛果民主共和國（剛果）、盧安達以及蒲隆地三國所簽訂的諒解備忘錄（MOU），iTSCi 計畫就是包裝一標籤程序的一個實例，涵蓋稽核、無衝突礦場、礦源追蹤、數據分析之外，也追蹤監控侵犯人權、行賄、違規、未如實標記、不符安全等問題。該計畫啟動五年後，聲稱有 231 個會員、1326 個礦區、80 多萬名礦工參與，生產約 1793 公噸的錫、鉭和鎢。[34] 儘管有一千多家美國公司按規定提交衝突礦產報告，但在對一百家大中小型公司進行的抽樣調查中，59％公司沒有達到立法的最低要求，只有 21％的公司符合所有要求，也只有 15％的公司實地考察稽核替其礦產加工的冶煉廠。[35] 雖然受訪的大多數公司表示，公司制定了政策，可辨識供應鏈哪裡存在侵犯人權或支持武裝團體等風險，但沒有公司披露任何違法行為，顯示 iTSCi 這類計畫只是形式性存在，無實質功效。

▶ 維和部隊幫倒忙，削弱制裁成效

　　由於礦產資源的影子交易為交戰各方提供金援，但這一事實與問題鮮少在聯合國維和部隊的任務授權裡被承認，因此維和部

隊在解決多起區域衝突時，成效有限。此外，一旦停火，對於地雷和相關經濟活動的掌控權，通常落在非國家主導的武裝團體或參與衝突的政府軍手中。有時，維和任務被指派在機場或邊境口岸檢查出口的貨物，或是監督來自衝突地區的資源買賣，但這些負責監督的人員多半是軍事或文職官員，他們既沒有獲得授權執行制裁，也沒有關稅方面的專業知識。[36] 雖然就算維和部隊能執行制裁，甚至協助政府部隊奪回武裝團體對資源的控制權，但弔詭的是，維和部隊可謂反過頭來為虎作倀，因為他們會忽略礦區以及附近受影響地區發生的種種濫權與亂紀行為。再者，一如取締濫獵野生動物，由於執法的人力與物力不足，對這類影子交易的定罪往往成效不彰。既然當地居民認為參與這類影子交易有利可圖，因此外交對話可能是更有效的方式。[37] 無論如何，這並不能保證表面上陽奉陰違停火的團體不會因為這些資源的金援而重新武裝，甚至一些維和部隊因為立場分明，又來自位於同一地區附近的開發中國家，所以也無意放棄在該區資源的既得經濟利益。

與其說衝突是影響資源公司營運安全、聲譽和成本的風險因素，不如說資源公司在解決衝突和衝突後重建方面具潛在貢獻，但大家對這點的研究與理解相對不足。武裝衝突不僅造成死傷，還會讓社會和經濟付出長期代價，包括農場和工廠被荒廢、進口和走私增加、出口量減少、交通網中斷、儲蓄減少、對銀行系統失去信任、公家機關服務失靈等等。儘管獲得國際援助，但重建所需的時間往往超出預期，部分原因是政府未能力行解除武裝確保社會足夠穩定，也未能提供民營部門東山再起所需的支持。唯有做到這些，跨國公司才可能除了落實起碼的企業社會責

任，還願意更進一步增加就業機會、提供培訓、轉讓技術、推動社區專案、積極與政府對話等等，為預防衝突、解決衝突，以及戰後重建做出貢獻。[38] 衝突後的重建與經濟成長榮景，端視生產能力、基礎設施、人力資本、公共機構、民主參與等受到衝突破壞的程度而定。如果這些軟硬體不進行重建和妥善管理，會導致衝突再起，不利合法的礦產資源產業和從事該產業的勞動力，卻有利非法貿易、軍隊以及軍火工業。

▶ 利用技術進行追蹤

　　儘管鈳鉭鐵礦會應用於醫療設備、光學鏡片和武器，但更普遍用於手機、筆電和遊戲機，這些電子產品已被認為是必需性的消費品。雖然鉭礦可在澳洲、巴西、莫三比克、加拿大、剛果民主共和國和盧安達等國家開採，但加工後的鈳鉭鐵礦主要來自中國、哈薩克和德國。此外，來自回收廢棄電子產品的鈳鉭鐵礦，供應量也不斷增加，主要出自愛沙尼亞、俄羅斯和墨西哥。在 2000 年，世界貿易組織獨特的經濟力結合方式，導致全球對鈳鉭鐵礦的需求暴增，向剛果民主共和國的採購也跟著增加。結果大家注意到該國不公不義的現象，一部分是因為採礦業所致。透過混合生命週期分析，搭配多區域輸入輸出分析，現在已可追蹤到鈳鉭鐵礦石的路徑，一開始從剛果民主共和國出發，穿過漏洞百出的邊境進入盧安達，然後流入貿易商手中，最後進行加工。[39] 由於鈳鉭鐵礦源和最終消費者之間的距離又遠又長，因此想透過調查研究，揭露資源掠奪、社會經濟不公和環境惡化等

現象，可能會問題重重。不過，若能結合技術分析，並善用數位科技，可以明確追蹤到數百萬條供應鏈，從源頭採購、加工、製造，乃至最終產品全都一覽無遺（圖5.3），影響所及，得增設更多的檢查哨，驗證礦石是無衝突礦石。

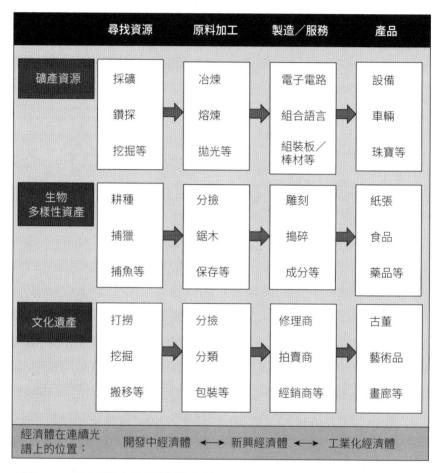

圖5.3　全球衝突資源的供應鏈

過去十年來，有關野生動物的法醫遺傳學鑑定，因為地質材料分析邁向自動化以及分析愈來愈精準，故受益頗大。對於涉嫌非法誘捕獵獵或是非法從地中海區進口獵鷹蛋的嫌犯，相關調查人員可以從嫌犯作案工具沾到的土壤找到蛛絲馬跡，對土壤進行物理、化學和生物分析，找到他們犯罪的證據。[40] 同理，實驗室的 DNA 分析也可應用於法醫鑑定工作，用以鑑別野生動物的物種，甚至也可鑑定馴養的家畜屬於什麼物種。[41] 此外，取締違反野生動物法的罪犯時，需要針對不同類型的罪犯，有不同的執法方式。對於傳統的單獨罪犯而言，經濟上的懲罰可能會抵銷他們的非法所得，但延長刑期的判決似乎是無效的嚇阻。

然而對於非法買賣野生動物的經濟犯罪集團成員而言，就業是他們加入犯罪行列的主因，因此當局不管祭出什麼反制措施，都必須嚴懲他們的雇主，讓犯罪者可能丟掉飯碗。大男人主義的野生動物獵人可能只會把入獄服刑視為職災，並覺得入獄是引以為榮、提升他們男性身分的勛章，所以針對他們的犯罪，應該優先考慮矯正教化。此外，對於愛好狩獵的業餘獵人而言，他們沉迷於收集野生動物，因此懲罰可能會導致他們重複犯罪，這樣才能補齊被當局沒收的獵物戰利品。[42] 因此，查獲和起訴違反野生動物法的罪犯儘管是重中之重，但收集戰利品的文化現象、迷信野生動物器官有益健康的現象，以及環境惡化的問題，在在需要被納入預防性公共教育和社會交流的活動中。

保育共有財

▶ 執行法規

　　經合組織擬定的總括性指針為企業提供可參考的標準，以便企業能為來自衝突和高風險地區的礦物建立負責任的供應鏈，這個指針足以影響世界各地所制定的法律和具體的產業行為準則。[43] 隨後，歐盟和中國也起草法規，例如「世界黃金協會」（World Gold Council）啟動率先推出自願性認證；倫敦金銀市場（London Bullion Market）和杜拜綜合商品交易中心（Dubai Multi-Commodities Centre）也實施稽核。值得注意的是，經合組織的指針允許跨國公司的合作對象擴及小規模的人工採礦場和非正規貿易商，只要沒有武裝團體控制這些礦場或發生嚴重的侵犯人權行為，希望這樣的放寬能讓礦工維持合法的生計。[44] 在 2008 年金融危機之後，美國通過「陶德—法蘭克華爾街改造與消費者保護法」（Dodd-Frank Act），規範公共企業，要求他們得證明其產品不含衝突礦物。雖然蘋果公司沒有公開宣稱旗下產品不含衝突礦物，但發表的報告指出，經過多年努力，希望產品不含任何衝突礦物，截至 2015 年，蘋果在剛果民主共和國的所有冶煉廠和熔煉廠都接受稽核。[45] 然而，亞馬遜、索尼、微軟、迪士尼和谷歌等主要電子設備製造商的大多數供應商，往往不報告產品來自非衝突礦產，辯稱一旦礦產進了冶煉廠，幾乎不可能確定是衝突礦產還是非衝突礦產。[46]

　　工業化國家（特別是美國和歐洲），對於非衝突礦產的規

定，合規程度不一，影響所及，有時會在開發中國家開發與採購礦產時，造成意想不到的後果。例如，在剛果民主共和國，中國商人成為唯一能以折扣價格購買錫礦的買家（錫礦渣可提煉鈳鉭鐵礦），因為中國人願意接受該國鈳鉭鐵礦裡更高也更危險的鈾含量，畢竟中國人在自己國內有冶煉廠，可以分離鈾。這麼一來，也能掩蓋鈳鉭鐵礦的來源。此外，中國還與剛果民主共和國政府簽署一份資源換基礎建設的合約，幫該國恢復六十年前獨立以來荒廢的基礎設施。這筆 600 萬美元的交易被外界認為是一大好康，儘管該國的礦產資源如何被定價，用以償還這筆資金，仍然是個祕密。最後，這些規範衝突礦產的跨國性法規上路後，從天然資源豐富的剛果民主共和國東部，跨境向盧安達走私的活動愈來愈多，讓盧安達的經濟菁英受益匪淺，儘管有些人因此被起訴。[47] 總的來說，小規模人工採礦會導致稅收損失（如逃稅）；軍隊和民兵占據礦場後，一旦外界對衝突礦產的需求下降，往往會逼迫喪失就業機會的礦工加入武裝團體。所有衝突地區的採礦和加工都會造成該區環境惡化、水道汙染，有關這一點，基本上沒有人著墨。

▶ 留意掠奪行為

在剛果民主共和國以及其他一些受衝突礦產法律保護的非洲國家，跨國企業從事黃金、錫和鎢交易，他們聲稱花費逾 7 億美元收集可靠的數據，這無疑是在極具挑戰的環境中進行的。然而，90％的申報文件坦承，無法確定其礦產是否是非衝突礦

石，只有不到 24％企業完全遵守規定。大約 43％的公司根本沒有申報，65％公司稱他們希望看到這種嚴法能得到修正，不禁讓人懷疑這些公司是否真想成功地切斷衝突地區武裝團體和腐敗政府的金源。[48] 一些亞洲企業會從非洲購買資源，他們也是國際

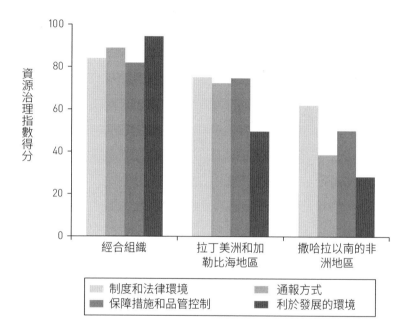

採礦業的透明度和問責制：
指定地區內資源豐富國家的資源治理指數（RGI），四大成份的得分

圖 5.4　資源豐富地區的問責制 [49]

資料來源：資源治理指數。請注意，RGI 指數的前三個部分具體指的是自然資源部門的透明度，而最後一個部分（利於發展的環境）指的是國家層級的整體治理環境。

負責任供應鏈倡議的一環，該倡議包括讓冶煉廠維持閉環供應鏈（closed-pipe sourcing），並迎合諾基亞、英特爾和摩托羅拉等跨國終端用戶。但在衝突地區營業和購買大部分礦產的其他公司，無法遵守閉環供應鏈這類措施。剛果民主共和國政府在2012年通過類似經合組織衝突礦產指針的法律後，沒多久就發現兩家中國公司不合規而要求他們停業。雖然中國政府的官方政策倡議遵守當地法律，但剛果民主共和國並未公布調查報告，這兩家公司倒頭來仍順利自剛果民主共和國出口礦物。因此，儘管工業化國家的情況普遍優於新興國家和開發中經濟體，但世界各國對礦產資源的治理存在顯著差異（圖 5.4）。

▶ 珍惜遺產

一些野生動物的數量目前處於歷史最低點，例如光是在南非，盜獵者在 2012 年獵殺了 455 頭犀牛，遠高於 2007 年的 13頭。大象也飽受威脅，因為市場對象牙的需求有增無減。儘管1989 年通過貿易禁令，但 2011 年多達數萬頭大象被獵殺，約 2.7萬公斤的象牙被查扣。全球老虎的數量已從 20 世紀初約十萬隻下降到目前僅剩三千隻，甚至在保護區內也幾乎被趕盡殺絕。[50] 儘管所有國家都反對自家的文化遺產被竊，但是文物的原始所有國和善意的買家之間永遠存在糾紛。不同的司法管轄區對這些關係人的權利有不同的規定，導致民族國家、機構和個體出現利益衝突，嚴重影響集體保護全球文化遺產的努力。[51] 因此各國資源枯竭、汙染或生態慘遭破壞將繼續不受控制地累計至數十億美

元,資源剽竊可能確實是全球當今最有利可圖的影子交易之一。然而,若堅持要求產品需要有無衝突認證,加上消費者願意為這種認證支付更高價格,可能會讓跨國公司願意捨非洲,改從歐洲、美洲和澳洲等國家開發或採購類似資源。影響所及,可能會減少全球對受汙染資源的依賴,並充當催化劑,加速衝突地區的政治、社會和經濟等改革,甚至催生和平,讓和平成為更具經濟效益的選項。

論點總結

　　儘管跨國公司和他們背後的金主,在爭取各種自然資源時,對於國內和國外的衝突多少「助了一臂之力」,但他們往往被所在國法庭和國際法庭認定是次要的角色,與所涉國家的軍事和政治領導人違反人權的行為無關。首先,目前的人道主義法律不允許交易商、仲介和腐敗官員以共犯的罪名受審,亦即無法指控他們是協助資源產業對在地工人、農民、部落等施暴的幫凶。再者,一旦這些法律變得更全面,執法更有效力,不僅貴重資源的寡頭壟斷巨擘的高管會被追究責任,終端產品的製造商和銷售商也會被問責。

　　另一個選擇是為企業設立經濟真相與和解委員會,例如可師法獅子山為開採鑽石而起的衝突所設立的委員會。[52] 雖然這樣的委員會適合願意承擔企業社會責任以及願意對消費者負責的礦業和農業公司,但從衝突中受益的武器製造商和野生動物盜獵者

顯然不會感興趣。最後，相較於合法獲得全新原料的全部成本，必須降低回收原料的成本，才能減少買賣掠奪資源的影子交易以及對環境的破壞。

暗領域

▶ 為恐怖主義行動添柴火

籌募資金

盤據伊拉克和敘利亞的極端組織「伊斯蘭國」（ISIS，又稱 IS 或 ISIL）的前身組織是以伊拉克和敘利亞為據點的「蓋達」組織，蓋達組織依賴海外抱同情立場的國家和個人捐款資助，伊斯蘭國則是重新啟動海珊（Saddam Hussein）早先建立的黑市。海珊當初為了規避美國對伊拉克的經濟制裁，網羅原油走私商建立這個黑市網，並運轉了數十年。在伊斯蘭國當政期間，這個黑市網把鄰國另一批中間商也網羅進來，伊斯蘭國透過這些中間商變賣他們偷來的原油，換取金錢和貨物。石油被開採之後，在現場被輕微提煉，然後由黑市網接手，將石油轉賣到全球。因此，伊斯蘭國自 2014 年成立以來，透過走私戰區的被盜石油，為其建立哈里發國的行動挹注資金。[53]

因此伊斯蘭國成為全球資金最充裕的恐怖組織之一，有利吸引外國人追隨與當地人力挺。透過向外界展示它的經濟與生產能夠自給自足，以及足以控制貨物的供應量，並以此為籌碼，證

明它的意識形態具備合法性。此外,基本教義派的宗教信仰不足以維持伊斯蘭國的控制權,所以它若無法慷慨支付人民和外國傭兵,恐無法正常運作。透過出售石油資源、勒索企業、掠奪銀行、向非穆斯林徵稅、走私人口、販賣奴隸、出口古董和沒收武器等等,據說伊斯蘭國在 2014 年底前大約有 20 億美元的進帳。伊斯蘭國除了在其版圖內壟斷水、電和農業,還徵用伊拉克的磷礦和製造業以及敘利亞的一個鹽礦。[54]

開採和運輸

可以理解的是,在伊斯蘭國非法占領期間,難以精確掌握敘利亞和伊拉克大片土地所生產的石油數據。主要產油區是敘利亞東部的省分,2016 年的產量估計是每天三・四萬至四萬桶。在伊拉克北部,伊斯蘭國控制另一個主要油田,每天約生產八千桶較重的原油。由於這些地區的油田年代久遠,叛亂分子缺乏維護油田的專業知識和技術,產量很快便下降。俄羅斯的空襲進一步擾亂原油的開採,儘管沒有擾亂原油的輸出。值得注意的是,美國及北約和波斯灣盟國對伊斯蘭國的轟炸只針對煉油設施,而不是開採中的油井,據稱是由於中東地區錯綜複雜的石油政治。[55] 伊斯蘭國石油每桶的價格因質量而異,有些油田生產的油價僅 25 美元,而其他油田則向當地市場收費 45 美元一桶的價格。伊斯蘭國原油對供應鏈上所有參與者具有吸引力的一個關鍵因素是,當時的全球石油市場價格約為每桶 80 至 100 美元。伊斯蘭國每天賺進約 150 萬至 300 萬美元,因此,石油是恐怖組織關鍵的收入來源之一。在伊斯蘭國「國力」高峰期,控制了敘利亞

60%的石油資產和伊拉克七個產油區。[56]

　　儘管空襲的目標是煉油設施，但伊斯蘭國仍設法維持石油生產，即使不敷成本。由於美國和盟軍的攻擊沒有針對出境的運油卡車，因為擔心當地人反擊，加上叛亂組織放水，運油車隊得以快速通過檢查站。負責運輸和銷售原油的走私者把多達三十輛卡車組成的車隊開至鑽探石油的地點，走私人士在現場就與伊斯蘭國敲定交易，因為伊斯蘭國同意給客戶折扣以及延期付款等優惠。由於石油鑽探區和等待裝油的卡車經常受到空襲，因此伊斯蘭國利用這一點說服買家，如果願意預先付款，就可以獲得免排隊的特許證。[57] 這麼一來，原油既可從伊斯蘭國控制區的油井輸出，經過叛亂分子控制的敘利亞、伊拉克和土耳其等地區，同時滿足當地的需求。伊斯蘭國為了進一步利用石油財富鞏固它在控制區的控制權，允許九個有影響力的部落開採油井。一輛載有三萬公升原油的大油罐車可在短短幾天的路程賺進 4000 美元的利潤，這種慷慨的經濟政策讓當地人堅定不移地擁護伊斯蘭國。[58]

煉油和出口

　　大多數買家買到原油後，習慣將油運到附近的煉油廠求售，卸貨後再返回油田排隊。或者他們會將石油賣給擁有小型車的商人，後者再將油運往敘利亞北部或往東進入伊拉克。再者，商家也可能將油賣給敘利亞和伊拉克邊境的煉油廠或當地的石油市場。大多數煉油廠都在敘利亞，儘管在伊斯蘭國控制區的煉油廠以質量差而廣為人知。這些煉油廠同時生產汽油和重油（mazout，一種用於發電機的柴油，在許多缺乏電力的地區不可

或缺）。由於汽油的質量時好時壞，價格較低的重油需求量更大。美軍空襲摧毀了伊斯蘭國安裝在卡車上粗製濫造的移動煉油廠後，當地人自己蓋了簡單的煉油廠。這些煉油廠老闆隨後與伊斯蘭國簽訂合約，出售產品給他們。2015 年年中，伊斯蘭國買下五個煉油廠，但是讓前老闆留在煉油廠擔任管理職。伊斯蘭國有自己的油罐車，將原油運往煉油廠，並收購所有的重油，與原來的煉油廠主人分享售後利潤。隨著空襲增加，重油供應量減少，價格上漲，讓伊斯蘭國從中獲益。[59]

伊斯蘭國一心只想透過賣油賺錢，因此也會與未加入伊斯蘭國陣營的加油站維持合作，這讓原油得以走私到鄰國，然後流入敘利亞和伊拉克的商家手中。在敘利亞，大部分走私活動集中在反伊斯蘭國的西北部地區，當地人將石油裝入油桶，然後步行、騎驢或騎馬將油運出邊境。在伊拉克，大部分走私活動在北部的庫德區進行，然後向南穿過安巴爾省進入約旦。前往土耳其的途中，走私販將油桶裝入小船，利用固定在兩岸的繩索將裝了油的小船拉過河。到了對岸，換拖拉機上場，把油拖到非正規市場，然後由大卡車運走。石油也會賣給伊朗商人，後者為了利潤，可不管與伊拉克或敘利亞之間的宗教仇恨。由於國際油價下跌，除了雷打不動的走私販之外，這麼做其實無利可圖。[60]

在土耳其境內，伊斯蘭國沿著歐洲東西向的 E90 公路（該公路一直延伸到葡萄牙的里斯本）建立一連串的石油交易站。這條供應鏈的終點站是土耳其南部濱地中海的主要石油港傑伊漢（Ceyhan）。該港口包括一個石油碼頭，自 2006 年開始營運。該碼頭是裏海週邊合法原油出口的門戶，裏海石油管線從亞塞拜

然的巴庫（Baku）經喬治亞的提比利斯（Tbilisi）至傑伊漢，而
2013 年啟用的新管線是出口伊拉克庫德區的原油。隨著 2014 年
伊斯蘭國開始加入石油出口行列，傑伊漢的油輪租金便低於中東
其他地區的租金，這衝擊了全球市場對超低價走私原油的需求，
只要伊斯蘭國在有石油設施的地區活動，傑伊漢的出口就會激
增。不管怎麼說，來自衝突地區的石油運抵傑伊漢，裝上油輪，
然後出口至全球合法的市場。[61] 伊斯蘭國的目的是想為他們亟需
的彈藥和軍事裝備籌措資金，而他們所需的彈藥和軍事裝備可能
也透過傑伊漢港口進口。

關鍵問題

　　如果沒有珍貴的資源，國家和反叛組織還會打仗嗎？跨國
石油公司是否會為了經濟利益而私下游說他們的政府參戰，取代
外交讓步與和解？

　　當新殖民主義列強利用武裝力量為該國的企業取得資源控
制權，這與力爭資源所有權的當地叛亂組織有何不同？為什麼掀
戰的論述可以大打愛國主義招募戰士，卻隻字不提戰火的潛在經
濟利益？

　　軍事衝突中雙方明明是勢不兩立的敵人，卻能成為資源剽
竊等影子交易的隱性商業夥伴？為什麼鄰國會對利用自己國家公
路和港口進行石油走私一事視而不見？

　　為什麼國際煉油廠和能源公司無視禁運措施，購買來自衝
突地區的走私石油？如果非法來源的原油或精煉油等商品摻混其
他國家的合法石油，辨識油品來源的可行性有多高？

第六章

廢棄物轉運與
危險的回收作業

Credit: Alex Fu/Pexels

概述

　　工業化國家頒布更嚴格的環境法後，逐步帶動廢棄物的國際貿易量，導致大量的廢棄物被分類。由於開發中國家需要追求經濟機會，加上他們的政治人物不重視廢棄物對健康和安全的影響，因此已開發國家紛紛將廢棄物外包給開發中國家，由後者負責轉運和回收作業。這種影子交易的商品涵蓋家庭垃圾、電子廢棄物、有機廢棄物、工業化學品、舊船解體、核副產品等等，透過陸、海、空等方式輸送，經過多個港口和國家。有毒廢棄物的出口已被偷偷納入工業化國家和開發中國家之間的雙邊自由貿易協定裡，儘管每個國家之前都簽署國際條約禁止輸出這些廢棄物。

　　因此這是另一種型式的新殖民主義。相較於傾倒固體廢棄物，同樣致命但較不明顯的是汙染問題，不管廢棄物是排放至空中、丟至地面或水裡，無論其來源如何，都會對當地、區域和全球產生影響。因此本章強調，有必要透過國際監管、改變製造過程、公民覺醒等方式，解決目前與過去製造的所有廢棄物，包括廢棄物的出口、轉運、儲存、回收和清理等問題。

　　本章探討的影子交易主要面向包括：廢棄物的生成、環境法規、傾倒、廢棄物的形式、汙染、健康風險、船運行駛方向以及不當回收。

卸責

▶ 長期以來的傾向

　　把有毒廢棄物傾倒至海裡，這是由來已久的做法，最早可以追溯到帝國主義列強在駛往殖民地的航線上，以及在殖民地周遭的海域傾倒工業廢棄物。二戰後，美軍慣於將過剩的化學和生物武器丟棄到海洋中。在 20 世紀上半葉，船舶的經濟壽命結束退役後，舊船拆解工作主要在美國和英國進行，後來因為兩國制定防汙染法規，加上勞動力成本考量，業者遂將拆船業移往地中海地區，如土耳其，然後再移往孟加拉國、印度、巴基斯坦和中國等開發中國家。[1] 在 1970 與 80 年代，法律規定跨國石油公司不得把廢棄物丟棄在墨西哥灣沿岸海域，於是業者開始嘗試在海上燒毀廢棄物。最後，因為民眾愈來愈意識到富裕國家與企業偷偷將有毒廢棄物出口到開發展中國家，遂開始施壓，要求落實「巴塞爾公約」。[2]

　　所謂的「褐色犯罪」（brown crime），可以涵蓋的環保犯罪包括，尼日河三角洲的石油殘留物、俄羅斯的放射性廢棄物、用於戰爭的化學劑（如越南的橙劑）、歐洲的石棉生產等等。1992 年生效的「巴塞爾公約」是由綠色和平組織與開發中國家、東歐和西歐數個國家組成的聯盟催生而成，但它的影響力的確有限。例如，利用聯合國的商品貿易統計數據庫（ComTrade database）分析 206 個地區買賣電子廢棄物的現象，結果發現 1996 年至 2016 年期間，交易區域不斷變化，顯示諸多國際法規背後的單

向性已不再那麼明顯。例如，1990 年代中期，工業化國家向開發中國家出口的電子廢棄物占全球該類貿易額的 35％，二十年後，這一比例急劇下降到不足 1％。反觀工業化國家之間的電子廢棄物貿易，則急升到占世界這類貿易總額的 82％。[3]

▶ 目前的驅力

　　非法運送採礦、產品製造和消費所衍生的廢棄物，已是愈來愈常見的現象，多半是從產生這些垃圾的工業化國家運到開發中國家，然後再貯存或回收，但過程潛藏危險性，這是新殖民主義剝削窮國的另一個型式。它會危害開發中國家的環境和人民的健康，這是目前這種影子交易的典型特徵。雖然過去數十年來國際制定一系列的法規、宣言、建議，甚至一個條約，但上述一切倒頭來都被證明執行成效不彰，這可從媒體定期會揭露廢棄物災難得到印證（悉數是馬後炮報導），可能是化學品、塑料、石油、醫藥，或是放射性廢棄物所造成的環境浩劫。大多數這類影子交易的學術研究似乎圍繞生物、健康、化學科學，以及環境工程等領域打轉，鮮少關於管理、經濟和社會科學等面向。他們的議程是減輕災難的嚴重性，而非先發制人、監管，或懲罰那些允許這種影子交易蓬勃發展的可疑企業家、犯罪集團、合法企業，以及不作為的政府。

　　雖然高收入或工業化國家可能是最大的廢棄物製造國，但廢棄物總量的成長速率最慢，而低收入國家的人均廢棄物的產量雖然最小，但是成長速率和前者差不多（圖 6.1）。同時，開

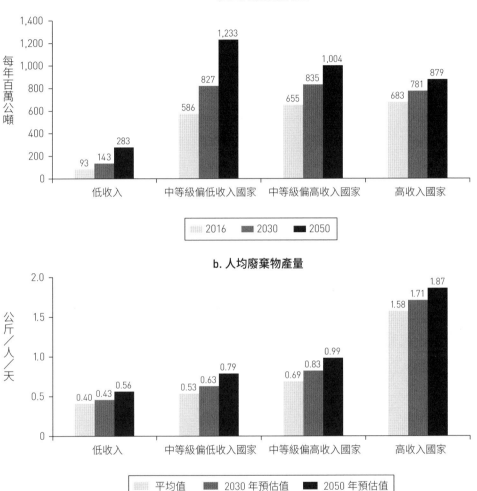

圖 6.1　全球廢棄物產量預估 [5]

發中國家把廢棄物輸往以及傾倒到另一個開發中國家的現象也在增加。一些來自新興經濟體的廢棄物愈來愈多反向出口到工業化經濟體進行特別處理。這些似乎顯示，像巴塞爾公約這樣的法規，主要是針對危險廢棄物從工業化國家出口到開發中國家造成的危害而制定，但現在已不符或不敷使用。根據聯合國環境署（UNEP）提供的數據，全球廢棄物產業（從收集到回收處理）市值估計約 4000 億美元。[4] 可以說，這種影子交易的重點現在應該轉移到有效的廢棄物再生經濟（waste-recovery economies），涵蓋重複使用、修復、修理和回收等問題，其中得結合技術、教育和就業。

沒人要的副產品

▶ 工業廢棄物

製造業和採礦業

雖然所有的工業過程都會產生廢棄物，汙染空氣和汙染水的廢棄物在工廠內部就可清除，但工業過程仍會產生固體廢棄物，如礦渣、淤泥和粉塵，然後被傾倒在垃圾場。一如在其他開發中國家出現的典型情況，越南的露天煤礦場傾倒的固體廢棄物形成垃圾山，對環境健康造成負面影響。這些礦場排放的粉塵，加上爆破、運輸過程產生的揚塵，在在會影響附近的居民。而地表溢流和滲漏造成的水汙染，也對工作人員造成風險。[6] 冶煉

場排放的廢渣包括有毒金屬，有害健康與環境，儘管透過回收，這些有害物可以成為鋅和鉛的寶貴來源。因此，全球各地的環保法規已慢慢在努力阻止這種做法，取而代之的是，促進冶煉廠進一步處理工業廢棄物，讓廢棄物得以再次使用，例如若不是用於其他工業過程，也最好能用於煉鋼，這刺激了材料再生的相關研究，以降低成本、提高生產的競爭力。[7]

船舶和鋼鐵

　　對一些開發中國家而言，拆船業是有利經濟的一門產業，因為投資金額相對低，而且可為靠勞力賺錢的人民創造必要的就業機會。在土耳其的阿利亞加港（Aliaga），每年拆解的報廢船噸數占全球總噸數的 1.1％，被拆船廠回收的鋼材是土耳其非常重要的資源，畢竟該國是全球第十二大鋼鐵生產國。[8] 印度的阿朗拆船廠（Alang）是全球最大的拆船廠之一，在 2011 至 2013 年間拆解了 241 艘報廢船隻，包括散裝貨船、雜貨船、貨櫃船、冷藏船與遊輪，每種船製造的廢棄物量也不同。[9] 加拉是當今拆船大國之一，該國青睞不至於舊到不行的報廢油輪和散裝貨船，因為他們的鋼含量較高，而孟加拉國內鋼鐵工業需要倚賴這些鋼材。[10] 但是對於船東、船廠和政府而言，以無害環境的方式拆船是個挑戰，因為船舶含有一系列有害物質，如石棉、橡膠、玻璃棉、油泥和其他諸多化學品，包括過去貨物殘留的汙染物。為了環境，歐洲議會通過「船舶回收法」，而國際海事組織也就這一問題起草了「香港公約」，強迫拆船業者和拆船業所在國的政府合規。不過結果好壞參半。

▶ 建築垃圾

　　儘管建築垃圾會伴隨經濟發展和基礎設施建設，但建築垃圾的負面影響往往被忽視。2010 年代中國城市起飛是因為全球經濟衰退，中國政府大撒 6000 億美元刺激經濟所致，更不用說還在大規模進行中的基礎設施。影響所及，在法規有限以及產業對廢棄物管理認識不足下，建築廢棄物大量增加。[11] 在土耳其，僅一次地震就製造了 1300 萬公噸的建築垃圾。此外，拆除非法建物、因勞工施工不當或建材使用不當導致人民頻繁整修自宅，也是建築垃圾形成的重要原因。[12] 泰國每製造逾 1 公噸的建築垃圾，其中大部分最後被傾倒在未指定的地點，據估計，如果落實廢棄物管理和回收，可以創造多達四千個就業機會。[13] 香港政府對建築垃圾徵稅，利用這筆稅收鼓勵開發商和承包商回收建築垃圾，僅在一個地區進行一年多的調查，結果發現垃圾掩埋場的建築垃圾減少約 60％。[14] 針對住戶的教育活動起跑，勸導大家不要在建材壽命走到盡頭前就扔掉，並對承包商進行培訓，鼓勵他們使用回收建材，以及為無法回收再利用的垃圾提供充足的掩埋場，這些都是減少建築垃圾的實用辦法。

▶ 城市垃圾

非有機垃圾

　　隨著經濟發展，許多地方愈來愈城市化、生活水平也日見改善，但是伴隨著消費增加，城市的垃圾也愈來愈多。許多開發

中國家和新興國家，垃圾收得不徹底，垃圾不受控制隨意傾倒，導致環境和民眾健康出問題。在印度、柬埔寨、越南和菲律賓等亞洲國家，經調查後發現，生活在城市垃圾場附近的婦女，乳汁含有戴奧辛和類似的有毒化學物質。[15] 國際每年生產逾 2.8 億公噸的塑料，只有不到一半被回收，大部分塑料垃圾最後汙染了土地和海水、大陸和海洋，傷害野生動物，若是進入食物鏈，也會有害人體。[16] 減少使用原生塑料（virgin plastic），並通過現有的技術回收塑料，讓這些塑料廢棄物不會被丟棄到垃圾掩埋場，進而改善環境的永續性。[17] 然而，決定城市廢棄物的落腳地點往往考量的條件包括當地廢棄物的數量、處理垃圾的技術、垃圾的市場性、公眾意識以及財政等問題。[18] 繪製下游流程圖後發現，在回收過程中，材料與功能的耗損可能相當大，但這也提供減少材料用量的機會，對提高材料效率和對抗全球暖化都有好處。[19] 資源缺稀以及技術效率提高民眾的意識，願意透過廢棄物再利用、再製造和回收等方式，將回收的鋼鐵、塑膠、玻璃等資源，用於製造零組件。

有機垃圾

政府處理有機垃圾的方式包括減少源頭、收集、回收、堆肥、焚燒和填埋，每一個過程都會影響溫室氣體的排放量。在亞洲以及亞洲以外地區，當這類廢棄物交易的好處不敵環保成本時，也許開發中國家可以考慮經濟合作，以利實現無害環境的廢棄物管理。在印度，城市人口持續成長、城市化和工業化使然，異質固體廢棄物不斷增加，這些廢棄物通常未經處理就被傾倒在

露天空地,並發現這些廢棄物含有汙染物和營養素。[20] 雖然羅馬尼亞已加入歐盟,但農村地區仍然缺乏衛生設施,導致家庭排泄物汙染山區河流,影響附近的社區也讓旅遊潛力失色。[21] 食物垃圾產生的甲烷可能加劇全球暖化現象,但由於前處理過程似乎對暖化影響有限,其他考慮因素——例如經濟和實用性則會影響著決策。[22] 儘管如此,在將有機廢棄物作為養分施肥於土壤前,仍有空間選擇與管理有機垃圾的處理方式,特別是去除汙染物的方式。

▶ 塑料垃圾

雖然海洋、河流和海灘的汙染包括各種材料,但大約 90％的海洋垃圾是塑料,其中 62％是食品和飲料的包裝。[23] 塑料大約在六十年前才開始大量製造,由於塑膠製品和包裝不易自然分解,未來數十年甚至幾百年會繼續汙染陸地和海洋。即使表面上可生物分解的塑料,也不會完全分解,因為在海洋深處沒有充分的日照、氧氣和溫度。[24] 如果塑料廢棄物不及時打撈回收(打撈作業難度頗高),這些塑膠最終會分解成塑膠微粒,進入食物鏈,對魚類和人類的健康構成嚴重危害。陸地製造的垃圾約占海洋垃圾 80％,這些垃圾來自於垃圾場、垃圾掩埋場、暴雨沖刷、未經處理的汙水、製造業和旅遊業。[25] 在 2010 年代初,估計有 3200 萬公噸塑料垃圾沿著陸地排水管和沿海地區進入海洋,導致 480 萬公噸至 1270 萬公噸塑膠垃圾進入海洋。[26] 不幸的是,石油工業多樣化生產,以及消費者愈來愈富裕,塑膠的使

用量跟著上升，但許多塑膠垃圾無法回收，不然就是回收反造成汙染或是不符經濟效應。因此，收集和處理塑料垃圾的系統不足（尤其是在開發中國家和新興經濟體），導致陸地和海洋成了塑料垃圾的墳場。

▶ 電子廢棄物

電子廢棄物（e-waste）這一專門領域之所以變得熱門，是拜工業化國家最近頒布的環境法所賜，這些環保法規要求電子產品製造商及經銷商在產品壽命結束後回收舊產品。根據最新估計，2014 年全球製造的電子垃圾是 4180 萬公噸，其中最大的製造國是美國，約 710 萬公噸，其次是中國，為 600 萬公噸。雖然亞洲製造的電子廢棄物最多，總量為 1600 萬公噸，但歐洲的電子垃圾按人均計算高居榜首，為 15.6 公斤，其次是大洋洲（包括澳洲、紐西蘭和太平洋島國），儘管這可能反映了後者工業化國家的收集和測量過程受到更多規範。一如預期，廢棄物製造量與一個國家的 GDP（即經濟發展水平）有明顯的關聯，但與人口數量無關。[27] 在全球總製造量中，930 萬公噸（約總量的四分之一）來自智慧手機和電腦等個人數位設備，剩下則由冰箱和冷暖氣等家電包辦。最令人擔憂的也許是，全世界的電子垃圾製造量預計將每年增加 200 萬公噸，並在 2018 年達 5000 萬公噸。[28]

電子廢棄物回收對健康的影響取決於垃圾的種類與數量，回收的地點和處理方式等等，處理方式包括酸浴（acid bath）、燃燒電纜、分解有毒焊料，然後未穿防護衣的工人傾倒處理後留

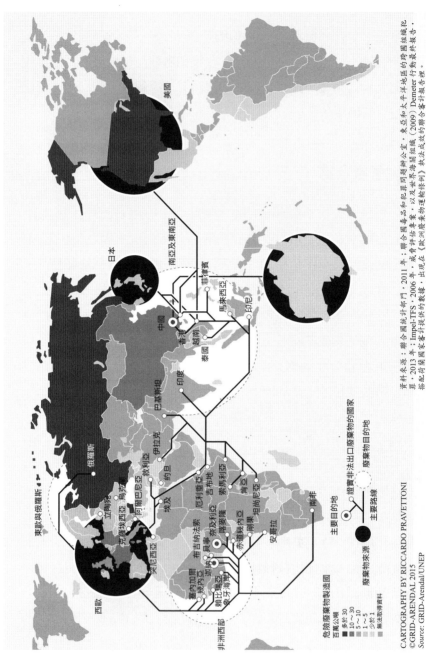

資料來源：聯合國統計部門，2011 年；聯合國毒品和犯罪問題辦公室、東亞和太平洋地區的跨國組織犯罪，2013 年；Impel-TFS，2006 年，威脅評估方案，以及世界海關組織（2009）Demeter 行勢最終報告。指配荷蘭國家審計提供的數據，出現在《歐洲廢棄物運輸條例》狀況成效的聯合審計報告裡。

美國

南亞及東南亞

日本

菲律賓

馬來西亞

印尼

中國

香港

越南

泰國

印度

巴基斯坦

俄羅斯

立陶宛

烏克蘭

亞塞拜然

阿爾巴尼亞

敘利亞

伊拉克

約旦

黎巴嫩

吉布地

厄利垂亞

埃及

索馬利亞

肯亞

東歐與俄羅斯

西歐

突尼西亞

布吉納法索

迦納

象牙海岸

幾內亞

賴比瑞亞

塞內加爾

茲威利亞

獅子山

多哥

赤道幾內亞

剛果

坦尚尼亞

安哥拉

南非

非洲西部

危險廢棄物製造圖

百萬公頓

多於 30

10～30

5～10

1～5

少於 1

無法取得資料

主要目的地

已證實非法出口廢棄物的國家

廢棄物目的地

廢棄物來源

主要路線

圖 6.2　全球非法廢棄物運送路線 [33]

下的廢料。[29] 皮膚接觸到鉛和汞等化學品，呼吸到煙霧和粉塵造成的空汙，加上水和食物受到汙染，都會對廣大社區和生態系統產生長期的影響，也必然會對孕婦和兒童等最脆弱的人造成影響。[30] 然而，全面分析五十七篇有關回收站附近居民健康情況的論文後發現，癌症、氣喘和新生兒不良出生結果與危險廢棄物之間有因果關係的證據其實有限。至於其他健康問題，與危險廢棄物之間有因果關係的證據，目前也不充分。[31] 據悉，回收電子垃圾產生的空氣汙染粒子協助將致命的冠狀病毒傳播到更遠的地方，而非透過人傳人的傳染途徑。[32] 值得注意的是，亞洲和非洲是人均電子垃圾最少的大陸，但大多數電子廢棄物與其他類型的危險廢棄物在充滿危險下被運往這兩個大陸，當地人民以原始的方式在不安全的條件下進行回收，對工人的健康以及運送途中和最終目的地的環境均產生不利影響（圖 6.2）。工業化經濟體出口的廢棄物以及開發中經濟體和新興經濟體的危險回收做法，對全球環境惡化和氣候變遷的影響鮮為人知。

▶ 放射性廢棄物

　　核廢料處理是一個特別敏感的社會問題，與國家安全和環境有關，因此鮮少被當作廢棄物回收來討論。然而，低輻射到中級輻射的放射性廢棄物來自醫療機構、研究實驗室、工業過程和核電廠設備，並且相對容易處理和貯存。低放射性廢棄物的定義是釋出的有害輻射時間跨度很長，可能達十萬年之久。然而，將核廢料處理到最低輻射程度需要將核廢料運往擁有適當技術的特

定工業化國家，運輸過程可能對沿路濱海國家的人口以及海洋資源造成一定的放射性汙染風險。歸根究柢，除了將放射性廢棄物深埋在山下（但不確定十萬年之後對人類是否會造成影響），別無其他解決辦法。[34] 核能被吹捧為無汙染能源，但它肯定是非永續能源，因為像三哩島（1979 年）、轍諾堡（1986 年）和福島（2011 年）等三大核電廠事故這樣的週期性災難，已嚴重傷害生命和健康，更遑論輻射導致大片土地長時間之內無法再適合居住和農作。

處理核廢料的團體

▶ 無效的立法

　　儘管長期以來習慣向海洋傾倒廢棄物，但中國已認識廢棄物對海洋和沿海環境的影響，特別是在 1990 年代批准國際公約後。納入促進「和諧社會」的政治議程後，中國制定周延法律，要求運輸和處理家庭、工業、放射性、船舶、飛行器，和其他危險廢棄物時均需要申請許可證。[35] 截至 2000 年代末，印度沒有直接針對電子廢棄物制定法律，只通過危險廢棄物規範，但這已被證明不足以解決問題，因為該法沒有定義什麼是電子廢棄物，沒有要求生產者和使用者進行回收，也沒有確定誰來承擔相關費用。[36] 儘管非政府組織一直在與政府合作，希望有毒廢棄物能夠遠離非洲，但長期的成效有限。儘管工業化國家在這個問題上發

表 6.1　2009 年歐盟出口的廢棄物 [39]

主要目的地	百萬公噸	廢棄物類型	百萬公噸
土耳其	11.4	鐵金屬	15.6
印度	2.9	紙	5.8
英國	1.9	塑膠	2.4
瑞士	1.6	其他廢棄物	2.4
挪威	1.5	銅、鋁、鎳	1.5
印尼	1.3	紡織品	1.5
中國	1.2	木料	0.5

資料來源：歐洲統計局（2020）。

表各種聲明，但非洲是大多數廢棄物的最終目的地，非洲國家組織（OAU）遂擬了「巴馬科公約」（Bamako Convention）。[37] 但該公約集中於預防性減少非洲大陸廢棄物產生，而這可能是多此一舉，因為大多數廢棄物的源頭在其他大陸。然而，該公約非常獨特，並未排除進口通常在工業化國家所產生的放射性廢棄物。此外，雖然跨區的多邊經濟協議有助於促進環境治理，但工業化國家（如歐洲）和開發中國家之間的雙邊貿易條約，往往掩蓋各類危險廢棄物獲准進行影子交易的一面（見表 6.1）。

▶ 有漏洞的物流

　　垃圾收集與處理等公共服務若民營化，可為企業參與政府事務創造機會，也讓在垃圾送出和接收地點的官員有了可能涉貪

的管道。若出現垃圾危機，例如因為工作人員罷工或社會動亂，這危機可被業者與政府拿來規避合約正常程序的契機。當政府放棄收集和處理廢棄物的責任，犯罪集團往往會趁機參與這一令人嫌棄的事業，事實證明，垃圾運往海外處理若缺乏監督機制，預先收費可讓業者飽賺一筆。由於一些獨特的原因，義大利垃圾回收公司非法傾倒廢棄物可是赫赫有名，該國較發達的中部和北部地區製造的工業廢棄物，主要由該國南部黑手黨處理。在企業家、專業人士和官員互相勾結下，這些廢棄物可能被傾倒在當地，或可能被出口到他國，通常是出口到開發中國家。規避法律的行為包括回收工作只是紙上作業，或是回收公司在宣布破產前積累大量的廢棄物，將廢棄物傾倒在路邊的小垃圾場，有些則找個天然洞穴或是廢棄的工業區非法傾倒。[38] 由於立法要求自身無法處理廢棄物的公司必須將業務轉包給專門的包商，這個昂貴的要求反而為中介商提供機會。後者會非法低報垃圾量，對廢棄物重新進行分類，或聲稱已回收但實際上將垃圾傾倒在國內或更可能傾倒在國外。根據廢棄物種類而劃分的複雜路線，垃圾在世界主要港口（包括工業化國家和新興經濟體）進行轉運時，這些國家也許可採取干預措施，遏制這種影子交易。

▶ 生態走私者

由於厚利可圖，一些組織犯罪集團開始從事廢棄物走私，畢竟相較於毒品、色情和軍火等黑道習慣涉入的非法買賣，走私廢棄物被起訴的風險較低。透過賄賂國外政府和企業，讓對方願

意用低價接納廢棄物，這些犯罪集團便能夠在國內以低價承包垃圾，讓廢棄物買賣發展為全球性市場。[40] 此外，犯罪集團可透過走私其他非法物品的現成管道走私廢棄物，順利進入清運廢棄物這行，多角化經營他們的黑道事業。歐洲刑警組織指出，危險廢棄物的非法交易涉及龐大的罪犯網絡，他們各有所長，包括收集、運輸和處理垃圾，也要懂得法律和金融服務。這些組織化的犯罪集團與企業客戶密切合作，每年光靠危險廢棄物買賣就能賺進 180 億至 260 億歐元。由於製造危險廢棄物的製造業者不樂意為任何健康後果和環境惡化負責，生態犯罪集團遂為這些公司提供便利，替他們將垃圾運往海外，通常運往開發中國家處理。[41]

　　此外，這些生態走私集團與國內外的腐敗政府和官員勾結，核發偽造的證書，包括替製造廢棄物的公司開立假證明、謊報廢棄物不具危險性、偽造垃圾最終的落腳地等等。腐敗歪風擴及至港口當局、海關、警員、貨運代理商和實驗室，每一個環節都助長廢棄物非法不當清運。危險廢棄物通常被運往南歐東歐，然後再轉運到巴爾幹半島國家。一些歐盟會員國是廢棄物運往國外的中繼站，例如義大利是電子廢棄物運往非洲和亞洲的中繼站，儘管義大利海關已查獲超過 4 萬公噸打算非法運送至他國處置的危險廢棄物，主要是運往中國、香港以及非洲的港口。[42]

▶ 垃圾場位址與種族隔離

　　儘管環境正義的研究會指出在貧困或少數民族地區有哪些危險的生產設施，但這只是反映時間上的一個縮影，而沒有呈現

連續而漫長的過程，即使是在工業化國家也不例外。以 1960 年代搬遷到美國南部的汙染性工業設施為例，當時的地點與種族之間似乎沒有明顯關係，與收入高低也只有微弱關係。但是到了 1990 年代，在所有汙染設施的地點，少數民族和低收入人口都明顯高於該州的其他地區，顯示他們是出於經濟原因而居住在危險設施周圍地區。[43] 在芝加哥，非法傾倒問題存在了一個多世紀之久，企業在政府的支持下，把傾倒地點鎖定在少數民族和移民居住的低收入社區，因為他們在政治上是弱勢，而且他們居家附近有大片大家不要的土地。雖然活躍人士發起環境正義運動，最終成功地催生出相關法律，但是芝加哥一些在地人卻支持在弱勢社區成立垃圾傾倒場，這些人包括腐敗的在地政治家、資金短缺的居民和無良的回收業者。[44]

可以說，這個例子適用類似的剝削理論。廢棄物的處理和回收從較富裕的工業化經濟體導向較貧窮的開發中經濟體，這是典型的另一種殖民主義，並蔓延至全球。開發中國家顯然是廢棄物傾倒的目的地，那裡的製造商往往使用會排出汙水、釋放汙染物、製造有害廢棄物的過時技術。由於沒有資金和能力貯存、清理和回收這些廢棄物，開發中國家的政府會忽視廢棄物對公民健康與環境造成的威脅，以便吸引外人投資，或繼續作為滿足消費性和工業性商品需求的跨國供應鏈的一環。再者，許多從工業化國家出口的工業廢棄物，儘管對外宣稱會在開發中國家進行回收再利用，但最後卻是任其堆放在荒地上，讓重金屬和有毒化學品汙染土壤、空氣和水。因此，在廢棄物運輸和危險物回收的影子交易中，犯罪實體（如犯罪集團和其他經營者）會寄生在合法實

體之下（如公司和政府），甚至兩者可能互相依存，建立共生的關係。

攔截通道

▶ 國際監測

　　巴塞爾公約確實將不受管制的危險廢棄物跨國運送和清理定義為犯罪，但監測、執行和起訴的責任屬於締約國。許多締約國（特別是開發中國家和新興經濟體）因為缺乏資源和政治意願，導致公約出現漏洞，讓全球廢棄物交易方可透過賄賂、假文件和直接走私等手段，狡猾地規避法律處罰。因為貧困，垃圾場周圍的居民以及在罔顧安全的回收公司任職的工人，可能不願意投訴資方，甚至可能成為隱匿這種做法的同謀。此外，巴塞爾公約的一大侷限是，放射性廢棄物明顯不在公約的管轄範圍內，因此放射性廢棄物的處理至今仍祕而不宣，可能得聽命於生產這類廢棄物的工業化國家指揮。由於世界各地有專門處理核廢料的設施少之又少，所以核電廠的核廢料必須以陸運或海運方式長途跋涉到有這些設施的地點，難免對沿路上的居民和環境造成相當大的風險。

　　現有法規被淘汰之前，值得仔細剖析的是，工業化國家和開發中國家的分類是否仍然合理。由於巴塞爾公約沒有禁止開發中國家之間的廢棄物交易，所以新加坡成了全球電子廢棄物交易的關鍵節點。儘管按國內生產總值計算，新加坡是工業化經濟

表 6.2　廢物轉運階段

	製造和出口	轉運和整合	進口和處理
典型地區	工業化經濟國家	新興經濟體	開發中經濟體
主要參與者	工廠／礦區 城市／政府 家庭／辦公室	船公司 海關／港口 物流供應商	回收公司 家庭工業 垃圾掩埋場拾荒者
中間商	貨運代理 地方幫派	代理商／掮客 犯罪集團	賣家／買家 地方幫派
可能的港口	荷蘭鹿特丹 美國紐約 日本橫濱 義大利那不勒斯 澳洲新堡	新加坡 巴拿馬科隆 南非德爾班 香港 阿拉伯聯合大公國杜拜	奈及利亞拉哥斯 巴基斯坦喀拉蚩 中國廣州 泰國曼谷 巴西聖保羅

體，但仍被歸類為開發中國家，據稱這個半已開發國家能夠將國民丟棄的高品質電子廢棄物以及工業化國家運來的廢棄物，出口到非洲和亞洲的開發中國家，這些廢料的用途可多了，包括可回收再利用、補強翻新、回復變成零組件、從廢料中回收有用的材質等等。[45] 然而，還有許多國家和港口積極參與跨境轉運廢棄物所牽涉的各個階段（見表 6.2）。就近處理廢棄物的成本和技術已發生變化，然而廢棄物的跨國運輸、貯存和回收愈來愈能規避政府的審查，也變得愈來愈不透明。

▶ 公民抗議

　　數據有限、法律不明確、眾人對廢棄物在世界的落腳地點

普遍無知，在這些背景下，個別公民被認為是保護環境和相關工作人員的重要代理人，例如消費時會選擇支持綠色經濟和符合道德貿易的商品、認真進行資源回收等等，不管這些作為是否在短期內有重大影響。同時，立場涇渭分明的認證機構，攜手各自的活躍人士和企業贊助商，針對運送至開發中國家的電子廢棄物到底該被定調為有毒廢棄物交易抑或數位發展，進行你來我往的辯論，辯論結果將有助於企業規避潛在的壓力，原本外界升高壓力，希望另立法案，要求企業更有效地改變設計和製造程序。[46] 在公眾心目中，廢棄物管理被認為不如減緩氣候變遷那麼急迫，只有當垃圾掩埋場滲漏汙水、垃圾場冒出煙霧、焚燒爐的灰渣達到危險等級，才會刺激政治行動。

儘管如此，在人口密集區附近，愈來愈缺乏適合興建垃圾掩埋場的空間，雪上加霜的是，愈來愈多有自覺和懂更多的公民也不願垃圾場「蓋在我家後院」。一篇罕見的期刊文章分析美國一家軍械製造商的決策過程，該製造商在貯存和運輸危險廢棄物時刻意忽略周圍的社區。作者指出，這決策對企業聲譽造成的損害以及事後為彌補過失所花的成本原本都可避免。作者並提供企業一些撇步，協助企業做出符合道德的決策。[47] 在加拿大，國內城市垃圾、偏遠社區的垃圾場，和荒廢掏金礦場攜手合作，充分顯示在強調自由市場的資本主義大背景下，廢棄物管理須結合政治、經濟和文化等力量。即使出現徒具形式的對話，在政府和跨國公司做了可行性研究和公關包裝後，廢棄物處理被定調為工程問題。因此，公民被要求接受折衷方案，並由他們繳納的稅收資助，但這些解決方案漠視他們的殖民史、政治經濟和在地社會文

化對廢棄物處理的看法。[48]

▶ 貿易被重新定位

　　無論是在全球、區域還是國家基礎上，愈來愈多法規希望鼓勵大家保護資源，減少對環境的破壞，阻止對健康的傷害。然而，這些法規導致廢棄物有不同的分類、估價測試（valuation testing）以及執法方式，影響所及，增加進口商成本、延遲船運、失去信任等意料之外的後果，上述這些都是不利合法交易廢棄物的障礙。[49] 值得注意的是，工業化國家和開發中國家簽訂的自由貿易協定，已經不加掩飾地涵蓋轉運有毒廢棄物，這明顯違反國際禁令，想當初每個締約國在簽署禁令時，可是做足了宣傳。有關跨國廢棄物傾倒和回收的辯論，有些人也許將重點集中在對海外落後國家人民健康與環境造成的負面影響，反映工業化國家一種高高在上的姿態，缺乏對等關係。不過從開發中國家的視角來看，可能存在一些積極的面向，例如他們可透過廢棄物貿易重新修整產品、替換零件、提供製造新產品所需的材料等等。另一方面，工業化國家可以透過遏制電子垃圾出口減輕這類垃圾造成的負面影響，畢竟電子垃圾經常打著技術捐贈的名義以及偽裝成二手產品，出口到沒有能力拒絕它們的開發中國家。另一方面，工業化國家也可以想辦法幫助開發中國家受益於回收廢棄物，例如提供工人接受回收作業培訓、規範回收作業程序，以便為工人的健康把關。[50]

　　在新自由主義市場化路線主導世界經濟的情況下，大多數

關於危險廢棄物的研究集中在堆放與處理危險廢棄物的地點，對貧困社區環境造成的傷害，以及為減輕這種傷害需要政府哪些監管。大家鮮少注意遵守這些法律的成本以及其他合規要求的代價，如何導致廢棄物管理轉入地下，並加速合法公司、非正規經濟實業家、犯罪組織之間的合作（範圍小自國內，大至區域，甚至全球），統稱綠色犯罪學或髒領階級犯罪（dirty-collar crime）。[51] 從長遠來看，一個更持久的環保做法是力阻廢棄物成長，透過力倡拆卸回收重製（demanufacturing）的價值或大力倡議減少生產與消費的重要性，以此約束企業，並要求他們對使

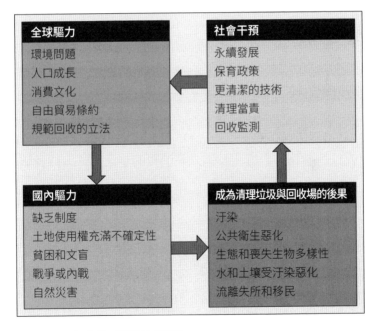

圖 6.3　廢棄物處理的週期

用的資源以及製造過程中造成的汙染，全權負扛責與買單。[52] 雖然回收往往是以正面好聽的說法呈現，例如回收與復原舊材料用於製造新產品，但實際上，回收的過程掩蓋了企業剝削資源和浪費成品所造成的汙染現象，這種循環似乎是監管無法有效管理的盲區。因此，這會需要社會出面干預，緩和鼓吹全球廢棄物貿易的驅力，否則會導致被選中作為廢棄物清理和回收的地點出現各種不利後果（圖 6.3）。從長遠來看，要想解決廢棄物這個影子交易，與其立法規範廢棄物的清理和回收，不如貫徹永續發展、環境保護、清潔技術等政策。

改變路線

▶ 慢慢邁向無汙染 ─────

　　有關廢棄物的國際貿易，背後推手是資本主義世界經濟體追求成長的邏輯，影響所及推動高消費的生活方式，以及隨高消費而來的工業生產。同時，這類貿易不僅因為廢棄物製造量持續增加而蒸蒸日上，也因為工業化國家更嚴格的環境法以及開發中新興國家亟需賺錢而愈來愈活絡。值得注意的是，每一種廢棄物都源於我們經濟體中的合法產品甚至是必需品，或是製造這些產品時衍生的附加物。電子垃圾來自於我們大量使用電腦、電話、電視，和其他這類消費電子產品。塑料是各種產品中不可缺少的材料，從車輛到容器，以及作為消費品（如食品和飲料）的包裝

袋，經常用後就丟。城市垃圾中，富裕家庭、超市、餐館和酒店大量丟棄糧食，其中大部分仍可食用。國際貿易中，大約四分之三的貨物靠船隻運送，船隻本身也是廢棄物的製造者，因為它們必須在經濟壽命結束後被拆解。比傾倒固體廢棄物更隱晦，但同樣令人震驚的是空氣和水汙染，這種汙染沒有邊界，例如離源頭數千英里之遙的酸雨。[53] 然而，環境汙染和惡化對全球氣候的影響在 21 世紀初之前仍被廣泛漠視，而今在所有國家（無論其經濟發展水平是高是低），一些有影響力的公司和政府仍然沒有正視這個現象。

▶ 重新設計製造過程

　　廢棄物的影子交易係把工業化國家的廢棄物送往開發中新興經濟體，既然有這個方向性，有必要正視目前以及過去廢棄物的出口、過境、貯存、回收和清理等問題。但最終得解決的問題是：未來如何減少製造有毒產品以及副產品。延伸生產者責任（EPR）也是落實「汙染者付費原則」的一種辦法，把收集、處理和清理危險廢棄物的費用，從原本政府出資轉移到企業負擔。雖然工業化國家制定這些法律是基於永續發展和消費的概念，但在開發中國家卻沒有類似的法律，這些廢棄物被運到開發中國家，表面上是為了回收，但過程往往粗製濫造，充滿危險。[54] 在新興經濟體建立「資源回收再製造中心」（re-manufacturing centers），讓原製造商負責監督回收作業的想法值得肯定，但是在政治和經濟角力下，這建議可能過於天真。很可能要等到用於

工業生產的原材料即將匱乏，才會讓廢棄物在全球市場上具有更大的價值與吸引力，進而讓廢棄物回收和再利用的地點更接近產品或廢棄物的起源地。

在工業化世界愈來愈關注資源回收和廢棄物處理可能衝擊生態的背景下，企業向不同的群眾宣稱，要在所有業務中努力與綠色同行。諸多創新設計，例如多功能、精簡化、耐用性等等，拉抬了從電話到電腦，乃至電視等電子產品的銷售量，不過同時也對生產、資源回收和資源再利用等構成挑戰。由於電子垃圾中含有銀、金和鈀等貴金屬，以及數十種稀土礦物，這些都是生產電子產品亟需的材料，但全球市場的供應量卻不足，因此大家對回收再利用這些資源有高度興趣，儘管回收過程相當專業，並且需要回收大量的廢棄物才具備經濟效益。[55] 因此這些公司往往從戰略上指責國家環境法規過於嚴苛，導致必須將廢棄物出口到國外進行回收和處理。工商界不僅要倡導業者在行銷、交易和物流管理有害廢棄物時，拿出責任感；也必須要求業者在提煉、加工和製造消費性與工業產品時，站在「綠色」的第一線，並盡可能減少產品用過即丟，增加產品可續用的次數。

論點總結

即使在禁止運輸某些廢棄物的地方（如工業化國家），還是有辦法規避法規，例如偽造文件或是改變包裝，讓各種形態的廢棄物看起來與合法的出口物無異。此外，傾倒有毒廢棄物需要

透過複雜的跨國界網絡進行，其中可能包括也可能不包括黑道組織或非法企業。[56] 失敗無能的國家或政府無法維持正常運作的開發中國家，特別容易被傾倒有毒廢棄物，可能傾倒在陸地上，或者可能是無人監控的領海內。諷刺的是，這通常是因為工業化國家已經實施更嚴苛的反汙染法，他們的公民也更清楚與廢棄物處理場距離過近會不利健康。回顧歷史，殖民國政府和他們的企業無不大舉開發產業所需的各種資源，罔顧可能對國內外環境造成的汙染、廢棄物對健康的傷害，只不過近幾十年來，經濟新殖民主義益發貪婪。

　　如果更多的廢棄物出自其他地方，然後被不負責任地隨地傾倒，那麼社區和國家花再多的心力清理環境都是徒勞。雖然這做法現在聽起來很簡單，但也許可以說服開採資源的公司，研發如何能不汙染環境地貯存無法回收的廢棄物（包括氣體），貯存地點包括已無礦脈的廢棄露天礦場、大型隧道和深入地下的礦井。靠貯存收費不失是另一種開源方式，同時也是對這些被破壞的環境盡些社會責任，協助他們恢復元氣。少數民族（特別是生活在專制政權下的民族），要想打擊跨國廢棄物傾倒，成功率並不樂觀。要想建立安全的生活環境，需要在國際人權的框架下進行。[57] 儘管在資本主義制度下，參與經濟交易的各方都該分擔成本，但可悲的是，新自由主義經濟學家很方便地將廢棄物對生態系統和受影響民眾造成的成本，視為附帶的外部效應（incidental externalities），而政府因為一味追求經濟成長，遂與業者沆瀣一氣，不替這些廢棄物的成本定價。

暗領域

▶ 船舶墳場 VS 資源重生地？

由於大部分國際貨物貿易係仰賴海運，航運業對所有經濟體而言都至關重要。這些海運船舶通常由較發達富裕的國家擁有，當船隻過剩或老化，會被船東委託在倫敦、杜拜、新加坡和漢堡的仲介商出售。因此拆卸或解體船舶結構以取得廢鐵和設備的工作，往往在開發中國家進行，這些國家的勞動成本較低，監管較少。有關這種合法的拆卸過程說法不一，有的叫回收，有的稱拆卸或報廢，這種影子交易無一例外會牽涉到勞工剝削和環境惡化等非法面，更不用說洗錢和逃稅。無論是在碼頭、乾船塢，還是在海灘上進行拆解，這些地點代表船舶的墳場，船舶種類五花八門，涵蓋油輪、散貨船、一般雜貨船、貨櫃船、軍艦、客輪等等。

場地和環境

印度阿朗港（Alang）每年拆解的船隻噸數占世界 47%，是世界上第二大拆船廠。該港位於印度最西部的古吉拉特邦，濱阿拉伯海，長 12 公里的拆船廠已有一百六十年歷史。該港的海灘坡度，以及底部的岩石，加上勞動力成本與風險都低，讓它雀屏中選，成為理想的拆船港。二十年來，共有 4327 艘貨船、油輪、客輪和軍艦在這裡被拆解，總噸數約為 2600 萬至 2700 萬公噸。拆船業表示，透過回收、現代化的工程技術以及管理學，拆

船業為印度的鋼鐵生產貢獻 10% 至 15%。

而今阿朗周圍的潮間帶已沒有植被，因為紅樹林在拆船業起步後不久便絕跡。沿海地區的水質也對魚類造成毒害，只有對汙油有耐受性的物種才能倖存，而外來物種則經船舶壓艙水進入當地。捕魚是當地大約 1 萬名居民的主要生計，其中許多人來自受到歧視的表列部落（scheduled tribes），儘管他們受到印度憲法的保護，但生活仍然貧困。由於缺乏衛生設施，導致該港周圍地表水和地下水發現有傳染性和非傳染性的細菌，無法安全飲用，也不適合休閒娛樂。[58]

生活和工作

在 1980 年代，阿朗的 300 多名村民，大部分務農或養殖牲畜，僅少數人從事漁業。自拆船業上路以來，由於地下水的水位從地底 15 公尺下降到地底 130 公尺，水質受到鹽水入侵的影響，農業與畜牧業的情況不斷惡化。到 2003 年底左右，約 1.5 萬工人受雇於八十個拆船廠，其中逾九成來自於北印度落後貧窮的邦。他們的日薪介於每天 1 美元至 6 美元之間，由於分包制度加上沒有工會保護使然，工資時高時低全看雇主的意思。由於工作有季節性，約 8% 勞工住在租來的簡陋棚子裡，沒有足夠的飲水、電力和汙水排放系統。

拆船廠的工作環境充滿危險，工人隨時可能受傷，事故隨時可能發生，因為機器不安全、設備不足、工人不識字以及缺乏安全裝置。工人經常無償加班，導致生產力下降，疲勞也增加事故發生率，勞工預期壽命約為四十至五十歲。工人沒有健保或人

壽保險，若在船廠發生意外事故，唯有被送往醫院。雇主和政府卻不負擔他們的醫療費用，工人在請病假期間沒有任何工資。由於不安全的工作方式以及不健康的生活條件，勞工一旦得了慢性病，如肺結核、瘧疾、登革熱、肝炎和呼吸道感染，既無法得到補償，也無法獲得妥善治療。[59]

回收再利用

在船舶回收過程中，首要目標是回收的材料可以轉賣再利用。這種材料分兩種類型。第一類是不需要修復（亦即不用改變其物理或化學特性）就可直接出售。這些材料包括木製傢具、廚房用品、救生設備、電器、辦公設備和通訊設備。第二類的材料需要在機器上重新製造，如製成鋼條、槽形鋼（channels）、桁樑（girders）等等，以便求售。原則上，大量材料的再利用或再生利用會減少傾倒在環境中的廢棄物、保護資源，並對經濟作出貢獻。[60]

法國軍艦

法國軍艦「克雷蒙梭號」（Le Clemenceau）建於 1957 年，1997 年除役，2005 年駛往阿朗拆解。它內含 2.2 萬公噸鋼材有望賣個好價錢，因此它的拆解工作很具經濟吸引力。但是建於 1960 年代之前的船隻，含有用於防火的有毒材料以及一些添加在油漆裡的金屬。所以克雷蒙梭號駛抵印度之前，環保組織發動抗議活動，指控它含有 500 多公噸的石棉和一些多氯聯苯（PCB）。法國已於 1977 年禁止所有形式的石棉，歐盟則在

2005 年禁止進口石棉廢棄物。儘管歐洲本國有能力對石棉和其他有毒材料進行淨化處理，但大多數船東更願意將船送到成本低、監管鬆的開發中國家。不過土耳其、希臘和孟加拉等傳統拆船場，終究沒有接受克雷蒙梭號。

法國法院批准克雷蒙梭號駛往印度進行拆解，因為法官認為該船是一艘軍艦，已經進行淨化處理，所以不該被視為廢棄物，因而不受「巴塞爾公約」的約束。環保人士指責法國司法當局沒有全面清點船上的有毒廢棄物，也沒有評估該船對拆船工人和阿朗的海洋環境有何影響。印度最高法院邀請對該船進行淨化處理的法國公司 Technopure 出庭並提供細節，該公司作證指出，已經從船上清除 70 公噸的石棉，但坦承船上仍有至少 500 公噸的石棉，這些石棉原本可以在法國安全清除。最後印度最高法院下達禁令，禁止克雷蒙梭號進入印度水域，法國最高法院也駁回將船送往印度的裁決，法國總統遂召回這艘軍艦。[61]

挪威班輪

郵輪「SS 法國號」（SS France）號建於 1960 年，重量為 4 萬 5000 公噸，是當年最長的客船，共有 16 層、1400 個房間。在 1979 年，它被賣給挪威郵輪公司，改名為「SS 挪威號」，並被改造成一艘豪華的郵輪。在 2003 年，它在邁阿密因鍋爐爆炸受損嚴重，被拖到德國維修，但在 2004 年，被發現清除內建的石棉將花費 1700 萬歐元，因此在 2005 年，這艘船離開德國，前往目的地新加坡，以便可回收再使用，儘管船東有意報廢它。因為該船的所有權屬於挪威，所以屬於歐盟廢棄物運輸條例的管轄範

圍。此外，從經合組織的國家向非經合組織的國家出口這類船舶是非法行為。無論如何，該船最後抵達馬來西亞而非新加坡，而它有意在孟加拉進行拆解的計畫也遭到當地環保律師抗議。

當 SS 挪威號在 2006 年初啟程前往杜拜時，船東通知相關部門，稱挪威號將前往杜拜進行維修，但它卻駛往阿朗，打算進行拆解。同時，挪威號的母公司挪威郵輪公司（註冊地百慕達）將船賣給子公司麗星郵輪（馬來西亞），後者又再轉賣給 Bridgeed 航運公司（賴比瑞亞），儘管該船的估值約為 1500 萬美元，但賣方只象徵性地收了 10 美元。一個月後，Bridgeed 將該船賣給印度拆船公司哈里亞納（Hariyana Steel Demolition），該公司很快將所有權轉讓給另一家拆船公司普利亞藍色工業（Priya Blue Industries），並將其更名為「藍色淑女」（Blue Lady）。2006 年 5 月，印度最高法院收到環保活躍人士的訴狀後，禁止該船進入印度海域，儘管稍後因為即將到來的雨季，基於人道主義，同意該船停泊在附近的另一個港口。最後在 2006 年 8 月，該船在未經許可下，停靠在阿朗，法院在 2007 年 9 月做出最後裁定，允許拆解該船。[62]

關鍵問題

當地政府或中央政府是否負責確保最低工資、安全的工作場所、提供醫療保險和其他員工權利？外國船東及拆船公司對這些約聘勞工該負什麼責任？

拆解舊船回收的廢鐵廢鋼可用於生產鋼條，或是可將廢鋼變成二手設備，這個回收再利用的過程對於節省成本和環境的效

益，是否大到值得產業剝削工人、破壞當地生態環境？是否該輕易地將舊船報廢以換取鋼材，而不去探索翻新和修理舊船讓他們得以重新下水用於運輸、娛樂，或住房的可行性？

　　一艘正在被處理的船隻該被歸類為「船隻」還是「廢棄物」？這取決於哪個最符合船東當時的利益？除役的軍艦是否可以軍事機密為由，不用遵守危險廢棄物轉移的國際法規？

　　在上述兩艘船的實例中，相關地方當局在執行中央法規方面，值得肯定還是落實得不夠徹底？以便宜到讓人起疑的價格迅速轉售這些駛往拆船場的船隻時，涉及洗錢或逃稅的可能性有多大？

第七章

武器運輸與
軍事合約

Credit: H. Assaf/Freeimages

概述

　　軍火事業涵蓋範圍小自小型武器大至核武買賣，而且士兵私有化與雇用傭兵的現象愈來愈常見。軍火事業市值近兩兆美元，占世界合法商品貿易總額 10％左右，相較於其他影子交易，全球武器出口的營業收入甚為可觀。儘管一些跨政府組織以及非政府組織鼓吹制定倡議管制武器流通，但是無阻這類影子交易在方方面面的蓬勃發展。本章重點是找出哪些經濟體是主要的武器進出口國，政府支持的形式，武器轉讓的機制，最後突顯戰爭的社會經濟代價。

　　政府與軍火業習慣制式地援引外交政策目標、國家主權與國內經濟貢獻，作為彼此合作的正當理由。因此，本章將討論企業社會責任與永續發展原則能否適用軍火業，以及他們合規的程度。

　　本章特別點出為什麼軍火業很大程度被豁免這種責任，並主張如何應用透明化、稽核、容量轉換（capacity conversion）等措施，限制軍火業的跨國傷害，但不盡然會扼殺軍火公司的生存。因此本章會剖析武器開銷、政府補貼、軍事合約、貪汙、社會成本、基礎設施遭破壞、法律責任、永續性、經濟衰退、投資歧視、產業轉型等廣泛但彼此交織的議題。

擁武自重

▶ 武器製造者

　　回顧歷史，能夠提供武裝部隊更精良裝備，以及刻意補充兵力，十之八九能在戰爭中致勝。所以領導人與政府總是不遺餘力地設計新型並大規模生產各種武器，諸如箭、劍、大炮、槍枝、盔甲、船隻等等，都足以增加敵軍（而非自己軍隊）的傷亡。19 世紀末，工業時代來臨，戰爭進一步機械化，導致大量人民（包括士兵與平民）無差別地被殺害。[1]工業化國家透過扶植與提供國內製造商補貼等方式，做到可自主生產武器，但後殖民時代的發展中國家缺乏這種能力，加上受到先進國家阻攔，無法擁有這種能力。影響所及，被迫向先進國家採購軍事裝備，包括飛彈、軍機等等，刺激武器買賣的影子交易蓬勃成長。20 世紀末至 21 世紀初，難以平息的內戰、國與國戰爭、區域性衝突讓大家注意到小型武器與傭兵被廣泛用於游擊式的衝突。因此衝鋒槍、地雷（或簡易爆炸裝置）、可攜式火箭助推榴彈發射器（俗稱 RPG 火箭筒）漸漸成為更緊迫的國際問題，取代大家之前對戰鬥機、驅逐艦、長程導彈等大型武器的關注。總的來說，當今全球運輸的武器類型不僅包括核彈，也包括在天平另一端的自動步槍，而網絡安全與軍事承包商還排不進軍隊的選項層級裡。

▶政治霸主

　　主要武器出口商（尤其是重型武器出口商）多半設立在工業化國家，而且往往受到政府高額補貼，甚至由國家完全或部分擁有，以配合政府霸權的外交政策。買方主要是發展中國家，他們往往將自然資源掙得的收入挪作他用，導致社福支出縮水，因而加劇經濟的不穩定。不過新興經濟體既是向工業化國家採購武器的買家，也是向其他發展中經濟體販售武器的賣家（可能作為中間代理人，或是先進口再出口），顯示資本主義世界體系裡核心——邊緣的經濟關係。戰略武器運輸存在祕密與黑箱，導致武器數量與移動路線無法被究責。過程牽涉多個中間人，諸如製造商、掮客、金融機構、軍方、政府部門。打著國家安全與戰略利益的幌子，企業可藉由承包各種服務（包括租借私人軍隊、提供後勤支援）從中獲利，這又是另一種形式的影子交易。一般而言，政府補貼武器研發與銷售的立場，以及對於武器合約保密的立場，似乎與其外交政策的目標有關，同時也希望能提升國內軍火業與軍火公司在全球市場的競爭力。

　　此外，全球需要武器的不再只限於民族國家，在當今不對稱作戰時代，爭權奪位的敵對勢力也努力取得武器，諸如異議團體、恐怖分子、犯罪組織、地方軍閥、部落派系等等。在 1990 年代，阿根廷和祕魯透過歐洲、美洲與中東的中間商，以暗渡陳倉的方式售出小型武器，這些武器最後用於相距甚遠的克羅埃西亞與哥倫比亞的衝突。[2] 伊斯蘭基本教義派極端團體崛起，從北非一路蔓延到東亞，加上 20 世紀末蘇聯與東方集團（Eastern

Bloc）解體，供應他們武器不成問題，這點一直是造成歐盟特別不安的原因。[3] 存在爭議的一個問題是，未經民族國家批准逕行運送武器給在這些國家成立的非政府組織，對這現象，包括美國在內的不少國家拒絕施以制裁。[4] 實際上，爆料者指控與鐵錚錚的證據均顯示，前「西方」盟國定期向前東方集團採購冷戰期間使用的武器，將武器轉交給他們暗中支持的叛亂團體進行代理戰，從買貨到交貨須靠第三國的軍火掮客與工廠，以免美國等國在行使地緣政治霸權的過程中被追蹤溯源。

追蹤供應路線

▶ 笨拙 VS 靈巧

大規模毀滅

　　核子武器貿易涵蓋範圍包括完整的設備、核分裂材料、生產組件、飛彈運載，以及建造核武系統的科學專業。這一切表面上都受到核武大國制定以及全球多數國家批准的《禁核擴散條約》（NPT）約束，但是最近發展核武的國家，例如印度、以色列與北韓，並非 NPT 簽約國。雖然就連不是國家的恐怖組織都努力取得核武成品（他們缺乏設備自行研發與製造），但是這類武器最難運送，也最受國家與政府機關積極保護。此外，複製核武所需的先進技術非常高階複雜，需要外派科學家協助克服，這作為一項戰略，限制成功複製核武的機率。[5] 濃縮的武器級原料

反而成為關注核武走私問題的重點，但是第三國仍難以獲得與成功用船載運足夠生產核武所需的量。儘管「大規模毀滅性武器」（WMD）一詞經常與核武相提並論，但是其他類型的武器無疑也被納入這個類目，只是所受的注意力不及核武。生物、化學、放射性武器等，亦可透過導彈和炸彈從陸地、海洋、空中朝敵人發射，因為具備和核武差不多的殺傷力，成為備受青睞的軍事硬件。

鎖定目標精準入侵

雖然小型或輕型武器對人類的影響不像重武器那麼具破壞性或令人恐懼，但還是可能造成社會動盪。實際上，他們可以被概念化為「大規模製造動盪的武器」，因此成為恐怖主義的首選武器。[6] 地下交易的小型武器據說每年光在武裝衝突就造成30萬人喪生，另外每年還有20萬人死於其他形式的暴力，包括家庭暴力。實際上，自1990年以來，在97%的區域性或國內衝突中，只使用輕型武器。[7] 與大型武器相比，輕型武器明顯易於操作，誰都無須接受全面培訓就能操作。雖然美國和和俄羅斯等具有帝國主義也新的大國仍是大小型武器的主要供應國，許多國家也能在沒有任何規定的約束下，製造和出口小型武器，例如中國、捷克、瑞典、以色列與巴西。[8] 但是，儘管政府、區域組織、政府間組織、非政府組織介入調解，達成管控小型武器的條約，但是據說這類武器的影子交易不動聲色地偷偷地成長中。

▶估算交易額

　　合法的跨國軍火運輸生意賺很大，估計營收達 17 億美元，約占全球商品貿易總額的 10％，高於非法人口販運的地下貿易。過去數十年來，美國一直是最大買家，金額約占全球軍費總開支的 50％，主要向美國自己的軍火商採購。同時，美國軍火製造商也是全球最大的軍火出口商，總金額是 450 億美元，俄羅斯以 400 億美元緊隨在後。[9] 排名前十大的軍火製造公司包括波音、洛克希德、英國航太系統公司（BAE Systems）、歐洲航太防衛集團（EADS）等知名公司，[10] 但是他們在這方面的業務似乎只吸引政治學與軍事研究領域人士的注意。中國的軍火工業蒙上神祕面紗，外界難窺究竟，但是被研究的前十大公司中，估計光是其中四家，總銷售額就達 541 億美元，而且足以擠入全球前二十大武器生產商之列。[11] 雖然武器的影子交易多半發生在工業化國家之間，但是沙烏地阿拉伯、中國、印度、埃及、伊拉克、卡達和阿拉伯聯合大公國等國家，已成主要的武器進口國，因為他們捲入區域性衝突或國內發生內戰（表 7.1）。對於上述這些國家，以及其他發展中或新興經濟體而言，預算優先花在進口武器，因而排擠花在經濟建設、人口改革、環境永續發展、提升社會正義等方面的支出。這些往往正是民族國家內部以及彼此之間爆發衝突的根本原因。

表 7.1　2015-2019 年武器進出口主要國家 [12]

排名	出口國	美元 (百萬元)	%	排名	進口國	美元 (百萬元)	%
1	美國	53,033	36.0	1	沙烏地阿拉伯	17,694	12.0
2	俄羅斯	30,069	21.0	2	印度	13,412	9.2
3	法國	11,544	7.9	3	埃及	8,396	5.8
4	德國	8,518	5.8	4	澳洲	7,133	4.9
5	中國	8,080	5.5	5	中國	6,300	4.3
6	英國	5,415	3.7	6	阿爾及利亞	6,150	4.2
7	西班牙	4,539	3.1	7	南韓	5,004	3.4
8	以色列	4,331	3.0	8	阿拉伯聯合大公國	4,982	3.4
9	義大利	3,134	2.1	9	伊拉克	4,960	3.4
10	南韓	3,085	2.1	10	卡達	4,943	3.4
	前十大總金額	131,748	90.2		前十大總金額	78,974	54.0
	全球總金額	145,755	100.0		全球總金額	145.775	100.0

資料來源：SIPRI 武器移轉資料庫。

▶ 外包士兵

現代化的傭兵

　　雇用傭兵的起源見於全世界的歷史，但是不同於以往，今天的傭兵事業已經私企化，在工業化國家以實體企業的結構營運。他們競標政府合約，提供後勤、培訓，乃至實際上陣作戰等一系列服務。他們以營利為目的，和投資股東以及金融市場結盟。尤其讓人不能苟同的是，政府把監禁「敵方戰士」以及刑求政治犯的工作外包給這些公司，或是交給外國的武裝部隊、情報機構、祕密警察，以利其規避本國的法律監督。軍隊民營化可以追溯到 1980 年代英國佘契爾夫人與美國雷根總統執政時代，兩

國的右翼政府均承諾實施自由市場經濟，導致意識形態由左轉右。軍隊民營化另一動力是冷戰結束，軍隊隨之縮編，訓練有素的士兵只好另謀類似的工作，賺錢挹注偏低的退休年金。此外，非洲與東歐國家內部爆發衝突，拉丁美洲掀起毒品戰，以及西方介入九一一之後中亞、中東與北非的反恐戰，在在替外包化的傭兵部隊製造龐大需求，取代國家的正規部隊。

掩蓋支出

多個機構的數據顯示，在鼎盛時期，例如 2010 年在阿富汗，近 11 萬名人員受雇於民間軍事服務公司；2008 年在伊拉克，多達 15 萬人，人數和派駐當地的正規軍相當。[13] 在 2000 年，這行業的營業額估計達 10 億美元，預計十年內會倍增。[14] 但是 2016 年的數據顯示，民間軍事服務部門的業績是 2000 億美元，[15] 亦即不到二十年內，業績呈指數級成長。數字差這麼多，暴露影子交易長期存在無法提供確切數字的問題，但業績快速成長是事實。這個地下貿易還牽涉另一個相關的領域：開發中國家的軍事基地歸工業化國家所有，例如美國和法國。而且愈來愈多的軍事基地係由中國和土耳其等新興經濟體興建。這些基地是為了反映美法等大國的戰略政治影響力並保護其經濟利益，所以由他們自己國家的軍事承包商謹慎地建造、維護、配置人員。無論是否捲入實際衝突，這些基地往往扭曲當地經濟，刺激非必需消費品市場，諸如色情行業、非法毒品買賣等等。

承包破壞性工作

▶ 政府補貼

　　支持武器出口可以用低調不張揚的方式，諸如透過武官、國防行銷機構、武力展、承攬官員訪問、國內採購選項、出口信貸援助等等。政府公開補貼的方式則有貸款、研發經費、合併／重整補償、低成本設施、促銷活動等等，讓國內製造商具備價格競爭力，對國外出售具備軍民兩用技術的武器與非武器用品。[16]

　　分析五角大廈主要合約後發現，靠競標成功簽訂合約的比例從 2009 年 60.7% 的高峰下降到 2015 年的 55.4%。2015 年國防部簽訂的合約總金額超過 2.73 億美元。[17] 種種暗助與明助造就穩賺不賠的零風險環境，並未刺激武器製造商提高生產效率、降低生產成本。更令人反感的是生產被政府重複徵用的武器，作為政治人物獲得政治獻金與誇口創造就業機會美名的交換條件，導致武器供過於求。[18] 在 2018 年，國防承包商光在游說就花了 1.26 億美元，包括政治獻金，大部分是贊助美國眾議院和參議院小組委員會裡有影響力的議員，尤其是負責審批五角大廈不菲預算的議員。作為回報，承攬政府合約的十大受益者中，有九家國防工業公司花在游說與政治捐獻的金額，投資報酬率高達 125：1。[19] 把生產線移師到失業率高的州，導致這些州依賴軍火業，影響所及，這些州的國會議員支持增加軍費支出。[20] 所以儘管冷戰結束，美國政府的武器預算仍是有增無減。政治人物與游說公司辯稱，武器出口創造國內就業機會，以此作為合理化政府補貼軍火

工業的理由。

　　在英國，2008 年至 2010 年，政府對軍火工業的補貼是 1.365 億英鎊，另外補貼 6.989 億英鎊作為研發資金。由於官方數據報告有太多模糊地帶，所以上述數據只是最貼近的估計。[21] 武器出口補貼型式包括國防行銷機構、武力展、官方訪問、國內採購選項、出口信貸援助等等。比較不引人矚目的方式是閱兵、海軍軍艦出訪、航展、軍事演習、戰場實錄，把國防開支包裝為提升愛國主義、安全、國家實力，同時壓制任何負面的報導，包括武器造成的傷亡、損害等等。這一切都違反當時歐盟的反補貼規定，非歐盟國家的武器製造商也批評這扭曲公平競爭，[22] 儘管不清楚這說法是否也適用於英國以外其他的歐盟成員國。SIPRI 在 2016 年的最新研究報告列出數據，綜合估計英國對軍火業的直接補貼，減去軍火業繳交給政府的營利所得稅，但未計算大多數採購

表 7.2　英國政府對軍火業的直接補貼 [24]

補貼形式	估計成本	
	英鎊（百萬）	美元（百萬）
英國貿易投資署國防與安全組織	3.4	4.6
國防援助基金	7.6	1.2
武官	3.4-17.4	4.6-23.3
其他政府援助，如官方訪問	10.0	13.4
淨 ECG 補貼	49-73	66.7-97.9
降低商業開發稅	-9.5	12.7
總額	64-102	86-137

資料來源：SIPRI 武器移轉資料庫。

項目有 15% 至 45% 的固定成本超支費（表 7.2）。所有這一切突顯一個現象：政府部會首長、官員、軍事人員等等，卸任或退役後紛紛轉台，受雇於軍火業、軍火貿易公司、諮詢顧問公司以及相關政府機構，擔任高層幹部。[23] 咸信其他擁有軍火業的國家也是如此，但正如 SIPRI 所言，沒有管道取得類似的公開數據。

▶計算所有成本

認列損失

19 世紀與 20 世紀期間，有關內戰、國與國之間、區域性，乃至世界大戰的總體計量經濟模型證實，戰爭的社會衝擊與經濟成本非常龐大，具有統計學意義，且經常持續到衝突結束之後。[25] 雖然估計損失挑戰重重，但總成本一定包括遭破壞的有形資本（physical capital）以及其他經濟損失，但鮮少這麼做。現有的貿易流往往無法解釋兩個國家是否會開戰、何時開戰、開戰導致的經濟後果等等，儘管研究工作努力想證明這一點。話雖如此，但大家注意到戰爭對貿易相關領域造成的沉重代價，這也許能打消以戰爭作為解決政治利益衝突的主張。不過過去數十年來許多區域性戰爭的經驗預示，政府間機構可藉經濟觀點說服各國反對一切形式戰爭的希望肯定落空。

冒險開戰的成本

戰爭開銷鮮少被完整統計，因為除了政府編列的採購預算（部分是為了汰舊換新），還有後續維修與管理成本。戰前的成

本包括養兵，諸如軍事人員、準軍事部隊、軍方雇用的文職人員的人事成本，從薪資、津貼、醫療保健費，到退休年金等等。此外，武器的採購、操作、維修、研發、建造也都需要預算。再者，軍事援助海外也是開銷。計算戰爭的總成本是非常複雜的工程，包括受損的基礎設施、經濟、人民的損失等等。因此，戰爭的實際成本與開始至結束的時間，往往在事前會被嚴重低估，[26]其實這是故意的，以利爭取民眾與政治人物支持開戰。大多數戰爭成本的估值集中在實際用於衝突的資源，人民傷亡的財損與災損只是配角，儘管間接損失相當龐大，卻鮮少被重視。

社會衝擊

估計戰爭的社會成本時，並非統計死傷的人數而已，而要考慮到他們對社會的無形價值以及對國家財富的潛在貢獻。此外，還必須考慮在戰爭期間他們放棄消費商品與服務對經濟的影響，他們的信心因為影子交易提供的武器而受到打擊。此外，也必須認列戰爭導致社會其他人的收入損失，可以比較他們在戰前與戰爭期間所有收入的差額。再者，不可忽略戰爭使用什麼性質的武器，因為武器的殘留物同樣會導致損失，諸如放射性物質與化學物，會影響接觸者的健康並減少他們的預期壽命和提高嬰兒死亡率。為犧牲的所有傷亡人士（包括平民和士兵）提供長期醫療保健的成本也須被考慮在內。最後，戰爭造成的環境和生態浩劫，例如油井大火、農地被下毒也得被納入戰爭的成本，計算農地和漁獲減少導致的財產損失。[27]諷刺的是，戰爭中所用武器造成的影響（諸如環境汙染，乃至全球氣候變遷）從未被獨立

計算。

基礎設施被破壞

　　評估衝突地區的損失（無論何時進行）無可避免會見證到倖存人民面臨的悲慘狀況。在葉門，截至 2015 年末，初步估計顯示，四個城市在教育、能源、健康、住房、交通、水／公共衛生等六大領域的損失介於 40 億至 50 億美元。在伊拉克，脫離伊斯蘭國（ISIS）掌控的四個城市在四個關鍵領域（水／公共衛生、交通、公共建築／市政服務、住房）遭受的損失約為 3.63 億至 4.43 億美元。在敘利亞，主要城市的 780 個醫療設施中，包括醫院、藥房等，約三分之一設施遭到影子交易買賣的軍火破壞，導致敘利亞醫藥供應不足以及醫療院所唱空城計。2015 年期間，因為遭受攻擊，逾 50％醫院被摧毀或只剩下部分功能。在敘利亞的教育領域，光是六個主要城市的 1417 個教育機構中，近 15％的機構遭到破壞，這些機構從幼兒園到大學不等。在 2016 年，光是敘利亞六個主要城市在七個領域蒙受的損失估

表 7.3　敘利亞內戰中六個城市按領域別的總損失 [28]

部門	教育（美元）（百萬）	能源（美元）（百萬）	健康（美元）（百萬）	住房（美元）（百萬）	交通（美元）（百萬）	水／公衛（美元）（百萬）	總計（美元）（百萬）
低估值	176	1,182	321	4,056	128	99	5,962
高估值	215	1,445	392	4,958	156	121	7,287

註：實體基礎設施的損害估計使用原始成本。由於通貨膨脹、安全溢價、材料／勞動力稀缺等因素，重建費會更高。

Copyright © Syrian Center for Policy Research, 2014 and UNDP Syria. Used with permission.

計高達 73 億美元，這只是根據原始建造成本計算，這對戰後重建而言，是不切實際的超低估值（表 7.3）。

經濟衝擊

爆發內戰的國家，經濟規模相較於和平時期縮水 2.2％，因此七年的內戰會讓人均收入下降約 15％，全國貧窮人口增加 30％，累計收入損失高達 GDP（國內生產總值）的 60％。[29] 另一項研究顯示，爆發內戰的國家，人均 GNP（國民生產總值）降幅更大，達 3.3％。此外，十六個捲入戰爭國家中有十五個人均收入下降，十三個出現糧食減產。全部十六個國家的外債都增加，在 GDP 的占比顯著上升。十八個國家中，有十二個貿易模式出現變化，出口成長率下滑。[30] 除了貿易中斷和生產要素受損造成損失，內戰也破壞有形資本，儘管對有形資本的估計取決於使用的方法和所做的假設，因而產生不同的數據。最廣泛使用的方法是根據經濟模型進行計算，估計戰爭對資本存量（capital stock，譯注：又譯股本）造成的損害，或是彙整基礎設施蒙受實際損失的數據。

區域性衝擊

與戰區接壤的國家已經因為衝突導致經濟脆弱不堪，還要進一步面臨難民湧入的壓力。除了有形資本受損，敘利亞的內戰在 2010 年導致逾 1200 萬人（或該國一半人口）流離失所（包括國內與國外）。三分之二的人因衝突在國內流離失所（暗網下的軍火貿易助長衝突），他們面臨生命威脅、生計惡化、難以滿足

基本需求。逾 210 萬難民逃往鄰國，其中 80％逃往黎巴嫩和約旦，另有 250 萬難民逃往土耳其，[31] 導致這些國家所有資源陷入吃緊。據估計，敘利亞難民每年花掉約旦逾 25 億美元，導致約旦政府的負債在 2015 年上升至 GDP 的 90％。[32] 另外有 80 萬敘利亞人在歐洲尋求庇護，主要是德國、瑞典、匈牙利和奧地利，對當地造成長期的社會、政治和經濟影響。中東地區的主要石油出口國，如沙烏地阿拉伯、卡達、科威特和阿拉伯聯合大公國，短期內有財政儲備因應預算赤字，儘管在目前的支出水平下，這些赤字在 2015 年達到 GDP 的 9.4％。[33] 較小的石油出口國，如敘利亞、葉門、利比亞和伊拉克，距離和平依舊遙遙無期，油價若下跌對其經濟的影響更大。中東和北非地區非石油經濟體的出口收入和就業主要靠旅遊業，因為旅遊業急劇尾縮，減少了就業機會並抑制經濟成長。[34] 因為富裕的波灣國家遣送移工回國，他們匯回貧窮祖國的金額（如埃及、黎巴嫩和約旦）跟著減少，影響當地的經濟成長。

戰略性重新調整方向

▶ 呼籲遵守和平公約 ────────────

戰爭是非法行為

　　鮮少人知道，自 1928 年「和平公約」（Peace Pact，譯注：又稱巴黎和平協定、非戰公約）在 1946 年被納入聯合國憲章以

來，戰爭不論在全球哪一個地點都屬絕對非法。這與第一次世界大戰之前的舊世界秩序形成鮮明對比，因為在舊世界秩序，民族國家有發動戰爭的合法權，以戰止錯，糾正他們認為是錯誤的行為，而且不用受到懲處。各國法律或可被視為是各國政府能強制執行的硬性規定（hard regulation），國際法則傾向較有權宜性質的軟性規定（softer），納入自願性標準與最佳做法，直到最後寫入國家法。[35] 而今根據這種新的世界秩序，只有聯合國安理會可以授權對侵略他國或本國人民（如種族滅絕）的國家發動戰爭或施以經濟制裁。儘管如此，主要幾個工業化大國最近仍繞過聯合國憲章，試圖法外介入伊拉克和科索沃等國的戰事，因而削弱了憲章的效力。[36] 儘管世界新秩序嚴禁戰爭，視戰爭為非法行為，讓人民得以在大約七十年時間免於遭遇世界大戰，不過取而代之的是區域性衝突和內戰。世界秩序儘管受到國家間戰爭和國家自己內戰所破壞，聯合國憲章仍然值得保留。負責執行憲章的國際機構已成維持和平與落實和平的要角。

法律被稀釋

任何法律的成效少不了專業知識與能力。此外，同樣重要的是法律的獨立性和代表性，確保法律用於服務公眾利益，不被國際領域任何既得利益團體綁架。有人主張，除非像美國這樣的霸權參與，例如在武器和安全方面的領域，否則民族國家之間在全球治理體系中遵守國際法的現象不會出現，或至少成效有限。[37] 不過，這說法不足以解釋，何以規範小型武器的國際法成效不如規範軍事安全的國際法，畢竟這兩個國際法美國都參與。主要

是因為特殊利益團體不遺餘力游說，例如由武器製造商資助的槍枝游說團體，導致《武器貿易條約》（ATT）成效大打折扣，儘管像樂施會（Oxfam）等非政府組織和歐盟等政府間組織（IGO）努力不懈。[38] 同理，出現政治危機和國家醜聞後，基於自身利益，導致國家、組織以及相關夥伴互相結盟，形成合作的國際網絡，參與規範相關影子交易的進程，例如參與規範民營化軍事服務公司的立法工作。如果大家沒有一致的目標，國家級或區域型倡議，諸如規範傭兵的《蒙特勒文件》（Montreux Document），不可能變成可行的國際法與國家法。

▶ 裁減武器的誘因

解密補貼

毫無疑問，軍火貿易的戰略性質會降低買賣的透明度，但財務、就業和銷售數據對於政府評估和民間社會監督武器補貼至關重要。問題之一是，許多武器製造業仍然是國有或是部分國有，因此這些公司沒有義務公開戰略機密訊息。儘管在大多數工業化經濟體，所有上市公司會被要求例行性公開這類訊息，並由同業公會發布廣傳，但對於軍火公司而言，即使照做，資訊也不完整，稱全面公開會危及國家安全。軍火公司的公司治理也不同於一般公司。英美公司的治理採分散所有權（diffused ownership）模式，所以比歐陸和亞洲流行的財團模式（relationship-based model）更開放。在歐陸和亞洲，所有權緊緊掌握在銀行和其他有關係的機構。不過各國的商業透明度和文

化差異頗大，北歐國家、英國和法國的透明度最高，美國的透明度也算高，但俄羅斯和日本吊車尾，透明度最低。[39] 此外，在監督電子、造船、航空器製造、電腦運算、通訊、食品供應等行業時也面臨挑戰，難以確認這些行業的經濟產出最後用於軍事目的的比例。

遏止武器流向不該去的目的地

進口武器國家提供的官方統計數據，掩蓋武器的實際目的地，目的地可能是第三國或叛軍勢力，後者所需的武器數量和金額不一定很大。畢竟，在一個所謂「新形態戰爭」（new wars）的世界裡，會出現眾多參與者，包括殘餘軍隊、類軍事團體、自衛部隊、外國傭兵、國際部隊等等，他們與組織化的犯罪團體沆瀣一氣，侵犯人權卻不受懲處。[40] 雖然這些勢力採購對象可能以小型武器為主，但絕非僅限於小型武器，特別是冷戰等衝突結束後出現武器普遍過剩的現象。步槍、手槍、地雷、榴彈發射器等小型武器，仍然是世界上民族國家之間（以及本國境內）大多數衝突的首選武器。[41] 然而，由於成本低廉，小型武器在大多數全球武器轉讓統計數據中並不突出，而且由於重量輕，很容易透過非法仲介商跨國長距離走私。由於小型武器非常耐用，如果沒有有系統地解除武裝、回購和銷毀武器，這些武器往往在衝突落幕後好一陣子仍在流通，進而助長犯罪活動。相對便宜的地雷嚴重限制自耕農進出可生產糧食的農地，進而造成貧窮、營養不良甚至飢荒。儘管國際禁止銷售地雷，但在有些地區，武裝衝突即便落幕了好一陣子，這些地雷仍繼續殺害和殘害當地平民，尤其是

兒童。

合謀俘獲

《武器貿易條約》不同於禁止地雷與集束彈的公約，因為
ATT 並未銷毀任何類型的武器。雖然 ATT 是個機會，可望實現
程序的相容性與公平競爭的環境，但是在缺乏同等效力國家法規
的情況下，在國際上執行 ATT 是一大挑戰。由於軍火貿易牽涉
跨國供應鏈，加上愈來愈多新興經濟體參與武器生產與銷售，
ATT 倒頭來可能是利弊並存、禍福參半的條約。因為 ATT 只規
範小型武器買賣，所以按照更廣泛的定義，建議應邀請全球軍火
業加入協商，討論如何落實 ATT。[42] 這似乎與鼓吹軍火製造商
企業社會責任的倡議相符，也提供投資人和金融機構指導方針。
軍火工業習慣性對外表示支持與維繫和平的積極立場，也表示許
多產品被用於拯救人道危機，但這些都未減損武器與衝突實際造
成的長期負面影響。影響所及，協商可能對 ATT 造成反效果，
因為協商若被軍火商操控，導致本質上應該只為公共利益而生產
的產品最後可能被私企俘獲操控（private capture），因此協商應
該受到公民社會和政府的監督審查。

▶撤資或分散投資

投資眼光

對於哪些公司可投資，哪些公司不能投資，如果參照投資
軍火工業的標準，可能會有問題，因為軍火業常以安全考量為

由，不願公開業務。國家採購軍火商製造的武器促進國家利益，因此必須和軍火商共擔責任，這麼一來國家既是採購方也是監管者，導致利益衝突的現象。探勘 Adadeus 與 Orbis 兩個訂閱用戶專用的資料庫之後發現，英國主要消費金融銀行不僅持有國內和國際軍火公司的股份，也對他們貸款。例如截至 2008 年，巴克萊銀行（Barclays Bank）持有的全球軍火業股權是 73 億英鎊（當時相當於 120 億美元）。該銀行是美國軍火公司的前十大投資者之一，是三大軍火製造公司的往來銀行，也是軍火業四十三筆銀團貸款的一分子。此外，其他知名銀行，包括匯豐銀行（HSBC）、蘇格蘭皇家銀行（Royal Bank of Scotland）、駿懋銀行（Lloyds TSB）和哈利法克斯銀行，以及安盛和保德信等保險公司，還有英國航空和英國電信等不同領域的公司都加入巴克萊銀行的行列。[43] 退休基金也被揭露投資對象包括被國際公約禁用的集束彈製造公司。阻止這類做法的建議之一是建立一個更現實的「企業社會失責行為」（CSI）指數，取代傳統的「企業社會責任」（CSR）評估巴克萊這類公司。[44] 面對這類企業聲稱自己有無可挑剔（但讓人起疑）的 CSR 評鑑報告，積極的股票投資人、銀行的個別客戶，以及退休基金的存款戶扮演關鍵角色，可透過自己的投資偏好，說服銀行改變，符合道德規範。

責任審計

為軍火業辯護的人士可能會說，根據 CSR 的標準，企業管理層更嚴格地遵守法律規定，在經濟、道德和自由裁量權方面，合規程度也類似其他行業的管理層。[45]CSR 只反映軍火業受到高

度規範的性質，並承認軍火業有破壞、導致衝突、流於貪腐的能力。不過實際上，軍火工業因服務於更高的國家目標而往往免於被追究責任。這點值得商榷，畢竟該行業總是無法滿足關於環境、社會公平、政治權力和盈利能力的 CSR 傳統標準。可以說，軍火產品的主要好處不在於為進口武器國家的人民提供安全保障，而是為軍火公司股東的獲利提供保障。[46] 軍火公司積極宣導公司產品對廣大民眾有哪些安全利益，前一百大軍火公司中，88％使用網路播放企業製作的視頻。就連在所謂中立國瑞典，紳寶集團（Saab）製作的視頻使用圖像、聲音和文字說服大眾，稱有必要使用該公司生產的飛機進行必要的軍事干預，解決國際衝突、進行海外人道援助，甚至保護國內家庭以免受到不具名但廣泛被認為來自鄰國的影響。[47] 歷來紀錄發現，軍火公司在人命損失和財產損失方面是共犯與同謀，這還不包括他們造成的長期環境破壞與經濟衰退，顯示對軍火買賣這個影子交易而言，CSR 是相當遙不可及的目標，甚至近乎滑稽。

擴散效應被捏造

支持軍火工業及其重要產品出口的政治領導人經常提出這樣的論點，軍火工業有利於創造財富，只要知識、市場和網絡效應能夠普及。然而，由於社會背景和分析工具不同，不易衡量軍火工業在工業化出口國、發展中進口國，以及新興進口國造成的擴散效應，因此研究人員得出大相逕庭的正反結果。雖然技術擴散似乎與一個國家的經濟發展階段無關，但接受補貼的軍事技術造成的影響遠大於民用技術（或者應該說一般技術），因為後者

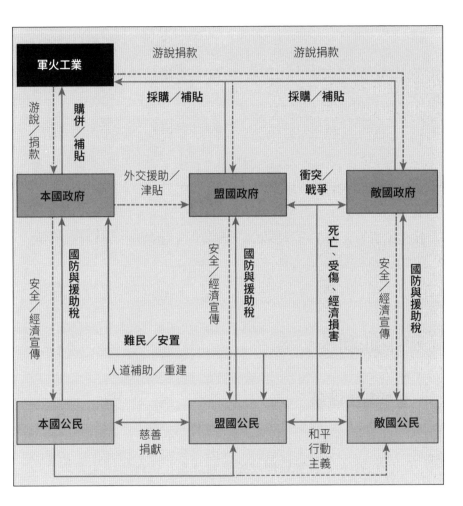

圖 7.1　軍火業受益者、反擊者與承銷商

致力於效率和技術革新。[48] 廣泛分析自 1973 至 2013 年為期四十年、共一百七十份報告後發現，在工業化經濟體和發展中經濟體，國防開支與經濟成長之間存在模糊的關係，但是針對後冷戰時期的研究則顯示明顯的負向關係。[49] 此外，國防開支創造的就業機會少於獲得一樣金額投資的其他產業，能夠應用於民間的創新也較少，儘管不乏研究經費。至於財政一進一出互相抵銷的好處（亦即武器製造商對於採購其武器的國家進行互惠投資）則幾乎不存在，或者遠不及政治聲明和企業公共關係聲稱的效果。最後，基礎設施受損、經濟衰退、人員傷亡、人民流離失所，以及其他戰爭後果，對於捲入戰爭的國家以及他們的盟國均造成不成比例的影響。糾正這些後果需要昂貴的干預措施，這點也幾乎被漠視（圖 7.1）。

和平紅利

▶ 重新想像戰爭

自由派論點

鼓吹資本主義世界裡，經濟應該相互依存的理論與專家多半認為貿易國家不太可能發生戰爭，因為這可能會阻礙（甚至殲滅）經濟互惠的貿易活動。對十四個衝突國家兩兩一組進行的時間序列研究（time-series research）顯示，雖然戰前和戰後彼此的貿易是有下降，但在十三個非大國關係中，下降情況較少見。[50]

貿易沒有持續下降的原因可能是國家的政治領導人分析後發現，停止貿易對國家經濟會有嚴重影響之故。意識到自己沒有能耐讓戰爭無限期地打下去，加上對盟國經濟也會有不利影響，導致後者恐與自己疏遠，也是敵對行動能結束的進一步原因。不過也有人反駁這觀點。一些研究發現，戰爭不會打亂貿易（即使有，也是短期而已）。實際上，儘管雙方發生衝突，但貿易仍會繼續，甚至敵對行動結束後，雙邊貿易不減還會反增。[51] 不幸的是，國家有時會為了逼對方開放市場而開戰，這種帝國主義式與特權式的不對等貿易，確實可以透過重建戰敗國的經濟而增加。

現實派的批判

現實派的論點認為，彼此有貿易往來的國家更可能開戰，以戰阻止對方利用經濟收益提升軍事實力。直到最近，才有人使用綜合因果模型（comprehensive causal model）對八十八個國家進行研究，該模型包括人類發展、治理和民主等多因素面向（multi-factor dimensions）。結果顯示，工業化經濟體和新興經濟體已將武器出售給幾乎無力承擔財政支出的發展中經濟體。但更關鍵的是，這些武器轉移不利民族國家的穩定和民主發展，這與美國希望客戶或民族國家同盟追求民主、穩定、國家安全等目標的政策相矛盾，也降低美國政策的效力。[52] 許多人認為，霸權國家積極推銷是破壞亞洲、非洲、中東和拉丁美洲等後殖民地區穩定的主因之一。相形之下，德國、日本和哥斯大黎加等武裝力量受到限制或不准發展軍力的國家，經濟發展、社會服務和預期壽命都優於其他許多國家。正如戰爭會打亂經濟成長，止戰則會

給所有捲入戰爭的國家帶來和平紅利，例如受益於重新恢復彼此，以及和其他之前持謹慎態度國家的貿易和投資，這現象可從二戰以及其他地方戰火結束後的發展得到印證。

▶ 能力轉換

長矛變犁具

冷戰結束後，軍費開支隨之下降，這確實刺激了經濟學家、公民社會、工會、和平倡議者等團體，討論是否能將軍用品生產轉為民用目的。自此，轉換提案遇到阻礙：因為有些公司過度專注於軍工業生產，缺乏工程和管理技能；政府推動糟糕的產業政策；以及政治人物對裁軍提出矛盾的承諾。前面曾提到軍火業會對政黨和競選活動提供政治獻金，除此之外，軍火業還斥資3000 萬美元游說政治人物，游說行動通常由前政府官員、軍官和政界人士擔綱。[53] 因此，當務之急是，轉換工程必須是民間企業（營運由工人主導的企業）、能提供協助的政府基礎設施，以及相關學術界研發所形成的網絡所主導。[54] 儘管這些想法和倡議值得肯定，但是中東戰火未歇、定義不明確的全球反恐戰爭、與北韓的關係再度趨緊，以及俄羅斯時不時興戰，讓武器製造商重新獲得更賺錢的國防採購合約，連帶破壞軍用轉民用的優先性。

真相的犧牲品

有關武器運輸的宣傳、公共關係，或是政治包裝（美化）不外乎強調，可改善武器接受國的安全與穩定，但實際上，擴充軍

備往往助長邊境衝突、內戰和種族衝突。雖然其他因素，諸如半民主、政權更迭、先前衝突埋下的恩怨、族群—政治同溫層形成的小圈圈等等，也是導致戰爭的原因，但是針對撒哈拉沙漠以南非洲國家所做的多元回歸分析（multivariate regression analysis）發現，軍費開支、武器採購和武器轉讓是必要且重要的因素。[55]一個國家擴增武裝部隊的實力，並不能阻止另一個國家的侵略，可悲的是，反而往往會刺激後者採購同樣數量的武器。因此，將武器轉讓與政治、經濟和文化等變數一起納入軍事衝突的模型，可以更精準地預測軍事衝突。[56] 彼此互相較勁擴增軍備會點燃軍事衝突，不利雙方用更務實以及成本低得多的解決方案，也不太可能透過外交手段，趕在敵對行動開始之前（而非之後）主動進行談判，進而讓經濟得以永續發展。外交談判會讓軍火業非常不開心。

論點總結

　　雖然管理學研究可能借鑑軍事研究的戰略見解，但似乎不樂於批判性分析武器轉讓在戰爭中扮演的角色。在新自由主義的資本主義時代，放寬對商業的監管，以及自由貿易雙雙被捧為理想模式，但諷刺的是，軍火工業卻積極游說政府給予補貼、實施保護主義、協助拓展海外市場，並從中獲益匪淺。支撐許多武器買賣的基礎是一些國家的帝國主義野心，欲將他們的政治與經濟霸權擴及至區域內，以及區域外其他國家，而非為了捍衛自己

國家的主權。如果拒絕對軍火業補貼，並對他們生產不受社會歡迎的武器課稅，也許可以限制軍火工業的成長。戰爭造成的傷害可以透過先發制人的外交手段得到緩解。減少軍費開支可將多出的預算用於社會福利。雖然國家、非國家實體（non-state entities），以及他們的領導人會因危害人類罪受到國際法庭審判，但被告往往來自開發中國家，而提供武器的外國政府和跨國企業卻從未被起訴。此外，如果讓軍火工業、軍火業高層，以及客戶共同承擔戰爭造成的社會與經濟損害，並對戰爭造成的損失和傷亡負起經濟賠償責任，將有助於讓從事這種影子交易的企業分散投資，尋找更能永續發展、更負責任的投資標的。

暗領域

▶ 和平主義賣家與好鬥的買家

　　對於瑞典這樣一個講究和平、經濟規模相對較小的國家而言，軍火工業的規模算相當大，人均軍火出口量高居全球前段班──在 2011 年居全球榜首。嚴格來說，自第一次世界大戰以來，瑞典法律一直禁止武器出口，儘管自瑞典加入歐盟並參與聯合國的海外軍事任務後，這一規定已被削弱。[57] 還有一個漏洞，若是出於「安全理由」，或是未與瑞典的外交政策發生衝突，當局也允許武器出口。因此政府政策規定，不得將武器出口到已捲入或可能捲入衝突的國家，也不得出口到嚴重侵犯人權的國家。

然而在 2010 年代初期,瑞典被發現出口武器至二十多個國家,並與他們進行「國防合作」,這些國家都因為侵犯人權而被點名。接下來十多年,出口對象不斷增加。

國防工業

目前歐洲和北美分別占瑞典武器出口總量 50％和 10％,由於對這兩個地區的銷售已出現停滯,瑞典軍火業遂把出口市場轉向其他地區,目前出口至亞洲(包括中東)的占比是 30％,拉丁美洲和非洲的占比是 10％。[58] 負責生產以及行銷武器、國防設備暨服務的公司(即便不完全是專門生產軍火設備的公司)往往是「瑞典安全與防務協會」(SOFF)的成員。該協會轄下有七十多家公司,包括一些大型跨國公司,僅在瑞典就雇用 3 萬多名員工,營業額達 35 億歐元,這是一個實力不小的游說團體與國貿大咖。[59] 進口材料若用於製造或維修瑞典軍用產品,可享免稅待遇,形同對出口提供補貼。紳寶集團可說是瑞典武器製造商中最知名的企業集團,它生產各種軍用產品,包括獅鷲戰鬥機(Gripen)、古斯塔夫無後座力炮(Carl Gustav rifle),占瑞典武器總銷售額的 50％。戰機在瑞典武器出口的占比最大,其次是裝甲車和雷達設備。[60]

瑞典政治

雖然瑞典的議會民主制可追溯到 16 世紀,但一百年前左右才出現普選,每四年改選一次。國會議員透過比例代表制而非選區直選產生,國會選出總理,由總理負責組閣,通常與其他政黨

聯合組成內閣。雖然是君主立憲制，但瑞典的所有政策由總理（政府部門與內閣的最高領導人）決定，而不是由國王（國家最高元首）決定。國會有 349 名議員，來自八個政黨，其中社會民主黨、中間黨、溫和黨、瑞典民主黨、綠黨占主導地位。瑞典政治通常由中間偏左政黨主導，儘管有時是中間偏右政黨聯合組閣。自 20 世紀初以來，瑞典在和平時期保持不結盟政策，例如不加入北大西洋公約組織（NATO）；若是在戰爭時期則保持中立，如二戰期間以及冷戰時期。

沙烏地阿拉伯歷史

沙烏地阿拉伯王國從 1900 年代初開始存在，這是紹德家族（Saudi family）併吞內陸部落並掌握大權後的結果，只要沙國尊重英國對波灣小酋長國和南葉門（當時的亞丁）的控制權，英國就會默許紹德家族掌權。1930 年代發現石油後，沙國對美國石油公司讓步，允許美國石油公司有特許權，特許權的權利金直接匯給紹德家族，鞏固他們對國家的控制權。這筆財富讓沙國能協助中東地區其他幾個主要國家，包括埃及、敘利亞和約旦，挹注他們的國庫預算，讓沙國得以影響國內外政策和宗教活動。在國內，紹德家族感謝瓦哈比教派領導人協助，讓紹德家族得以大權在握，因此同意瓦哈比教派的要求，成立宗教警察嚴格執行伊斯蘭教規。包括男女有別不得交誼；女性在公共場合的穿著必須從頭包到腳；禁售酒精和豬肉；禁止私通、婚外情、同性戀；禁止信仰其他宗教，甚至外籍人士也要遵守這些規定。宗教當局祭出的重罰包括終身監禁、綁架異議分子、公開鞭刑、截肢、斬首或

石刑，最後一種懲罰適用於搶劫、吸毒、性行為不端、公然褻瀆。[61]

波斯灣衝突

伊拉克獨裁者薩達姆・海珊在 1990 年代初入侵波斯灣，面積雖小但石油資源豐富的鄰國科威特，隨後據悉又威脅要入侵沙國，這是第一次波灣戰爭的背景。美國遂派軍駐在沙國（又名伊斯蘭聖地），保護沙國的石油資源和美國自己的石油供應鏈，這激化了阿拉伯公民，尤其是奧薩馬・賓拉登以及「基地」組織（Al Qaeda）的信徒。賓拉登在 2000 年代初期對美國進行恐攻，美國隨後入侵阿富汗，清剿賓拉登在阿富汗的巢穴。美國稱基地組織與海珊政權有聯繫，並指控伊拉克擁有大規模毀滅性武器，所以伊拉克在 2000 年代中期的第二次波灣戰爭中再次遭到入侵。2013 年的阿拉伯之春，見證許多專制政權倒台，只不過取而代之的是內戰或另一個專制政權。在敘利亞，反對阿塞德政權的抗爭，以及美國在 2010 年代中期從伊拉克撤軍後的政權真空，導致伊拉克和敘利亞境內的極端恐怖組織「伊斯蘭國」（ISIS，也叫 ISIL、Da'esh，或簡稱 IS）意外崛起，一個原教旨主義的哈里發，屬於遜尼派穆斯林，獲得沙烏地阿拉伯支持。敘利亞總統阿塞德屬於阿拉維派（Alawite），該派是什葉派分支，在敘國是少數，阿塞德政權獲得同屬什葉派的伊朗以及在敘利亞設有軍事基地的俄羅斯支持。伊拉克政府由居多數的什葉派掌權，並與 ISIS 交戰，諷刺的是，這次伊拉克出兵竟然獲得美國與伊朗支持。同時，在阿拉伯半島南端的葉門，伊朗支持的什葉

派胡塞叛軍反對沙烏地阿拉伯支持的遜尼派政府，導致葉門爆發內戰。[62] 因此，中東地區的教派衝突層出不窮，讓該區成為全球武器出口的主要市場。

外交危機

瑞典的社會民主黨在 2014 年重新執政後不久，瑞典承認巴勒斯坦國，獲得全球高度肯定，甚至受邀在 2015 年初的阿拉伯聯盟大會上致詞。不過瑞典新任外交部長瑪戈特·瓦爾斯特倫（Margot Wallström）女權主義色彩鮮明，曾公開表示，她將推動女權主義的外交政策，亦即性別平等是瑞典與其他國家進行開發，以及安全合作的先決條件。她在 2015 年初在國會發表演說時，重申這個立場，指出沙烏地阿拉伯一些眾人所知的事實，包括紹德王室擁有絕對的權力、允許公開鞭刑、婦女受到箝制等等。她的談話引起軒然大波，在沙國帶頭呼籲下，海灣合作委員會、伊斯蘭國家組織、阿拉伯聯盟等紛紛提出譴責，阿拉伯聯盟最後「放棄邀請」瓦爾斯特倫在大會上致詞。也許更最重要的原因是，據悉她在批評沙烏地阿拉伯時，譴責伊斯蘭教法並嘲弄伊斯蘭教。[63]

企業締造和平

瑞典政府受到聯合執政夥伴「綠黨」的壓力，隨即宣布不再延長與沙國的武器買賣條約。這讓瑞典國防工業相當意外與不安，因為這些潛在交易若喊卡，將讓他們喪失可觀的收入。因此三十多家武器製造商的領導人聯合在報紙上刊登廣告，反對政府

這一決定。過沒多久，瑞典官員組成的代表團前往沙國，他們帶著瑞典國王寫給沙國國王的信函，為之前造成的誤解致歉，並強調瑞典絕無批評伊斯蘭教之意。瑞典當局似乎注意到，波斯灣國家和其他不重視民主的新興經濟體，對瑞典是非常有價值的貿易夥伴，不應冒犯他們，瑞典的例子讓歐洲其他自由國家引以為鑒。不過，不延長之前簽訂的武器條約對瑞典軍火工業造成的立即衝擊少之又少，因為這些條約已給他們帶來長遠利益。光是在2014年，他們約進帳10億歐元。不過，未來對波灣地區和與其他新興國家出口武器的前景，很可能受到瑞典現行女權與人權掛帥的外交政策影響。

關鍵問題

歷史上，透過戰爭永久解決國家之間爭端的成效如何？衝突過後，國際和社會上沒完沒了地「暴力來暴力去」的惡性循環，可以繼續到什麼程度？

開戰理由的政治言論背後的經濟利益是什麼？如果在國際範圍內形成和平，武器工業的存在和發展會發生什麼？

關於開戰原因的政治說法，背後牽涉什麼樣的經濟利益？如果國際大範圍出現和平，軍火工業的存在性和發展性會發生什麼變化？

軍火工業是否關注自身利益，因而傾向於游說政府發動軍事侵略而不是進行政治外交談判？擁有一支裝備精良的軍隊是否會讓政府在宣戰之前，較不會用盡所有外交談判的機會？

軍火工業若沒有政府補貼就無法獲利，那麼在新自由主義

的自由市場經濟體內，又該如何合理化補貼呢？公民憑什麼納稅補貼軍火工業的出口？憑什麼犧牲自己的教育、健康醫療，和住房來補貼軍火工業？

為什麼政府稱沒有足夠預算撥給社福，但又決定繼續補貼國防工業、採購武器、資助軍隊甚至開戰呢？到底出於什麼原因，政府不承認和平的明顯經濟紅利？

如果戰爭的參與者愈來愈多是叛亂分子和恐怖分子，而非國家，那麼對遵守國際條約和公約的政府或多邊國際機構會有什麼影響？武器製造商提供國家和武裝勢力武器，結果造成基礎設施受損與平民死傷，讓這些武器製造商承擔經濟和刑事責任的可行性有多高？

第八章

金融詐騙巧計與洗錢

Credit: Drozdin Vladimir/Shutterstock

概述

　　20 世紀末，陸續放鬆對金融市場的管制，人為地促進世界經濟成長，幫助跨國公司和富豪，將他們的資金轉移到世界各地，特別是轉移到國外的避稅天堂。毒梟、政治獨裁者、軍閥、恐怖組織和腐敗官員等等，也能更容易地轉移可疑的收入。至2010 年代末左右，洗錢活動可能已近 2 兆美元規模，洗錢這類影子交易已成為世界經濟的重要一環。本章追溯合法的銀行部門如何協助腐敗的地方官員、公司貪汙者和犯罪組織轉移資金。洗錢與不當轉移資金剝奪了開發中國家的投資機會，損害社會經濟成長，特別是開發中國家受害尤重。這種資本外移可歸因於以下因素：貨幣波動、轉做高風險投資、市場不確定性、聲譽受損、讓相關經濟體都受到重傷的危機。由於本書涵蓋的其他影子交易都依賴避稅天堂、洗錢，和其他形式的金融詐騙手法來保障收益，因此若實施更嚴格的金融管控和統一的稅收制度，他們的商業模式肯定會被破壞。

　　本章涵蓋的關鍵問題包括非法資金流動、離岸金融中心、逃稅、轉讓定價（transfer pricing）、自由貿易區、體育和博弈、房地產投資、私人服務銀行（private banking）、非正規經濟和互聯網轉帳。

資本漂移

▶ 資金短期停靠選擇────────────────────

一項針對非金融性交易與資本外流（未留紀錄）所做的研究發現，自 1990 年代末以來，大量資本從開發中國家流出到工業化國家，破壞了前者的經濟成長實力。多年來，開發中國家因為國際收支出多入少、貿易發票金額開立不實、使用避稅天堂，損失了 13.4 兆美元，儘管估計方法無法區分非法和合法的資金流動。[1] 雖然有資金也會從工業化經濟體流入開發中國家，但這些資金背後的投資人會在開發中國家獲得高額報酬並享有優惠稅率，這是新殖民主義經濟的典型特徵（圖 8.1）。他們再把利潤從開發中國家轉出去，耗盡開發中國家的資源，後者仍是經濟窮國，公民的生活水平因而停滯甚或惡化。像聯合國和經合組織這樣的政府間組織，可能已足以說服大多數國家，有關洗錢的問題需要有一個多邊協調與因應的機制，但這些協議的有效性被打上問號。[2] 自本世紀初以來，反對金融外逃的政策（包括洗錢），已蔓延至全世界大多數國家，儘管至少在開發中國家，這點並非因為開明的思想或經濟利益使然。在全球經濟裡，像美國和歐盟這樣的霸權國家向來特別堅持要合規，以及伴隨合規與否而來的獎懲措施，因此開發中國家反金融外逃政策主要是受迫於工業化國家脅迫，遂模仿工業化國家的做法，或是和工業化國家互別苗頭。

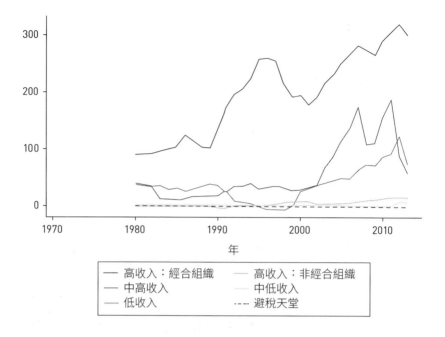

**圖 8.1　根據國民收入水平計算稅收損失的金額，
　　　　　單位：10 億美元 [3]**

資料來源：本圖由聯合國大學世界經濟發展研究所授權轉載。原始研究係由聯合國大學發展經濟研究
所宏觀經濟管理（M-EM）委託進行。

▶ 洗白貨幣

　　洗錢以及避稅天堂的密切關係並非新的影子交易，因為商
人自古以來就試圖掩藏合法生意賺到的利潤，當然也隱藏非法事
業的利潤，以免被貪婪的政治人物、港口官員和皇室覬覦。在

20 世紀初，據說美國的黑手黨藉開設合法的洗衣店買賣自製的私酒、毒品和其他可疑的收入，因此有了洗錢一詞。避稅天堂作為洗錢的管道，在 1960 年代出現明顯成長，主要地點在加勒比和南太平洋地區，這些地點結合保密、監管、政治情勢等條件，成為洗錢天堂。這些地區的前殖民國試圖限制這些業務，但由於這些微型國家（microstates）沒有其他經濟活動，因此任何監管倒頭來都證明不可行。[4] 近幾十年來，備受關注的通訊技術發展、被放寬管制的全球金融市場，在在為掠奪政權者、開發中國家（尤其是轉型經濟體）的貪汙腐敗者、工業化經濟體，以及新興經濟體的鉅富、犯罪集團、軍閥和恐怖組織等等，大開方便之門，讓他們易於把不義之財藏匿在國外。值得注意的是，21 世紀初左右，聯合國估計跨國洗錢已達每年 1.6 兆美元的規模，約占全球 GDP 的 2％至 5％，[5] 而且成長力道沒有減弱的跡象。

資金為何流出

▶ 定義避稅

洗錢

按照一般的理解，洗錢是一種過程，目的是漂白非法獲得錢財的管道，以及非法使用非法獲得的錢財，讓他們看起來彷彿來自合法的管道。在許多司法管轄區，任何一方為自己或他方取得、儲存或使用這類錢財，都可能被司法追究洗錢的責任，包括

沒收錢財。多層化（layering），亦即透過複雜的交易，往往發生在允許金融保密的司法管轄區（如避稅天堂）。多層化被用來洗錢，拜數位化技術之賜，支付方式得以不斷翻新。[6] 在之前的幾十年裡，洗錢調查的主要對象是非法毒品貿易，而不是企業以及鉅富的不當金融行為。後者可以被視為金融惡霸，因為他們的獲利超過其應得的比例。2001 年 9 月 11 日恐怖攻擊發生後，美國「愛國者法案」授權政府機構廣泛權力，包括防範、調查和起訴恐怖活動，也包括資助這些活動所進行的洗錢活動。雖然擴大全球金融監控得到普遍支持，但令人擔心的是，世界各地對資助恐怖主義的定義不盡相同，也不甚了解傳統的金融轉帳系統，以及慈善或社會組織在不同經濟條件下的角色。[7]

避稅天堂

與洗錢密切相關的一個問題是透過離岸金融中心（OFC）避稅，由於他們有保密法，所以這些中心往往透過合法銀行進行洗錢，而國際律師事務所和會計顧問公司會居中牽線提供便利。更為人熟悉的是避稅天堂，外國機構和個人從其他司法管轄區開始交易，然後在避稅天堂完成核算。避稅港對於非離岸中心公民具有吸引力，因為有稅率優惠和其他獎勵措施，如給予他們的保密性。[8] 毫無疑問，離岸金融中心從放寬金融管制中受益匪淺。它們為跨國公司和鉅富提供重要服務，這些人可能包括備受矚目的演員、運動員、音樂家、企業家、宗教大師，以及皇室成員等等，讓他們進行稅率套利。因此，他國政府很難確定流經這些離岸中心的資金是否涉及逃稅或洗錢。[9] 據稱，一個西西里黑手黨

家族掌握加勒比海小國阿魯巴（Aruba）的大部分經濟，為了洗錢目的，幾乎控制了該國政體，但此事在法庭上未獲得證實。[10] 工業化國家試圖透過政府間組織希望加強監管離岸金融中心，並將其中不太合作的國家（許多是開發中經濟體）列入黑名單，這被視為另一種新殖民主義形式，因而備受爭議。如果一些開發中國家的離岸金融中心有能力洗錢，那麼流經倫敦和紐約等在岸中

表 8.1　金融保密指數全球排名 [13]

排名	司法管轄區	FSI 值 [6]	FSI 份額（%）[7]	保密性得分 [4]	全球規模權重（%）[5]
1	瑞士	1589.57	5.01	76.45	4.50
2	美國	1298.47	4.09	59.83	22.30
3	開曼群島	1267.68	4.00	72.28	3.79
4	香港	1243.68	3.92	71.05	4.17
5	新加坡	1081.98	3.41	67.13	4.58
6	盧森堡	975.92	3.08	58.20	12.13
7	德國	768.95	2.42	59.10	5.17
8	台灣	743.38	2.34	75.75	0.50
9	杜拜	661.15	2.08	83.85	0.14
10	根西島	658.92	2.08	72.45	0.52
11	黎巴嫩	644.41	2.03	72.03	0.51
12	巴拿馬	625.84	1.97	76.63	0.27
13	日本	623.92	1.97	60.50	2.24
14	荷蘭	598.81	1.89	66.03	0.90
15	泰國	550.60	1.74	79.88	0.13
16	英屬維京群島	502.76	1.59	68.65	0.38
17	巴林	490.71	1.55	77.80	0.11
18	澤西島	438.22	1.38	65.45	0.38
19	巴哈馬	429.00	1.35	84.50	0.04
20	馬爾他	426.31	1.34	60.53	0.71

心的更龐大資金，就更應受到譴責（表 8.1）。

整體而言，開發中國家的政府特別依賴外國直接投資，為了增加國庫稅收，提供外商特許權使用費、關稅、工資稅、營利事業所得稅等優惠，然而大約三分之一的跨國投資是由跨國公司透過離岸金融中心進行。創造性會計和稅務規劃似乎已成為跨國公司與管理顧問公司裡會計部門存在的理由。他們的避稅行為每年讓開發中國家損失約 1000 億美元，平均每十個百分點的離岸資金就會讓外國直接投資可被課徵的稅金降低一個百分點。[11]2013 年，美國企業獲利中，約 31％（或 6500 億美元）靠國外投資（即使有些企業在海外根本沒有任何業務）。細究其獲利來源後發現，愈來愈大比例獲利（即 55％）來自於荷蘭、百慕達、盧森堡、愛爾蘭、新加坡和瑞士等六個避稅天堂。[12] 值得注意的是，英國透過全球金融中心的地位——倫敦金融城以及在當地註冊的銀行，與澤西島和曼恩島等皇家屬地的避稅天堂緊密相連。再者，英國也透過代理銀行，與開曼群島、巴哈馬和百慕達等海外領地，以及馬爾他、塞浦路斯和香港等前殖民地緊密相連，這些地點都是英國合法金融機構的重要離岸避稅港，而且都有廣泛的保密法。

▶ 計算總額

政府間組織和個別研究員根據不同的計算方式，對收益跨境轉移以及此舉給世界各國帶來的稅收損失作出各種估計。國際貨幣基金估計，在 2010 年代末，經合組織的國家因為避稅天堂

造成的稅收損失為 4000 億美元，而開發中國家的稅損是 2000 億美元。根據經合組織自己的估計，2014 年高收入和中等收入會員國的營業所得稅稅損，約占營業稅總收入的 4％至 10％，但低收入會員國的稅損則高出甚多，達 7.7％至 14％。[14] 此外，聯合國貿易和發展會議（UNCTAD）估計，約 8％的營業所得稅稅損是因為海外避稅所致，其中近一半的稅損由低收入國家承受。由於稅收占開發中國家 GDP 的比例較低，跨國公司藉跨境轉移利潤造成開發中國家稅損的比例也更大，約占其 GDP 的 6％至 13％，而在工業化國家和新興經濟體的占比約為 2％至 3％。[15]

具體來說，開發中國家的非法資金流動約占其貿易總額的 14％至 24％，在 2005 年到 2014 年這十年間，每年增長 8.5％至 10.1％。光是 2014 年，資金外流估計在 2∼3.5 兆美元之間，反觀資金流入則少了許多，估計在 1.4 到 2.5 兆美元之間。[16] 傳統上，估算非法資金流動時，主要根據商品貿易的不實發票以及國際收支的差異，前者更容易衡量，約占此類資金外流的 87％。全球面臨這類逃稅稅損的總額逼近 3.1 兆美元，占全球 GDP 的 5.1％。[17] 將這些數字放入背景與脈絡後發現，非法資金外流遠超過工業化國家合法流入的海外發展援助金額，咸信後者每年貢獻的金額約 1350 億美元。[18] 因此，逃稅和洗錢是這類影子交易歷久不衰的一個主要經濟動力，透過非法資金外流以及靠避稅天堂幫忙。

▶ 掠奪更窮的人

面臨逃稅之害的前十大國家絕對包括美國、德國和日本等

工業化經濟體，以及巴西、俄羅斯和中國等新興經濟體。但因逃稅而損失最大比例醫療預算的國家大多是開發中國家，尤其是玻利維亞、巴布亞紐幾內亞、賴索托等較小的國家。[19] 肆無忌憚的金融詐騙手法影響開發中國家的預期壽命、醫療、貧困、犯罪、文盲，和其他一系列社會問題，隨著時間推移，這些問題變得更難解。正如聯合國可持續發展目標所言，教育可以發揮重要作用，協助結束貧困和促進經濟正義，但各國政府在這方面的資金仍顯不足。全球教育資源短缺 390 億美元與大公司和富人透過避稅天堂避稅有直接關聯，但這連結卻被大家漠視。諷刺的是，有人認為藉投資開發中國家某些合法經濟項目來洗錢，有助於創造就業機會以及支持創業精神。這也許能讓少數公民在經濟上受益，但對這些國家的大多數人而言，卻要付出巨大的社會代價。洗錢這一個犯罪行為似乎沒有受害者，除非考慮到政府的稅收損失，然後稅收減少，會讓政府反過來限制社會服務和重要基礎建設的預算。稅收是開發中國家和新興國家的財源，卻被貪汙犯和腐敗人士挪用，然後將錢移往海外工業化國家或是周邊的富裕避稅港。更有效率的外匯管制、更嚴格的金融監管、有效的執法、對貪腐人士祭出更重的懲罰等等，都是大家長期以來視為解藥的辦法。除了在區域層面上提高透明度和一致地對財富課稅之外，對金融交易課徵最低 1％ 的國際稅亦可貢獻 600 億至 3600 億美元的稅收，這將為聯合國推動的永續發展提供足夠資金。[20] 然而，像托賓稅（Tobin Tax）這類約束金融交易的主張，可惜僅獲得少數學者支持，卻被力主放寬金融管制的跨國公司、銀行、股票市場、新自由資本主義經濟體的鉅富們強烈反對。[21] 其實，若

能讓他們的利潤不能被視為合法財富,將減少大家對洗錢、避稅天堂和其他形式金融巧計的需求,當然反之亦然。

賭徒和經銷商

▶ 主流企業

跨國企業

雖然離岸金融中心(避稅天堂)因支持恐怖主義和犯罪集團的洗錢行為而被追究責任,但它們卻不受干擾地協助跨國公司進行可疑的避稅和逃稅行為。因此這些大公司得到當地小型企業難以超越的不公平優勢,這是開發中國家和新興經濟體政府面臨的一個挑戰。在印度的一千五百家跨國公司中,與避稅天堂有連結的公司在財報上有系統地申報較低的獲利,並支付較少的稅款。[22] 同理,針對歐洲五十多萬家製造工廠所做的研究發現,在同一個國家,外資企業比內資企業少繳了更多營業稅。跨國公司係透過移轉定價(transfer-pricing)、特許權使用費、授權金、公共政策(如優惠稅率)等方式,移轉利潤或債務。[23] 無形資產(如服務)移轉定價,以及跨境業務的數位化,極大程度地為減少繳稅創造了更多機會。顯而易見,許多國家針對移轉定價和移轉利潤所制定的防範措施,無益於解決跨國公司的逃稅行為,特別是跨國公司在不同國家的法律實體,往往被視為互不相屬的獨立個體。

自由貿易區

自由貿易區（FTZs）、出口加工區（EPZs）和經濟特區（SEZs）已在一百三十多個國家成立，世界銀行大力推動，將他們視為刺激經濟成長的有效手段，因為有助於吸引外國投資、增加就業機會與出口收入。[24] 雖然工業化國家也有類似的自由貿易港和科學園區，但主要還是出現在開發中國家和新興經濟體，總計國際貿易量約 5000 億美元。然而，各國政府向跨國公司及其供應商提供的獎勵優惠措施包括營收免稅、進口原材料免稅、放寬貿易管制、不受勞動法規以及一般國內法律規範，所有這些措施也都有利於洗錢和逃稅。在自由貿易區和出口加工區內進行的非法活動包括人口販運、綁架、契約勞工、麻醉品走私、贓物、搶盜和運鈔。由於減少對高運量貨櫃的監督，因此通常會被課重稅的其他貨物（不管是違禁品還是非法貨物）得以在中途換船運輸或是重新改包裝。由於買賣非法物品的非法所得在這些地區進行漂白（洗錢）非常普遍，方式是透過空殼公司（front companies）、貨幣兌換、複雜交易等方式，手法包括開具多張發票浮報、幽靈運貨船、偽造文件等等。[25] 這種仰賴貿易的洗錢方式具備一個重要好處：可以建立在合法的經濟體內，不需真的有貨物需要跨界運輸，自然也不用擔負相應的風險。

銀行和保險業

衍生性商品、換匯換利交易（貨幣互換）、對沖基金已經成為全球市場上管理金融風險時幾乎不可或缺的手段，透過投機性的期貨買賣，買賣標的是本質價值可疑的一攬子脫離實體經濟面

的金融商品。[26] 這種金融工具在很大程度上導致了 2000 年代末的全球金融衰退,衰退源於美國的次級抵押貸款被包裝成債券販售,連累全球主要金融機構不得不接受政府紓困。[27] 這些不透明的金融商品通常由海外金融中心販售,因為相對不受監管,讓洗錢和逃稅人士也頗感興趣,其中包括資助犯罪集團和恐怖組織的人。同時,金融業中的保險業也不受政府審查。保險業靠著向消費者、公司和政府提供風險管理與投資等服務,創造高達 2.6 兆美元的收入。由於一般保險、人壽保險和再保險涉及全球業務,提供大量各式各樣產品,並廣泛使用經紀人等仲介代理機構,所以很容易被洗錢活動利用,包括不實保單、超額投資、不實理賠等等。[28]

體育和博彩

透過擁有俱樂部、交易球員、博彩活動、廣告贊助和轉播權,體育產業為非法企業的洗錢和逃稅提供機會。被確認為特別容易淪為洗錢工具的體育項目包括足球、籃球、板球、拳擊、摔跤、賽馬和賽車,其中一些項目與犯罪集團有著長期連結。足球本身是一項全球重要事業,有 30 多萬個俱樂部,3800 萬註冊球員和 500 萬名幹部,每次世界盃開打均吸引逾 10 億名觀眾。[29] 由於這些體育項目擁有高價值資產,主要以現金為交易基礎,並涉及跨國金融交易,這些都讓洗錢有機可乘。此外,體育也愈來愈與其他非法活動相連,例如服用興奮劑、非法賭博、販運年輕球員、貪汙腐敗。[30] 全球賭場使用籌碼、支票、貨幣兌換、賭博帳戶、大戶賭客旅行團,以及和其他現金密集型的金融行為,

所以特別容易受到洗錢的影響。雖然賭場的實際營業額不詳，但據悉全球賭場業的收入超過 700 億美元，大部分來自外國或非居民客戶。雖然表面上，賭場所在的 150 多個國家的國庫有稅收和授權金進帳，但這些好處的代價是，政府必須降低對這些賭場財務紀錄的審查。[31] 實體賭場往往位於治理有爭議、政治不穩定、貧困、幫派橫行的地區，而且通常是法律不存在或無法執法的地方。此外，賭博業拓展到遊輪上的「公海」、俱樂部的吃角子老虎、社區的體育博彩店以及博弈網站，讓司法管轄權的問題變得更棘手。

▶ 犯罪形態

非正規經濟

從事自然資源買賣的非法企業會透過金融手段將資金流出所在區域，以及對國際貿易中過境的貨物上下其手，造成國家龐大的經濟損失與高階貪腐現象，但並非所有影子交易都會被定調為犯罪。[32] 許多開發中國家和新興地區的非正規經濟活動較不會受汙名之累、能協助解決人民生計的問題、享有合法地位，有時甚至可以和當權者平起平坐。例如在西非，人口獲得金融服務的比例偏低，因此在制度上導致非正規經濟的比例居高不下，約占整體經濟活動的 60％ 至 70％。據觀察，合法企業和非法業務互相交織，密不可分。跨國犯罪集團可能通過各種影子交易，諸如毒品、武器和鑽石走私牟利，但這些資金可以透過各種非正式的金融管道進行洗白，以便至少部分資金可用於合法經濟活動。[33]

與此相關的是「旋轉木馬式逃漏稅」（carousel fraud），成立一連串小型空殼（門面）公司，為非法業務進行掩護，然後很快就結束公司或在公司被審計之前宣布破產，公司老闆往往在潛逃時已騙到增值稅（VAT），或是沒有依法支付公司的營所稅。

犯罪集團

在歐洲，義大利的各種黑手黨家族透過有毒廢棄物處理、人口販運、政府詐欺、賭博、武器銷售和放高利貸，在灰色經濟中扮演要角，靠著成立表面上經營合法事業的空殼公司洗白利潤。俄羅斯黑手黨組織不僅在自己的國家，也在整個歐洲和其他地區都很活躍，從事各種犯罪活動，包括性交易、毒品、詐欺、偽造、勒索、贓車、幌子公司，乃至銀行業務等等。[34] 雖然沒有關於俄羅斯資金外逃的確切數字，但據說在 1990 年代蘇聯解體後，立刻出現 1330 億美元被轉到海外。在亞洲，中國的黑社會勢力已從在香港的基地擴展到歐洲、北美和澳洲等國，從事賭博、色情買賣、人口販運、偽造、勒索、放高利貸以及洗錢。日本山口組織在日本的合法商業和銀行業中具有相當大的影響力，營業額估計達 900 億美元，並已擴展到東南亞和澳洲，據傳在美國金融市場投資了 500 億美元。在非洲，奈及利亞的犯罪網絡估計每年在非洲地區和全世界範圍內透過石油和天然氣、銀行和金融、住房和福利、航運和販毒等領域的詐欺行為，大賺 35 億美元，更不用說每年靠著網路詐騙（例如惡名昭彰的四一九請願電子郵件），進帳 1 億美元之多。[35]

毒品走私

　　整體而言，毒品走私約占跨國犯罪組織收入總額的一半，儘管這還不到全球合法 GDP 的 1%。拉丁美洲和亞洲的犯罪集團雖然向所在區域的市場販毒，但主要銷售市場是北美和歐洲等國際市場。毒品買賣的大部分利潤是靠在工業化國家的收入，只有一小部分用於在開發中國家生產毒品。北美和南美的毒品買賣利潤淨流出的主要目的地是加勒比地區，估計約為 60 億美元，儘管前述地區濫用毒品的社會經濟成本估計是犯罪收入的兩倍。[36] 巴基斯坦在地理位置上位於阿富汗、伊朗和印度之間，該地區種植和販運鴉片，利潤往往被用於資助恐怖主義。[37] 雖然毒品走私者需要洗白大量現金，也許比其他犯罪分子更頻繁，但毫不令人意外，毒梟往往不靠專家協助洗錢，而是透過非正規的貨幣兌換商洗錢，或者利用親屬的生意網絡。然而，洗錢防制措施無法百分之百擴大對罪犯的搜索範圍，因為至少在毒品買賣中，洗錢者基本上就是參與前置犯罪（predicate crime）的人。[38]

陽奉陰違的慈善機構

　　由於慈善機構作為非營利組織獲得民眾普遍信任，所以若跨國轉移大量資金，透過非正式手法收集現金，比較不會受到監管，而且還享有免稅待遇，因此被恐怖組織利用，資助恐怖活動。然而許多國家發現，對於慈善組織非法資金流動的監督問題重重，這些慈善機構作為非營利組織在許多社會（尤其是開發中國家）提供重要服務。除了調查對恐部分子公開表示同情的負責人，以及可疑的資金來源、金額和用途之外，政府必須謹慎行

事，在滴水不漏地收集與共享情資時，不會影響善心人士繼續為公益事業貢獻善款。[39] 恐怖組織和跨國犯罪集團會透過合法和非法的慈善機構，進行洗錢以及將資金挪移到海外。這兩類組織都不排斥利用影子交易，諸如掠奪遺產、販賣衝突礦物、販運人口等方式募資，然後進行洗錢，過程中可能會倚靠（也可能不靠）慈善機構與避稅天堂。

▶ 為虎作倀的管道

私人銀行服務

離岸銀行服務的保密性有助於對政府隱瞞非法、腐敗，和其他不道德經濟活動的不當收益，以及對稅務機關、商業夥伴，和家庭成員隱瞞合法賺來的財富。保守估計約7.3兆美元（或8%的全球家庭財富）被存放在避稅天堂，導致 1900 億美元的稅收損失。開發中和新興經濟體在離岸財富的占比最高，如拉丁美洲為 22%，非洲為 30%，俄羅斯為 50%，在波斯灣國家為 57%。[40] 雖然透過律師和會計師建立錯綜複雜的財稅結構與稅務規劃算得上合法（儘管可能道德觀感不佳），但在大多數的司法管轄區，逃稅肯定是非法的。但是挑戰這些規避法律的避稅計畫，以及追徵未繳稅款的過程，對全球的政府而言，必須花費大量的時間、金錢和專業知識。特別是在法律監督薄弱的開發中國家和新興國家（如避稅天堂），這些刻意複雜化與不透明的稅務安排，易導致資本外逃，客戶也容易在逃稅上動手腳，但這些國家會受多大的影響，很難量化。[41] 然而由於信託公司與提供相關服務的

業者，在協助客戶建立和管理合法資產方面（例如持有與轉移資產），有其一定的功能與角色，所以至今依舊是完全合法的理財仲介機構。

互聯網轉帳

就洗錢而言，互聯網可讓人輕鬆成立公司、仰賴低成本的通訊方式、移花接木有信譽的圖像來源、匿名收取金融收益，關鍵是，網路還允許大家在執法不力的管轄區進行以上所有功能。可以說，互聯網不用為洗錢創造新的機會；它只是簡化體制外傳統的資金轉移方式，例如中東的哈瓦拉系統（hawala）和東亞的印鑑證明（chop）。[42] 較新的支付方式，包括預付卡、互聯網支付與手機轉帳，也引起洗錢人士和資助恐怖主義人士的興趣，因為這些方式具有匿名性、可轉讓性、可透過 ATM 提款機全球存取等等。相對而言，這些金融管道無需紙本文件，所以能繼續與受管制的電匯服務競爭，讓移工方便匯款回國；也能與官方銀行競爭，因為官方銀行對進口商有外匯限制，而網路更方便，可支付虛擬商品，以及作為洗錢手段。

加密貨幣

顛覆性的數位技術，例如允許用戶匿名轉移有價的數位貨幣或加密貨幣，這對非法企業具有吸引力，因為它們能夠掩飾與供應商和客戶的交易，並轉移收益。研究後發現，這類的交易金額從幾千美元到幾百萬美元不等，涉及毒品、贓物、種族主義宣傳、敲詐勒索、網絡詐欺、偽品和其他可疑的經濟活動。[43] 隨著

全球電子商務持續成長，包括在暗網上（Dark Web），此類加密貨幣在邏輯與經濟意義上都說得通，任何遲來的監管都需要認清，並非所有此類交易都是非法。[44] 事實上，基礎區塊鏈技術或可用於追蹤交易，為了提高透明度，負責執行記帳。然而，沒有放諸四海的統一標準，許多司法管轄區對加密貨幣交易設定不同的門檻或上限。仍然不易確認這些方法對洗錢、資本外逃和逃稅會造成哪些風險，因為過程中存在太多中間人，例如支付卡供應商和零售商，被認為逍遙在現行法律之外。

不動產投資

為了洗錢的目的，大筆金額購買不動產時常以現金交易，這讓犯罪分子能夠方便地混入非法資金、掩飾所有權，並將其投資漂白為合法資金。投資對象往往是位於加勒比海、地中海、波斯灣，或太平洋島嶼上讓人嚮往又搶手的房產，甚至是整個私人島嶼，這些地點也是方便的避稅天堂。更不用說像倫敦和紐約這樣時尚的大都會，這些城市房價之高，往往將當地人排除在購屋族之外。至於倫敦與紐約之外的城市，已有資料證明俄羅斯的寡頭和貪汙犯在德國德意志銀行的協助下洗白資金，然後德意志銀行再慷慨地資助他們購買川普集團開發的房地產項目。[45] 在加拿大，毒販被揭露在溫哥華投資 50 億加幣購買房地產，包括向這些投資客提供非正規貸款，除了幫他們清洗資金，同時也賺取高額利息。[46] 這現象確實引起另一個國家澳洲提高警覺，來自中國的買家是澳洲最大的房地產投資族群，僅在一年內就向房地產市場注資 240 億澳幣。[47] 據報導，靠馬來西亞主權發展基金

（1MDB，簡稱一馬發展基金）貪汙而得的 10 億美元被轉投資到英國和美國的房地產。杜拜因為對企業監督不嚴，已被美國國

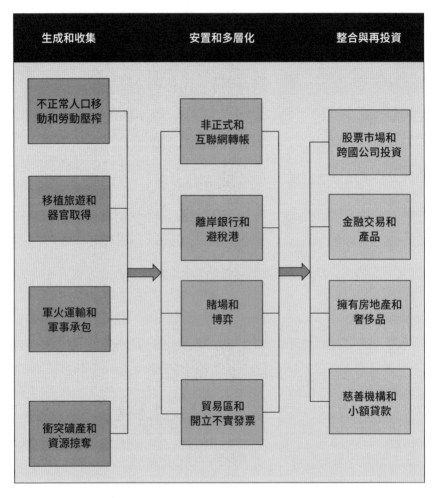

圖 8.2　洗錢的過程

務院列為這種做法的「關注管轄區」（jurisdiction of concern）。事實上，因捲入毒品、資助恐怖主義、核擴散和貪汙腐敗而受到制裁的個體，被發現在杜拜擁有的豪華房產價值約 2820 萬美元，這些人名下的企業另外擁有 788 億美元資金。[48] 因此，位於所在區域或國際資金流動十字路口的所有主要金融中心提供多種手段，藉多層化轉移和洗白從各種非法業務中的獲利，讓這些資金得以進入合法的世界經濟活動（圖 8.2）。

遏制騙局

▶ 處罰政策

　　打擊洗錢的措施若要成功，各國需要認清，唯有結合經濟脅迫、實質誘因（獎勵）和道德論述三面向，才可能成功。七大工業國在 1989 年的巴黎峰會成立金融行動特別工作小組（FATF），一開始試圖說服成員國採用統一標準打擊洗錢。但在 2000 年改弦易轍，脅迫沒有採用這些標準的其他國家配合，脅迫方式是將其列為防制洗錢的「灰名單」，或是在國際貿易對他們實施差別待遇，因而引發爭議。這種經濟帝國主義（economic imperialism）因為美國的世界經濟霸權，確實可能被實現。隨後 FATF 將洗錢與資助恐怖主義和毒品買賣掛勾，進一步將防制洗錢視為全球性課題。[49] 此外，新興國家和開發中國家被鼓勵將這些措施視為當務之急，確保高達 2 兆美元的非法資金

不會外流，以免不發達的狀況沒完沒了繼續下去。追蹤、凍結和歸還這些資產的關鍵是立法，為了讓有雄厚財力、握有影響力的公司和個人願意和解，可允許他們在不被定罪的基礎上，追蹤、凍結和歸還這些有問題的資產。然而只有少數幾個經合組織國家有這樣的政策，成功讓14億美元這類資產被凍結，但也只有1.47億美元（即十分之一）歸還給被盜的開發中國家。[50] 由於證明犯罪行為很複雜，所以應該要求當事人出具證明，證明財富是合法取得，這應足以辨識合法與否。

　　儘管大多數位於避稅天堂的銀行，在 1990 年代末漸漸遵守國內和國際的防制洗錢規定，但在辨識帳戶是否是人頭戶以及是否允許外國監管機構的存取權，目前仍存在諸多缺陷，只不過若牽涉刑事調查時，可能會有例外。[51] 隨著各種政府間組織，如經合組織、二十國集團、世界銀行等等，倡議立法並推廣最佳的做法與措施後，防制洗錢在國際上愈來愈受重視。這些措施包括實體的實際所有權人需要透明化、交易要申報、交流稅務資訊、資金流動要課稅、遏制買賣開立不實發票。[52] 到了 2010 年代，公眾已無法容忍金融機構參與洗錢和前置犯罪（如貪汙和內線交易），因此政府政策轉彎，加大執法和起訴的力度。但在工業化國家和開發中國家，大型銀行、公司、產業和金融中心（包括離岸與在岸）反而與當局達成逃稅協議（內容未被披露）。[53] 因此，應該回流的在岸資金未如預期出現，避稅天堂也繼續存在，彼此大打租稅優惠吸引資金，甚至透過會計師和律師設計創新金融產品，規避新的監管制度。[54]

▶ 貪腐追蹤觀察

　　雖然貪汙似乎有助於為奄奄一息的開發中國家續命，就像為車輪上油否則轉不動一樣。但它肯定會影響金融系統的效率、公共基礎設施的建設、稅收和創造就業等等，而這些莫不影響到本國的公民。由於公職人員非法獲得的資產往往需要轉移到國外，然後掩蓋在全球金融體系中，以免被發現，因此系統性腐敗與資本外逃、洗錢和避稅港息息相關。[55] 國內的合法銀行和國外的避稅天堂，加上非正規的地下資金轉移網絡、賭場等等，都是清洗這些非法資金的共謀。[56] 腐敗的政治家、官員、警察、法官等當權者有時會與犯罪集團勾結，後者可能控制著像廢棄物處理這樣的壟斷性事業，或是經手違禁品之類的非法業務，尤其是在政治不穩定的國家。因此，反腐敗工作必須有反洗錢立法做後盾，這些立法強調跨國合作，例如分享金融情資、查扣資產等等，開發中國家與工業化國家合作時，前者向後者提供資產擁有人的身分，因為他們多半將非法資金存放在工業化國家。[57]

▶ 貿易透明化

　　儘管反洗錢機構傳統上側重於監測金融機構中的可疑交易，但現在愈來愈常審查進出口商品的異常定價。被美國列入支持恐怖主義黑名單的 25 個國家中，分析他們的貿易交易數據後發現，在 2000 年代初期，用這種方式移動的資金約為 42.7 億美元。[58] 當瑞士將反洗錢政策擴及到所有金融機構後，從瑞士流向

美國的資金，不論是波動性或是金額都大幅增加。這顯示，商品貿易被用於轉移利潤，而轉讓定價就是中間的巧門，這也說明，企業非常善於尋找新管道因應改變的法律與規定。[59] 此外，律師和會計師可能有意或無意地被客戶牽連到洗錢活動中，因而受到起訴並被吊銷執照。說到底，評斷所有監管措施的標準不是洗錢金額和外逃資本減少了多少，而是衍生或使用這些資金的犯罪活動是否被遏制。[60] 藉由強調防患於未然，可以把合法企業納入監管，以免他們協助洗錢，因此必須要求那些從事房地產、古董、珠寶和其他奢侈品的企業，向當局申報大金額的現金交易。

追蹤錢的軌跡

▶ 制裁和補貼

　　針對不合規定的行為，祭出嚴厲的制裁措施，如查扣、起訴和隔離，對小型開發中經濟體的金融業具毀滅性，恐造成經濟衰退和政治動盪，所以他們最好不要為虎作倀以免害了自己。[61] 經合組織點名並羞辱這些避稅天堂的國家，結果招致反彈，因為經合組織許多成員國的金融業也被發現未合規。一個激進的建議是，經合組織成員國從課到的稅款中拿出部分資金，賠償避稅港因合規而造成的財務損失，儘管這會衍生主權和依賴性的問題。[62] 雖然已經加強審計軌跡（audit trails）和資金分析，確定需要進一步調查哪些人物，但大家仍質疑這些方式能否阻斷非法資金

流動，以及在證據確鑿下，能否有效提出告訴。[63] 儘管法務會計（forensic accounting，譯注：或譯鑑識會計）或審計的工作很複雜，而且不保證次次都能被法律專業人士所理解，後者需要明確的證據才能定罪被告，但證明洗錢行為確有其事，對於起訴與洗錢保持距離的犯罪人士至關重要。[64] 關鍵問題可能是，反洗錢法上路後，靠著追蹤金融交易起訴洗錢實體變得更容易，但這些實體可能截然不同於那些進行和資助更嚴重前置犯罪的實體。

▶ 治外法權的範圍

　　由於領土權（territoriality）仍然是司法管轄權的主要基礎，包括洗錢在內的影子交易對任何國家的立法和執法都構成嚴重挑戰，因為這些交易都須跨越國界。我們亟需簽署國際條約，條約得納入有約束力的規定，要求每個母公司或控股公司必須對海外子公司的境外犯罪負責。[65] 如果因洗錢和前置犯罪而被起訴的概率，以及交易成本與犯罪利潤成負相關，那麼反洗錢政策原則上應有助於遏止企業與個人參與洗錢這類影子交易，以及與洗錢相關的跨界網絡。研究員依賴量化模型針對所有政策領域進行評估，研究法治、制度框架、民間企業在執法中的作用，結果發現，只有國際合作與降低犯罪率有關。這意味朝這個方向進一步努力應是有效的。[66] 如果洗錢被合情合理地視為嚴重的跨國犯罪，那麼所有與洗錢活動沾上邊的國家，都應該承認它對經濟、社會和政體的危害，無論這些國家是被歸類為開發中國家、新興經濟體還是工業化經濟體。[67] 由於經濟全球化和金融詐騙巧

計似乎相輔相成，所以對他們的監管和執法必須適當地去地域化（de-territorialised），並涵蓋涉及洗錢的影子交易。

論點總結

根據聯合國人類發展指數，依賴金融業的國家和依賴資源的國家一樣，經濟表現都是後段班。不乏文件記載資源詛咒的現象（resource curse），顯示許多開發中國家未能將其豐富的自然資源（如石油或黃金）用於經濟發展。可以說，規模過大的金融業左右國家的政治，愈來愈多的證據顯示，它對經濟的貢獻可能遠低於聲稱的數據，甚至可能是負的。金融業的主導地位往往會取代其他製造業和實業經濟，打著穩定政治的名義支持獨裁政府，並透過高薪吸引員工離開公部門和其他民間企業，加入金融業。[68] 儘管作為避稅天堂的小國可能同樣容易受到所謂的金融詛咒的影響，但這現象多半未受到正視。

未被大家充分承認的事實是，無論避稅天堂位於何處，不管是加勒比海或南太平洋的離岸地區，還是歐洲和北美的在岸地區，流向避稅港的大量資金來自全世界各地，包括合法和非法的經濟體。儘管當今數位時代有能力追蹤所有的資金流動，但政府和企業拒絕完全透明化，意味可靠的數字沒有被納入全球金融地理學。[69] 如果聯合國或經合組織對全世界的公民社會進行宣導，讓他們了解避稅天堂如何導致代價高昂的金融危機，以及沒收非法資金如何可為發展目標提供資金，即可說服公民要求自己的政

府、企業和鉅富必須扛責。[70]毫無疑問，光憑國際公約或條約無法保證能建立一個有效的多邊反洗錢制度，但透過提高民眾意識，可為變革注入動能，基本上這做法類似因應氣候變遷的方式。

暗領域

▶ 通往暗藏資金的路徑圖

　　世界各國政府不斷受到金融市場和國際提供資金的機構施壓，要求他們減少國內的財政赤字，雖然他們自己國家的富人紛紛將資產轉移到避稅天堂。大約 6.3 兆英鎊的資產集中在僅僅 9.2 萬人（或不到世界人口的 0.001％）名下。蘊藏豐富資源國家的菁英傾向於將他們的財富藏匿在海外銀行帳戶，而不是投資於國內經濟。然而，全世界的右翼政客都在兜售歷史上已信用破產的下滲經濟學觀點。下滲經濟學主張對富人減稅，鼓勵他們將利潤用於更多的投資和支出，最後窮人因獲得就業機會而受惠。堵住被跨國公司和鉅富擅鑽的金融漏洞，以免他們規避公平合理的稅賦，將有助於減少國家財政赤字。唯有如此，政府才能增加公共開支刺激經濟，而不是靠削減成本或是提高 99％乖乖繳稅民眾的稅賦來刺激經濟。

個人漏洞

根據稅收正義網（Tax Justice Network），全球鉅富在海外持有 13 兆英鎊（約 21 兆美元），相當於美國和日本的 GDP 總和。他們利用跨境稅收規則，將資金轉移到瑞士和開曼群島等對客戶個資保密的司法管轄區。排名前十大的私人銀行，如瑞銀、瑞士信貸和高盛，在 2010 年管理逾 4 兆英鎊（或 11 兆美元）的資金。這些銀行與法律事務所、會計事務所和投資公司聯手，利用世界經濟體制定的各種稅收制度，專門替高淨值客戶隱匿資產。國際清算銀行和國際貨幣基金估計，自 1970 年代以來，從開發中國家流出的資金足以償還其國際債務。

許多國家的大量礦產資源被少數商業鉅富和政治菁英控制，而國家債務必須由政府透過向人民課稅以及削減公共服務開支來償還。自 1990 年代初以來，近 5000 億英鎊（約 8000 億美元）及其投資收益出走俄羅斯，沙烏地阿拉伯自 1970 年代中期以來已損失 1970 億英鎊（約 3200 億美元）。奈及利亞損失 1960 億英鎊（約 3150 億美元）。若鉅富和公司的資產有 13 兆英鎊（約 21 兆美元），每年賺 3％，政府按 30％稅率課稅，國庫可進帳 1210 英鎊（約 2000 億美元）。這一金額超過高收入國家每年對低收入國家的援助。一般情況下，鉅富繳納的稅額微不足道，但他們卻希望從公共服務中受益，例如為他們的事業提供良好的公共基礎設施，為他們的客戶提供方便的大眾運輸，卻只想坐享其成，不願支付任何費用。71

如果取消公司營利所得稅，那麼富人只需在避稅天堂開幾個空殼公司，同時透過廣泛的網絡，保持實質受益人身分，又達

到不透明的目的。他們可以聲稱，他們的收入和紅利是公司的利潤，不應被課徵個人所得稅，因為在一些國家，紅利會退給免繳稅的公司。正是為了排除這種行為，許多高所得國家在第一次世界大戰前就開始課徵公司營利所得稅。不過鉅富魔高一丈，想盡辦法保護他們的財富，例如讓旗下的空殼公司為他們購買奢侈品，提供他們租處，或是提供他們永遠不需要償還的貸款。2010 年代中期的巴拿馬文件揭露的醜聞顯示，這些鉅富與權貴如何透過在加勒比海、印度洋，和南太平洋等地區的空殼公司隱匿他們的資金。在所有這些偏遠的島國，這些空殼公司都使用境外匿名董事（nominee directors），這麼一來，所有人的真實身分就很難被追蹤。巴拿馬文件被一個無私的匿名內部人士外洩，揭露超過 1.5 兆位元的機密（這些文件透過其他獨立而持續的調查得到證實），發現巴拿馬一家律師事務所為全世界政治領導人的家人、最親密的朋友和商業夥伴提供協助，捲入醜聞的政治領導人包括俄羅斯、敘利亞、辛巴威、中國、冰島和阿根廷等國，更不用說其他仍在位的國王、親王、將軍和總理，有些流亡海外或早已作古。[72]

企業獎勵措施

開發中國家通常會祭出一些政策，吸引外國直接投資（FDI），包括降低企業稅率、特別扣除額，或是未嚴格執行稅捐稽徵法。雖然這種稅捐優惠措施不一定能提升東道國的競爭力，但其他國家除了仿效，幾乎別無選擇，這是一場你低我比你更低的競賽（race to the bottom）。今天，一半的非洲國家都有

針對免稅投資區的法律，在 1980 年代初，這比例還不到 5%，但有證據顯示，這些投資區對低收入國家並未貢獻什麼好處，有些投資區實際上還損大於益。在經合組織國家，公司營所稅約占總稅收的 10%，在低收入國家，這些稅收只占 15%。如果跨國公司將利潤從營運所在國匯出，會不利當地生產性再投資（productive reinvestment）的發展機會。假設跨國公司稅後利潤是 3000 億至 4000 億美元，以保守的再投資率 50% 計算，這筆錢若匯出，利潤無法再投資，恐讓所在國少進帳 1500 億至 2000 億美元，相當於潛在價值的四分之一至三分之一。靠跨國公司營運挹注發展所需的資金，若跨國企業匯出利潤，這筆發展資金恐短少十分之一或 1000 億美元。金融資源不斷流出也會影響整個國內生產總值，和外國直接投資的再投資收益。將這現象擴及所有低收入國家（避稅天堂除外），估計收益恐短少 700 億至 1200 億美元。

巴拿馬文件進一步揭露，合法的跨國公司與股東、全球性銀行，甚至高階管理階層如何廣泛利用避稅天堂，一如毒梟、軍火商、腐敗政客、暴力獨裁者和犯罪集團的做法。[73] 透過巴拿馬國際律師事務所「莫薩克馮賽卡」（Mossack Fonseca）提供的服務，西門子等跨國公司被發現利用在避稅天堂成立的空殼公司管理和轉移鉅額黑金，在德國商業銀行和德意志銀行等知名金融機構的支持下，用這些錢賄賂政要和高官。同樣捲入巴拿馬文件醜聞的還有國際體育組織，例如國際足協（FIFA）及其附屬的區域機構，被曝利用媒體轉播權利金賄賂委員會成員和國家代表，以便影響表決，例如決定由哪國主辦世界盃。此外，巴拿馬文件

也發現避稅天堂與武器供應商、藝術品交易商和石油走私商之間的聯繫，這些人違反聯合國對制裁對象實施的各種禁運規定。因此，如果稅務機關希望成功課到透過空殼公司隱匿收入和公司營所稅（哪怕只是一小部分）該繳的稅金，得不斷創新、監管、切實執法，才能智取這些善用巧計的人士。

國家政策

歐洲幾個大國試圖吸引一些逃稅大戶離開愛爾蘭這個避稅港。英國政府親自坦承，到 2016 至 2017 年左右，光是降低標題稅率（headline tax rate）就會讓英國財政部每年稅損約 78 億英鎊，還有人估計恐高達 100 億英鎊（約 150 億美元）。路透社在 2014 年的一項調查發現，七家遷往英國的跨國公司，創造的就業機會不到五十個，其中一個跨國公司看在減稅份上遷往英國，結果反而導致六百個就業機會消失。[74] 七家公司中，路透社確認僅有一筆 20 萬美元的納稅額。其他證據似乎也支持路透社的觀點：英國的減稅換就業模式是失敗政策。在亞洲，前英國殖民地香港的例子經常被引用，認為是低稅率帶動經濟成長的典範，並受到自由市場經濟學家米爾頓·傅利曼（Milton Friedman）的推崇。實際上，香港之所以富裕，係因它的戰略位置，位於蓬勃發展的中國與國際社會交往的主要通道，同時也是一個因缺乏有效監管和執法不力而出現可疑金融行為的地方。亞洲和其他地區的國家根本無法成功複製香港的公司稅模式。

結構和居住者

愛爾蘭在危機前靠外國投資帶動經濟成長，這現象不僅僅是拜該國的優惠稅率所賜，而是由於愛爾蘭作為英美等英語國家進入歐元區的的獨特地位。它成為避稅天堂，不利其他歐洲國家，儘管愛爾蘭不斷否認這一點。稅率確實是該國吸引美國企業的因素，加上該國的文化與英美有交集，進一步強化了這一點。雖然愛爾蘭早在 1956 年就提供企業稅率優惠，但直到 1992 年歐洲單一市場的出現，經濟才有所起色。愛爾蘭在危機前的經濟成長部分受益於歐洲的補貼，這些補貼讓愛爾蘭能夠資助公共基礎設施和其他公共財（public goods）。另一個因素是開放專業人士移民，讓這些受到其他國家納稅人出資受教的人士移居愛爾蘭，進而讓愛爾蘭受益。房地產市場進一步推動愛爾蘭的經濟成長，但後來房地產泡沫破裂。

富裕經濟體的排名表（往往也包括避稅天堂在內）多半使用國內生產總值（GDP）作為排名的基礎，而不是國民總收入（GNI）。但這種衡量方法包括跨國公司在該國掙得的利潤，這些利潤無法有效地被課徵營所稅，這也是跨國公司將總部或子公司設在那裡，並因此被視為稅務居民（tax residents）的原因。特別是在較小的避稅天堂，GDP 的成長數字和所得數字雖然亮麗，卻掩蓋以下這個事實：成長數字的背後，多半靠少數的高技能和高收入外籍人士的貢獻。如果只有一小部分經濟成果下滲到本國的人口中，那麼外籍人士的財富能否被視為有功於開發中國家的經濟發展？這點其實有待商榷。總之，依賴有利可圖的離岸金融業發展的國家，拒絕向本國稅務機關透露鉅富的資產細節，也拒

絕向跨國企業總部的所在國透露相關細節。[75]

在避稅天堂可以找到成千上萬可疑的金融結構，包括當地人成為外國資產擁有人的代理人（人頭戶），或者公司迂迴地持有公司本身的股權。在 2008 年金融危機之後，二十國集團的領導人確實承諾要關閉避稅天堂，其中銀行的保密性措施被認為加劇了金融危機。2016 年，英國是二十國集團中第一個實施空殼公司（紙上公司）所有人必須公開登記的國家，結果發現一些政治人物的名字也在其中。工業化世界的避稅天堂包括聖馬利諾、列支敦士登和摩納哥等歐洲微型國家。一般來說，富人和跨國公司申報的資料不會被檢核，因為監督他們的政府單位和政府間機構資金不足，還有一部分原因是政治游說。然而，除非制定更嚴格的法規並嚴格執法，同時祭出重罰（如入獄服刑），否則涉入逃稅和洗錢的人士以及他們的幫手（包括顧問公司和金融機構），沒有遵守法規的誘因。

關鍵問題

洗錢和使用避稅天堂，本質上是一種無受害者的影子交易嗎？若否，誰會因為鉅富和企業的這種普遍做法而受害？假設腐敗的政府是這種做法的共謀，那麼從這些藏錢高手追回的資金應該退還給誰？

犯罪組織和恐怖組織的洗錢行為，是否該比合法公司和成功商人更優先受到調查與懲處？如何降低避稅港對逃稅或隱匿非法財富人士的吸引力？

為什麼作為避稅港的小型開發中國家，往往是政府間組織

鎖定的目標？它們是否值得被這樣對待？正常落實法治下，工業化國家的主要金融中心為何還是能積極協助洗錢和逃稅？

為什麼跨國公司在稅率較高國家宣稱營運連續虧損數十年，卻仍然選擇在那裡繼續營業？這些公司在經濟好的時候透過各種節稅計畫把利潤藏在國外，當經濟陷入危機時，政府是否該對他們紓困？

各國對跨國公司的各種減稅措施和其他補貼，是否能嘉惠該國的整體經濟和公民？如果不是，哪個行業或社會階層受益最大？如何才能更有效地解決金融巧計和逃稅這類影子交易？

第九章

縱橫交錯的
影子交易

Credit: Kaique Rocha/Pexels

概述

　　本書所列舉的影子交易與其他合法或不合法的貿易之間，不可避免地存在各種聯繫。換言之，要解決影子交易，不能各個擊破，否則可能只會改變他們之間的關係，卻看不到任何實質改善。所有的影子交易起因於國家內部和國家之間的各種社會不平等現象，又因為新自由主義鼓吹推廣的經濟全球化而進一步加劇。要理解影子交易，必須嘗試根據合法性等級（level of legitimacy）對影子交易的各種形式進行簡潔的彙整。本章闡述的分類和交集可以作為後續分析，以及處理相關交易活動的基礎。提出這個嘗試性的分類，我承認有些影子交易的分類可能顯得過於牽強，儘管背後的出發點應該可讓這些分類站得住腳。然而，列舉這些環環相扣、緊密交織的影子交易，確實突顯影子交易問題的複雜性以及多變的關係。

　　全球的商業活動，純粹的黑與白鮮少存在，因為許多合法的公司可能部分地、間接地，或可能不知不覺地參與非法經營，反之亦然。

　　藉由探討貿易的方向性（trade directionality）以及緊密交織的跨境網絡等問題，本章討論了與人口、資源、廢棄物、武器、金融等相關的影子交易，希望拋磚引玉，為進一步的調查和干預提供線索。

影子交易活動盤根錯節

▶ 貿易流動的方向性────────────

　　器官買賣、傾倒有毒廢棄物，乃至衝突礦產的開採與貿易，這些影子交易顯示，受到剝削的對象多半來自較貧窮的國家，而加害人則出自較富裕國家，這是典型的新式殖民主義。開發中國家當局可能同意透過販賣和走私等活動，解決該國窮人失業的問題，而一些工業化國家和新興經濟體，可能希望以低價獲得窮國的勞動力，藉此提升該國產業在全球市場的競爭力。然而，非正常人口移動會導致人才流失，長遠而言，人才荒不利開發中國家的社會，即使短期內，經濟活動不會有勞動力短缺的問題。一些新興經濟體和開發中國家也間接感受到軍火貿易（來自工業化國家和其他一些新興經濟體）對他們的衝擊，這些國家挪用應該為公民提供重要社會服務的預算，有些國家甚至慘遭基礎設施遭到破壞之痛，卻仍執意添購軍火。洗錢活動一部分出自開發中國家、新興經濟體，或工業化經濟體的高層竊占國民財富，侵吞國庫的必要稅收。但洗錢活動也包括來自於將毒品和違禁品走私到工業化世界，以遠高於開發中國家生產成本的價格出售賺取暴利。

　　因此，影子交易的利益鮮少惠及較貧窮經濟體的民眾，就算有，也只惠及貧窮國家的政經高層與菁英，進一步加劇已經存在的巨大貧富差距。

▶合法性等級

要了解影子交易，必須主動對其各種形式和功能加以分類，才能獲得更清晰的輪廓。圖 9.1 列出暫定的類型，依據的是交易手段的合法性以及目的是否符合道德倫理。因此，它可以作為進一步分析目前所列影子交易的初步基礎。這種分類法有一個前提：各個類別之間，並非相互排斥、涇渭分明，因為哪些實體涉入影子交易、整個流程如何進行、交易的意圖等等，存在細微差異，所以影子交易的分類不可避免會交疊。然後，它的用途將首先適用於與本書列舉的影子交易相關的其他影子交易，接下來適用的對象是彼此合作的影子交易，最後是同樣牽涉到跨境網絡的合法企業。這些類別涵蓋對象已夠廣泛，應該有助於說明影子交易的現象、過程和參與者有多麼複雜，以及破壞和減少影子交

影子交易形式	暫時性分類	
黝暗交易 （非法手段／不符倫理道德目的）	非正常人口移動 環境惡化	勞動剝削 器官收購等等
偽裝交易 （合法手段／不符倫理道德目的）	軍火轉讓 軍事任務承包	廢棄物運輸 洗錢等等
不透明交易 （非法手段／符合倫理道德的目的）	金融詐騙 危險品回收	器官移植旅遊 掠奪資源等等
汙點交易 （合法手段／符合倫理道德的目的）	觀光旅遊和旅館業 醫院和診所	銀行和金融業 林業和農莊等等

圖 9.1　影子交易活動的合法性等級

易會面臨哪些挑戰。

許多交易涉及明顯的非法手段和不符倫理道德目的，如走私違禁品、人口販子、毒品加工者、非法礦主、買賣有毒廢棄物的商人、腐敗官員和貪汙機構等等。由於難以追蹤，這些交易大可被稱為「黝暗交易」（Murky Trades）。位於光譜另一端的是合法的跨境企業，如貨運代理、海運公司、銀行、工廠、醫院、仲介代理商和加工廠，這些業者經常被走私者、洗錢人士和人體器官賣家利用，進行不符倫理道德目的的交易。由於他們可能是在知情或不知情的情況下涉入交易，這些可以被歸類為「汙點交易」（Tainted Trades）。另一方面，有些合法實體或交易手段確實有官方經濟數據為後盾，但不完全透明，如武器製造商或廢棄物交易商。這類企業通常以國家安全或全球競爭力為藉口要求保密，所以將其歸類為「不透明交易」（Opaque Trades）。最後，有些實體進行完全合法的業務，例如零售業或娛樂業，但其所有人和客戶卻有不符倫理道德目的，背地裡從事洗錢活動的賭場或外匯交易所當然就屬於這個類別，所以稱之為「偽裝交易」（Camouflaged Trades）。

▶ 模糊界限

鑑於影子交易的複雜性，在跨境的網絡中會出現類別與類別之間盤根錯節的交叉，非法與合法之間的界限也模糊不清。例如，販賣器官的人同時可能也是抵債奴工，因此跨了兩個影子交易。在巴基斯坦所做的研究發現，有 66％ 的人屬於這種情況。[1]

在開發中國家，有一些航空公司往往未受到失敗國家充分監管，主要業務是走私毒品或違禁品，同時也獲准載運乘客和貨物，因為有許可證。[2] 由於合法業務用於掩護非法目的，同時挹注合法事業的收入，這類的交易活動可以被歸類為汙點交易或偽裝交易，或兩者兼而有之，取決於知情與否以及意圖。工業化國家的軍火工業不僅涉及向國外政府供貨，還涉及國家安全，所以他們的業務屬於機密保護法的範疇，因此是不透明的交易。但是它也可能因為涉入走私，而與叛亂勢力和犯罪集團以及其他非法實體打交道，因此，這類貿易亦可被視為黝暗交易。可以說，這樣的分類有助於分析全球商業活動的黑暗面，並可用於制定精準打擊的戰略，改善每種交易形式造成的衝擊。目前，該分類法能否充分滿足這一目的，或作為更精確分類的催化劑，必須靠全面的研究決定。雖然對本書所涉及的影子交易做更深入的研究是絕對必要，但也充滿危險，可能讓研究員面臨相當大的風險。

▶打擊影子交易的干預措施

對影子交易進行分類後的明顯結果是，找出最佳戰略，以利減緩它們對社會和經濟的不利影響，如果諸多努力無法一舉消滅它們的存在。正如前面提出分類時所承認的，這些類別絕非涇渭分明，因為它們的界限相當模糊，因此任何干預措施都不能只針對其中任何一個類別。從影子交易合法性等級的最底層汙點交易開始，最佳解決方式是由各行各業善盡自我監督，監督旗下的機構與公司是否合規，以及政府單位進行更嚴格的監管與規範，

同時針對它們的供應鏈進行完全獨立的查核。只有這樣，才能遏制醫療保健、旅遊、農業和製造業等產業有任何不道德的行為，或是受到其他團體的操控。對於不透明的交易，明顯的做法是要求相關實體有更大的透明度，政府也要善盡把關責任，例如對器官買賣、森林砍伐、金融交易和廢棄物回收等等，在核發許可執照時，必須嚴格把關。然而，為了提高可信度，還需要民間社會認證背書，例如非政府組織或其他獨立於政府的社區機構，更不用說進行調查報導的新聞媒體。

　　至於偽裝交易，戰略干預措施必須更強硬，例如由財力與人力雄厚的政府徹底執法，只要發現非法商業活動，務必將參與物流鏈的所有實體和個人繩之以法。以廢棄物運輸為例，參與者涵蓋製造和銷售廢棄物的實體，負責中途港轉船運輸的仲介商，以及允許出口或進口廢棄物的腐敗政府、政治人物和社區領導人等等。在武器轉讓和軍事任務承包活動中，政府是重要的參與者，因此需要納稅人和公民透過投票對其課責，以及需要非政府組織透過研究和游說對抗武器製造商，還需民間社會團體透過抗議補貼措施和軍事干預對政府施壓。相較於其他形式的貿易，對於黝暗交易，需要採取三管齊下的方法：一，解決貧困和衝突等先存因素；二，重罰所有獲利的實體，讓他們無經濟利益可圖；三，保護受害者的人權和財產權，減輕他們的痛苦。雖然本章接下來還會探討更多這類黝暗交易，但在處理所有影子交易活動的多樣性與複雜性時，應將相關的戰略問題放在首位。

不把人當人看

▶ 童婚困境

　　約會網站或郵購新娘（mail-order brides），往往是工業化世界的男性與開發中國家的女性形成配對。表面上看，這是一種合法的服務，不過實際上稱得上販賣女性的一種形式，有些人最終淪為無償的家庭幫傭、護理人員和性奴隸。[3] 在一些凌駕國界的文化現象裡，童婚被認為是一種常態，但童婚通常涵蓋被婆家奴役、被配偶暴力相向，更不用說早育帶來的健康風險。與此相關的聘禮和嫁妝強化了花錢或是付薪水給提供家事服務（勞動）者的概念。亞洲新興經濟體的男女比例失衡，一胎化政策、胎兒性別鑑定、殺嬰等現象都有利生下男嬰，導致娶不到老婆的男性從文化相似的鄰國或膚色相似的婦女中尋找另一半。在某些地區，更令人震驚的現象是誘騙、綁架、奴役或脅迫婦女成為戰士的實質妻子（de facto wives），這些戰士有的參與準宗教聖戰（如中東地區），有的投入偽意識形態內戰（如撒哈拉沙漠以南的非洲國家和南美洲）。[4]

　　在許多開發中國家和新興國家，因為適婚年齡的女性人口不足，光棍不得不靠綁架新娘。這是重男輕女的文化現象使然，導致女胎被墮胎，女嬰被殺害。通常新興國家政府在工業化國家的對外援助機構，以及世界銀行等國際組織的要求下，鼓吹計畫生育，認為這有助於經濟發展，卻加劇了男女人口比例失衡的嚴重性。一般而言，為了娶妻，女性從該國的貧窮地區或種族血統

相近的鄰近國家（這些國家的男女比例比較平衡）被人口販子運過來。但是，搶新娘這種犯罪除了靠綁架、人口販運，也發生在家族裡，因為這些新娘不僅在直系親屬中形同奴僕，在多代同堂的大家庭中亦是如此。[5] 因此，童婚、外配等婚姻形式似乎涵蓋從汙點交易到黝暗交易的所有影子交易類別，其中的差異取決於新娘自己作主的程度，還有參與的中間人與婚約是否合法。

▶ 收養兒童

　　眾所周知，參與合法收養外國兒童的個人和機構，收養小孩的方式啟人疑竇，特別是若被收養的小孩來自經歷內亂、戰爭、天災重創而尚未恢復的國家。雖然收養兒童通常不包括在人口販運中，但出自弱勢家庭、收容機構的小孩，或因環境因素而成為孤兒，出口這些小孩是相當大的一門全球性生意。有人完全照著法律走，有人是基於愛心，但也有人遊走法律邊緣或是為了剝削與壓榨的目的，所以跨度非常大。[6] 在開發中國家，兒童資助計畫往往是許多慈善機構的經濟支柱，充滿了道德倫理問題。除了在社區內挑出兒童給予資助，也利用當地的仲介牽線，還定期與捐助者溝通（這是基本標配），甚至工業化國家鼓勵大家資助其實背後可能另有政治意圖。[7] 在這個過程中，稍稍存在種族主義，例如，慈善機構習慣稱非洲和亞洲的兒童亟需捐款，資助對他們的照護和教育。來自中歐和東歐的兒童往往供過於求，可輕易被工業化國家的家庭收養。

　　旅行到亞洲和非洲參觀孤兒院，這現象似乎愈來愈熱門。

來自富裕國家的遊客為了尋求獨特體驗，花錢到這些國家擔任無償的志工，不但自己掏腰包支付住宿費還捐贈善款，但這些義舉與善款是否嘉惠到孤兒院孩童，令人懷疑。[8] 無論如何，這些做法都帶點高人一等的姿態（瞧不起開發中國家最窮的人口），甚至是一種剝削，為工業化國家的合法慈善組織牟利，同時也利用善心捐款人士易上當受騙的一面。由於孤兒院通常是合法的組織，而個人仲介可能不是，國際收養和資助計畫可能是符合道德的，是一種看似人道主義的做法，因此可謂介於上述類型中的汙點交易和不透明交易之間。

▶ 租借子宮

另一個與器官移植旅遊相關，但較少被研究的課題是全球代孕，指的是開發中國家的婦女出借子宮，被植入胚胎並懷胎十月，儘管存在一些身體和心理上的風險。需要借腹生子服務的「客戶」通常是來自工業化國家無子女的夫婦或男同志伴侶。這不算器官買賣，而是器官租賃，收費低於客戶所在國家的開價。有關代理孕母這項人工生殖服務，應該從新殖民主義的角度來看待。無論是什麼情況，精子和（或）卵子可能來自準父母（或者捐贈者）的一方或雙方。圍繞孩子打轉的倫理和法律問題，例如出生後的公民身分、孕母與寶寶的必然連結，以及如果孩子有殘疾恐被遺棄，所以某些國家實際上已禁止代理孕母。[9] 因此，在開發中國家招募貧窮婦女進行代孕，可以說是一種跨國界的勞動剝削，因此算是影子交易。有時，代孕與不育治療會同時進行，

所以不育治療也是在國外的新興經濟體或工業化經濟體進行，費用比不育夫婦祖籍國低甚多。[10] 此外，某些不育治療和代孕程序是由國外的醫療專業人員操刀，或者未來的幹細胞治療旅遊因為牽涉倫理與法律等問題，恐不見容於準父母的社區。對於幹細胞、胚胎和複製的研究，可能會牽涉更大的倫理疑慮，這些研究多半在開發中國家和新興國家進行，這些國家對這些問題的法律比較寬鬆，或是根本無法可管。在所有牽涉到的國家裡，代理孕母是否合法以及意圖是否符合倫理，根據這些標準，代理孕母這類人工輔助生殖應該涵蓋汙點交易與不透明交易這兩個類別。

靈丹妙藥和毒藥

▶ 調配藥品

　　全球醫療保健另一個有爭議的問題是非專利藥（或稱學名藥），這些學名藥通常在具有技術專長的新興經濟體生產製造，然後銷往開發中國家。後者的公民無法負擔昂貴的原廠專利藥，這些救命藥在工業化國家經過必要的研發並取得專利權。令人質疑的是，跨國藥品製造商為何堅持開發中國家的藥價必須比照他們自己工業化國家的定價，儘管雙方的購買力存在差異。由於工業化國家的藥品通常以折扣價賣給公立的醫療服務機構，等於變相提供病患補貼，因此製藥業在開發中國家不提供病患補貼的做法，構成了厚此薄彼的行銷歧視。製藥業還游說本國政府，堅持

所有派赴海外的醫療援助機構必須採用他們製造的專利藥，即使這些外援機構可以從新興國家當地獲得更便宜的學名藥。[11] 諷刺的是，許多「大藥廠」的寡頭，作為新殖民主義者，利用原住民的傳統藥方開發專利藥，卻認為自己無須向原住民支付權利使用金。

在許多情況下，開發中國家和新興經濟體生產的藥品，有意仿製專利藥，儘管沒有獲得授權，但為了規避專利法，會稍稍改變藥品活性成分的配方。在沒有健保服務的工業化經濟體，如美國，學名藥依舊有其市場，民眾會跨界到鄰近的開發中國家（如墨西哥）購買更便宜的藥品，或透過郵購在網上下單購買。[12] 誠然，這些藥品中有些是假藥，要嘛不含任何有效成分，因此除了安慰劑效果沒有任何療效；要嘛含有有害化學成份，可能威脅健康甚至生命。不管是這兩種情況的哪一種，名譽掃地的公司均會犧牲弱勢族群，特別是開發中國家的弱勢族群，藉此賺進可觀的利潤，因而構成另一種形式的影子交易。製藥公司是合法企業，但生產和銷售是出於道德還是不道德的目的，將決定他們被歸類為汙點交易或偽裝交易，只不過到底是哪一種，大家可能存在分歧的意見。

▶ 病菌和毒素

國際公約可能禁止在戰爭中使用生物和化學製劑，但作為低成本和毀滅性的武器，有些國家繼續生產與部署這兩類武器，尤其是獨裁政權，以利其繼續掌控本國人民，或與強大的外國勢力進行不對稱戰爭。戰爭武器釋放的有毒殘留物造成戰區環境炭

岌可危，倒頭來會加劇氣候變遷、因資源稀缺引爆爭奪與衝突、人口流動等問題，但這些現象鮮少被詳述。[13] 為軍隊開發的化學戰劑，用於破壞樹葉，以利士兵更精準地追蹤敵軍和武器的移動，衝突結束，即便過了很長一段時間，仍會對人民與動物的健康和繁殖造成可怕的後果，也影響糧食生產和當地人口的生計。由於國際條約禁止在武器中使用戰後所剩的化學劑，這些製劑被重新定位為農作物的殺蟲劑，主要出售給開發中國家，或透過援助機構捐贈，因為它們對健康造成的危害已超出工業化國家規定。[14] 有時，開發中國家被利用作為人體測試的實驗室，測試化學產品的功效和對健康的潛在危害，同時將其包裝成社會經濟發展援助。因此，合法的跨國公司在其本國政府的贊助下，參與製造和出口有害的化學產品，可以說是參與了偽裝交易。

▶ 毒品物流

　　銷售古柯鹼的利潤可達 850 億美元，主要在北美、西歐、中歐生產製造，其中大部分利潤是在加勒比海的避稅港進行洗錢。在安地斯地區，生產成本只有 10 億美元，而拉丁美洲販毒集團（Cartel）靠著向當地和海外銷售古柯鹼飽賺大約 180 億美元。毒品走私約占所有跨國犯罪集團收入的一半，約占世界 GDP 的 0.6％ 至 0.9％，儘管濫用毒品造成的社會經濟成本估計是犯罪所得的兩倍。[15] 由於巴基斯坦與種植鴉片的中亞國家相鄰，方便犯罪集團跨越共同邊界向歐洲市場走私毒品。儘管立法禁止洗錢，但在毒品買賣助燃下，連政治和經濟菁英也參與以下活動：貪

汙、房地產、地下匯兌、逃稅和資助恐怖組織等等。[16] 雖然毒品走私者需要清洗大量現金，而且頻率高於其他罪犯，但令人驚訝的是，他們往往不利用國際專家替他們洗錢。他們更偏好透過小規模商號，如貨幣兌換站，或者頂多靠位於世界各地的親屬網絡開設的空殼公司進行內部自我洗錢，因此他們的做法對於防制洗錢構成了更大挑戰。[17]

本書沒有涵蓋毒品走私本身，原因是，毒品走私的話題性十足，已被媒體和學術出版物廣泛報導。雖然毒品走私毫無疑問是非法行動，但運輸毒品的手段並不完全隱匿，運輸手段包括合法的貨運代理和民航客運業。工業化國家為打擊毒品交易所採取的措施包括贊助昂貴的軍事行動、嚴厲的邊境管制等等，所有這些都對人權造成影響。[18] 一直沒有被正視的問題是，在北美和歐洲，若兩地的公民染上毒癮，在勒戒所的治療費用並非天價，而是負擔得起的費用，影響所及，非法毒品已成基本需求。所以工業化國家的反毒重點仍然是以暴力方式，破壞開發中國家和新興國家的供應鏈和轉運區。同樣，這也構成了一種新殖民主義式的歧視和霸權。多年來，執法和軍事行動顯然未奏效，因為作物被毀或被查扣，導致毒品供不應求，結果只會拉抬價格，鼓勵新的供應商進入市場。儘管許多工業化國家不喜歡這樣做，但根除這種非法生意的激進手段可能得靠管控需求和價格。這可以透過政府管控沒收毒品的供應量（這些毒品會以較低價格流入市面），並結合成癮者的戒毒計畫獲得實現。然而，在缺乏社會醫療保險的新自由主義經濟體中，這種人道主義干預措施可能並不完全可行。即使毒品產業確實使用了一些合法的物流業和金融實體，但

毒品無疑有害健康，經營也不合法，因此屬於黝暗交易。

搶奪資源

▶ 為水而爭 ────────────

　　水是維持生命不可或缺的資源，缺水或乾旱會對國家造成浩劫，若土地退化（land degradation），會限制永續發展、加劇社會緊張。由於受到世界銀行和國際貨幣基金施壓，要求邁向經濟自由化或調整結構，開發中國家被迫把供水服務民營化，以獲得世銀和國際貨幣基金的貸款。以玻利維亞為例，政府將第三大城市的水權賣給美國跨國公司貝泰集團（Betchel），導致水價翻了三倍，所有水源都被侵占，包括家庭收集的水和用於農場灌溉的水。令人欽佩的是，當地社區抵制了該公司，並想方設法成功讓該公司退出該國。之後，貝泰向玻國政府索取可觀的賠償。[19]為產業和地理上遙遠的城市提供水力發電而興建水壩，並強制驅離住在水壩周圍地區的居民，結果對農村窮人造成可怕的後果。在印度、中國、埃及和辛巴威等開發中國家，過去和現在都發生這種情況，影響成千上萬公民的生計，根本是以進步之名行傷害之實。在印度，可口可樂公司在開挖含水層或地下水室的過程中，降低當地水井的水位，破壞當地的農業，加劇乾旱的衝擊。[20]跨國公司對水和電的需求，在新殖民主義大國的政府和世界銀行等霸權的國際組織互相勾結下，導致開發中國家人民的用水人

權愈來愈式微。在未來，水可能比今天的石油更有價值，所以根據影子交易的分類學，上述搶奪水資源的做法似乎可被歸類為不透明或偽裝交易，這是就相對的合法性程度而定。

　　儘管以水為基礎的環境（如溼地）很脆弱，而且水對氣候變遷的影響也非常明顯，但在任何關於資源枯竭的討論中，對水的關注甚至低於對野生動物和生物多樣性的關注。一個相關但較少被紀錄的現象是，從開發中國家開採海灘沙子用於建築和填海造地等專案，這些海砂屋和海砂造地的開墾計畫主要見於新興經濟體和工業化經濟體，但開採海砂會對生態系統和當地生計造成嚴重後果。[21] 因此，雖然以前對水的聲索權屬於地方政府層級，但這問題正日益成為一個全球和區域問題，具有爆發武裝衝突的潛在風險。愈來愈多開發中國家和新興國家轉向，支持保護國家水資源和水力發電，以達到減少碳排放的目標，但這會對位於河流下游或分享湖泊的其他國家造成可怕的後果。例如尼羅河流經國家有辛巴威、衣索比亞、蘇丹和埃及；[22] 涉及土耳其、伊拉克和敘利亞的底格里斯河和幼發拉底河；[23] 以及影響寮國、泰國、柬埔寨和越南的湄公河。[24] 區域衝突已經醞釀了若干年，這些受影響國家的政府在沒有跨國公司或政府間機構參與的情況下，達成了暫時性但不穩定的解決方案。這一結果或許可供其他共享河流的國家參考。例如剛果河、恆河和亞馬遜河，這些河流對數百萬生活在貧困線以下的人民至關重要。由於健康、食物、生命和生計都得仰賴水，水必須被政府視為不可剝奪的人權，並禁止企業將水作為商品進行交易。

▶ 海洋資源枯竭，損失不菲

　　充分的資料顯示，自己國家管轄的海域被非法捕魚，導致沿海地區魚類資源枯竭，讓漁民（甚至包括工業化國家的漁民）飽受損失，估計達 20 億至 150 億美元。[25] 通常來自中國和台灣的遠洋拖網漁船過度捕撈，導致其他新興國家和開發中國家的魚類資源減少，而這些國家沿海居民多半使用小船在離海岸較近的海域捕魚。漁民鋌而走險淪為海盜的現象，可歸因於來自新興國家和工業化國家的拖網漁船過度捕撈，導致沿海靠捕魚維生的居民無以為繼。掠奪海洋魚類資源之外，更不用說在海床拖曳的拖網捕魚法對生態造成的破壞和大範圍環境退化，所以若以最寬鬆的標準，這類影子交易充其量是偽裝交易，但更應該歸類為黝暗交易。

　　這種影子交易造成的社經衝擊包括失業、貧窮、社會動亂、非正常人口移動、城市貧民窟（棚戶區）、海盜等現象。此外，據報導，遠洋拖網漁船上的漁工會受到辱罵、工作過度而備感壓力、遭毆打和面臨死亡威脅。有時，這些漁工與船東出自同一個國家，有些來自鄰國貧困地區，但都是人口販運的受害者。[26] 這些漁工的際遇與工業化國家船東（無論是豪華郵輪還是貨輪）廣泛雇用來自開發中國家的低階船員並無太大不同。這些船隻通常在開發中國家註冊，或懸掛「權宜旗」（flags of convenience），在這些船隻工作的船員或漁工無法靠當局執法或就業法訴諸司法，擺脫苦難。[27] 通常，這些船隻上的幹部都是來自工業化國家，他們以典型的新殖民主義方式監督來自開發中國

家的船員，後者的工資要比幹部低甚多。若船東或船主是合法雇主，如航運公司，一旦剝削船員，應被歸類為不透明交易；若雇主不合法（例如拖網船船主是犯罪集團），若脅迫船員，這必須被視為黝暗交易。

▶ 數據成為一種新貨幣

媒體、電信和資訊科技公司，受跨國企業委託，對消費者進行全球監控，這現象可謂開採（探勘）一種無形資產（intangible resource），只不過沒有受到任何國家監管。享用免費服務的消費者多半同意廠商探勘與收集他們的數據，但他們在這個問題上鮮少有選擇權。此外，他們的線上活動在多大程度上被貨幣化和出售，也被業者所隱瞞。更令人擔憂的是，線上平台、搜索引擎和社群媒體應用軟體愈來愈頻繁地合併以及戰略聯盟，尤其是谷歌、蘋果、臉書、亞馬遜和阿里巴巴等等，結果創造了一個相當於過去美國鐵路「強盜大亨」的數位式「強盜大亨」。這些寡頭壟斷網絡收集個人數據，並將其出售給企業用於行銷。[28] 因此，企業、政治利益團體，甚至敵對的國外利益團體，可以藉由機器人、點擊釣魚（click-baits）、檔案傳輸，和網路水軍（troll farms，譯注：又譯酸民工廠）進行跟蹤、預測和操控。政府和企業透過人工智慧技術收集 DNA 和面部識別數據，用於進一步分析和社會經濟歧視，這做法迫切需要立法規範，因為目前的法規不足以規範。這可以說這是一種新殖民主義統治，可歸類為偽裝交易。

政府和企業頻繁地在技術和存取彼此數據庫進行合作，代表資訊的影子交易有增無減，取代靠著「物聯網」實現「智慧生活」的烏托邦願景。據說區塊鏈技術將徹底改變商業運作模式，特別是資源和產品履歷的可溯源性。這將是一個值得稱許的發展，有利於減少相關的影子交易。然而，區塊鏈也是加密貨幣的平台，加密貨幣交易得靠探勘訊息媒合，這反過來又有利祕密參與者逃避追蹤。加密貨幣在所謂的暗網中被廣泛使用就是證明。[29] 因此，這些經濟活動作為各種影子交易的媒介，值得進一步調查和監管，並應暫時歸類為黝暗交易。

軍事陰謀

▶讓人恐懼的科技技術

網絡戰仍然是一項嶄新技術，目前在主要的軍火貿易國家中，仍受到相當程度的監督，但是許多擁有相當不錯理工科教育制度的國家有能力迅速模仿跟進。[30] 網路戰的成本也非常實惠，與核武器和其他傳統武器截然不同，但殺傷力可不輸核武，一旦中斷通訊連線、公用事業和基礎設施等基本服務，足以造成毀滅性的影響。此外，網路戰是資訊科技和電子遊戲產業的延伸產品，可以自願加入或被徵召，參與武器的影子交易。[31] 無人機是另一項更新穎的技術，能不動聲色地派上用場，以及無差別地傷害平民（委婉的說法是誤傷）與軍事目標。近年在中東發生的幾

起慘劇顯示，無人機技術已經被新興經濟體複製，並輸出至貧窮國家提供給叛亂組織，用於不對稱戰爭。

當一方可以在不用承擔任何風險的情況下，藉遠端遙控的方式發動戰爭，軍事人員漠然地將種種破壞性行動視為不過是一場電腦遊戲時，網絡戰與無人機攻擊（兩者本質不變，形式不同而已）都點出交戰規則的問題。軍方和政府傾向於不派部隊接近戰場，而是在千里之外的辦公室參戰，這並不保證不會對士兵造成道德罪惡感和精神疾病。[32] 迄今，國際上並未對網路戰制定任何規範，這種戰爭形式愈來愈頻繁地與常規戰搭配使用，意味國家和非國家行為體可以自由行動，無須受到制裁等懲處。因此，合法實體使用這種不受管制的戰爭形式將構成偽裝交易，但若被非法使用，則視為黝暗交易。

▶ 非法擁核的叛徒

核子武器有增無減，因為以前簽署《禁核擴散條約》的國家，紛紛以升級技術的名義放棄之前的承諾，而新興經濟體自行研發核彈，並選擇繼續拒簽這些條約。在美國，核武器被偷偷地被列入能源部而非國防部管轄，這做法旨在不實申報美國軍火工業的實際規模，而美國已是國際上最大的武器生產國、購買國和供應國。美國總統艾森豪對軍工複合體的擴張和影響發出警告，但是就連美國的西方盟國也沒有把警告當一回事，甚至在冷戰結束後縮編部隊時亦是如此。位於前蘇聯加盟共和國的核武器、核技術和核材料沒有得到充分的清點，一些薪資待遇不佳的核專家

與他們的核專業，顯然可以用合理的價格收買。[33] 新興經濟體和非國家行為體亟於想得到這些技術，無論是為了清潔能源還是覬覦核武成品，背後的意圖可能是希望擁核自重，阻止帝國主義干預的一種手段。核武這個影子交易，至今仍然沒有被充分研究。由於非國家行為體往往是非法實體，向他們出售核技術或武器肯定符合黝暗交易的範疇，儘管有人會辯稱，如果同樣的產品或服務出售給民族國家，核武買賣只會被歸類為偽裝交易。

▶ 轉換角色，穿梭游說

　　主要的武器製造商接受政府資助進行研發，他們自己也出資資助其他可能有軍事用途的科研專案。民用客機和貨機的製造商，如波音、空中巴士和巴西航空工業公司（Embraer），得到政府間接補貼（如獲得政府合約），資助他們升級技術以及研發軍用飛機。相對而言，大家較少關注貝泰、哈利伯頓（Halliburton）等大型美國非上市公司，這些公司由退休的政治家和將領主持，透過「旋轉門」，在地區性戰爭爆發後，承攬五角大廈數千之多的契約，每個合約金額數百萬美元不等。[34] 工業化國家這類被合法化的腐敗做法包括：承攬鉅額獲利的工程契約，例如建造和經營軍事基地、重建被戰爭摧毀的基礎設施等等。此外，私人化軍隊不斷壯大，基本上就是雇用受金錢驅使的傭兵，取代受愛國主義驅使的士兵，這現象在很大程度上被漠視。可以說，軍火工業有相當大的影響力，不僅游說自己的霸權政府增加開支，也向外國政府推銷自製的武器和服務。他們努力

說服買家保持好戰的政治立場（如果買家沒有直接與其他國家開戰的話），而非努力尋求外交手段解決紛爭。世界和平不利於軍火買賣的影子交易，可以說武器買賣靠煽動與資助衝突（包括國與國以及叛亂團體之間的衝突）成為既得經濟利益者，因此他們的游說活動應被視為一種偽裝交易。

金融虹吸現象

▶制度化的欺詐行為────────────

　　各國政府為了吸引外商投資，刻意重新制定稅收條例。瑞士、盧森堡、荷蘭、愛爾蘭和英國等歐洲國家，透過貨幣互換、稅務居籍規則和金融獎勵區等措施，對於避稅起了顯著作用。諷刺的是，在英國，這種博弈式資本主義現象（casino capitalism）獲得牛津大學企業稅收中心學者的支持，該中心由匯豐銀行、阿斯特捷利康（AstraZeneca）、吉百利（Cadbury）、勞斯萊斯（Rolls Royce）等企業資助。善用這類「好康」節稅措施的還有其他跨國公司，例如保誠（Prudential）等保險機構，帝亞吉歐（Diageo）等酒類製造商，葛蘭素史克（GlaxoSmithKline）和阿斯特捷利康（AstraZeneca）等製藥公司，微軟、谷歌和蘋果等科技巨頭，更不用說俄羅斯和其他寡頭、瑞士對沖基金經理、著名的英國足球明星等等。[35] 過程中，提供仲介服務的機構包括巴克萊銀行、匯豐銀行、花旗銀行和蘇格蘭皇家銀行等全球金融機

構，這些機構因自己的投資投機項目陷入困境，卻毫不難為情地認為自己有權獲得政府紓困，沒有因金融詭計與騙局受到起訴。

　　儘管美國政府努力打擊全球的洗錢活動和逃稅行為，但加勒比海地區的美屬維京群島，一如英屬開曼群島，都是這些影子交易的同謀。洗錢與逃稅這兩種影子交易都該被調查。防制洗錢金融行動工作組織（FATF）建立制度，並落實反洗錢和反租稅天堂，確實值得肯定，只不過該組織多個正式會員國仍提供客戶金融保密。金融行動工作組織一直在虛偽地針對巴拿馬、香港、萬那杜、英屬根西島等租稅天堂的銀行保密制度開刀，而忽略了美國有些州（如德拉瓦和南達科他）允許祕密信託，對全世界的有錢家族提供免個人所得稅和免公司營利所得稅優惠，信託金額約為 8000 億美元。[36] 令人遺憾的是，以節稅規劃為幌子的不道德創造性做帳（creative accounting）是大型跨國會計事務所，如安侯建業（KPMG）、勤業眾信（Deloitte）、資誠（PwC）、安永（Ernst & Young）等事務所根深柢固的做法，它們為跨國公司和富豪服務。這些合法銀行、諮詢顧問公司、司法管轄區，因為積極推動不道德的做法，損害所在地的政府和社會，應被歸類為偽裝交易的參與者。

▶ 支付贖金

　　海盜行為和綁架人質雖然有時在行動和涉及的犯罪上有所不同，但都是籌集資金的手段，然後為了個人利益或資助恐怖主義進行洗錢。然而，由於交易是以現金進行，因此難以追蹤。海

盜行為也可以被歸類為一種資源掠奪，特別是被劫持的船隻若是駛往已開發國家，而且船上裝滿了從開發中國家和新興國家出口的主要資源和農產品，這是後者賺取外匯非常重要的方式。索馬利亞犯罪集團組成分子包括投資者、股東、部落酋長、當地民兵、各種海事專業人員、警衛、翻譯和仲介，他們相互瓜分贖金。在 2010 年左右，平均每艘船的贖金已經上升到 920 萬美元。因此，大約四至六成的贖金留在索馬利亞。[37] 雖然歐盟和北約動用軍事資源減少索馬利亞沿海的海盜劫船事件，但是沒見到他們拿出明確行動，追蹤海盜如何透過全球金融系統為贖金進行洗錢，以及贖金可能被用於資助恐怖主義。[38] 在某些地區，劫船勒索贖金已成為一項有利可圖的活動，由於船員、管理公司、船東、註冊國和保險公司分散在世界各地，因此解決這一問題已成為一個跨司法管轄區的問題。毋庸置疑，這種由非法實體為不道德的目的透過非法手段進行的活動，屬於黯暗交易。

▶ 販賣公民權

另一種形式的資金外流是開發中國家向富豪販售公民權，交換富豪捐款給政府或在該國進行投資，希望能創造就業機會以及促進經濟發展。[39] 靠投資取得公民權，方式包括：簡單地把錢存入當地銀行，收購現成實業，或自己創業開公司。假設是後兩者，若沒有創造就業機會，沒有支持當地企業，沒有增加出口收入，沒有繳納最低稅額（如果該國有這制度的話），甚至公司壽命撐不過極盡放水的起碼期限，那麼衝擊可以降到最低，甚至是零。

可以預見的是，這些入籍方案吸引許多與非法活動、腐敗和挪用公款掛勾的人士，他們想方設法清洗資金，同時也盡量遠離本國和跨境事業網絡註冊國的司法管轄權。我們不難理解這些國家不願意透露有多少人透過捐贈取得公民權，因為需要對這些資金進行政治核算（political accounting），而這些資金往往被貪汙者不當挪用。[40] 儘管公民權買賣是一種根深柢固的逃稅形式，也是洗錢的渠道之一，但很少被調查。販賣公民權的政府以及投資換公民權的計畫當然合法，而受益人可能有，也可能沒有不道德的目的，所以可歸類為汙點交易或偽裝交易。

論點總結

正如本書努力印證的那樣，企業是影子交易的共謀，只不過牽涉的合（非）法性等級不一，但企業選擇淡化這一點，也很大程度忽略轄下業務黑暗的一面。實際上，這些企業為了轉移注意力，宣導擁抱消費的生活方式，對於以下問題睜一隻眼閉一隻眼：慘遭剝削的勞工、使用的資源、因爭資源而起的衝突、製造的垃圾，以及其他不道德，甚至是非法的做法。支持「華盛頓共識」的機構大力倡議公私合營，這是值得商榷的經濟發展解藥。我們既不希望政府不假思索地否認社會經濟不公的現象，也不希望企業以社會責任為名，只會頭痛醫頭腳痛醫腳，我們需要的是徹底轉變對影子交易的看法、態度和行動。這不僅要求單打獨鬥的獨資企業對衝擊自家公司營運的特定影子交易開刀，也要求企

業齊力集體行動，反對所有影子交易，至少反對讓各自產業蒙汙的影子交易。要解決跨國影子交易的「道德赤字」，意味短期內可能要犧牲公司獲利。為了所作所為符合道德目的，積極與政府和民間社團攜手，朝永續環境邁進。

暗領域

▶ 揭開暗網的面紗

　　這本論影子交易的書籍，無疑會讓人產生如下的假設：講的都是在暗網中進行的隱祕活動，充其量靠著脆弱的連結從事不當勾結。有時，暗網（Dark Web）被錯誤地與深網（Deep Web）混為一談。暗網的主要特徵是主流瀏覽器和搜索引擎無法存取的網站與網絡。這些網站需要密碼才能進入，而且不能透過常見的瀏覽器進行搜索。這些網站不一定非法，往往會提供常見的功能與服務。雖然世界上愈來愈多人依賴互聯網收看新聞、接收訊息、進行通訊和收看影音娛樂，但他們也發現，愈來愈少的網路數據可以被隨手下載。

地上和地下

　　嚴格來說，深網包括暗網，但也包括機密數據庫、加密的電子郵件服務、需要註冊的網絡論壇、網路銀行、科學原始數據和付費網站等等，據說總規模是公共互聯網的數百倍。深網也是

傳遞真相和伸張正義的重要途徑，尤其是以下人士的重要發聲管道：專制國家的政治異議分子、舉報企業犯罪的吹哨者、公民記者與部落格、人權活躍人士等等。一些人在深網開發或複製社群媒體網站，規避監控與數據挖礦（這兩種活動經常被用於提升市場行銷效率）。令人困惑的是，良性的深網也常被視為暗聯網（Dark Internet），被大眾媒體和社群媒體當作暗網的同義詞。在本章，我們只使用暗網這個術語，因為它涉及發生在那裡的邪惡交易。

出於安全理由，政府機構努力透過暗網收集有關恐怖組織和販毒集團的數據，並與學術界分享這些數據，以利進行研究。社群網絡分析和文本挖掘已被應用於理解這些網站，協助當局制定反制措施。但事實證明，圖像再現這些以主題搜索而得的訊息是無效的，因為除了辨識網絡的關鍵成員，它無法顯現任何模式。[41] 儘管如此，能夠循線查出策劃惡意活動關鍵成員的身分，進而關閉某些暗網網絡，這些努力仍有其價值。這些參與非法暗網的成員，典型特徵是與其他可疑網站有緊密的連結，而與合法網站沒有連結。[42] 不過，假設他們與其他可疑網站接近，不一定能作為跨網聯盟的決定性證據。此外，這些連結很難確定是真有其事，因為彼此之間的連結可能出現一些環節不見了，改而透過網絡之外的路徑進行溝通，例如透過「現場」或是暗網的另一個地方，甚至是故意誤導的假鏈接。[43]

可疑的服務

不同於「表面網路」（surface web）或「明網」（clear-net）

的用戶，黑暗網路的大多數版主和贊助人使用 Tor 加密工具來隱藏他們的身分，因此吸引對保密性要求很高的用戶。Tor 搜索引擎使用多層加密隱藏用戶的位置，這功能很像 VPN，但效率更高。因此，暗網是進行許多非法交易的地方，諸如販毒、兒童色情、勒索、造假、武器走私、策劃恐怖主義，以及諸多見不得光的祕密活動。雖然毒品交易一開始在暗網的規模並不大，但根據聯合國估計，2013 年至 2016 年期間，毒品交易年增率達 50%。在美國，槍枝販售已移到暗網平台，因為預期各州政府會實施更嚴格的監管。在歐洲，可以在網上購買武器，並寄送到家門口。色情製品不僅包括侵害兒童的行為，還包括性虐待和肆意殺害動物。除了槍枝、毒品、色情等等，暗網市場還提供被駭客攻擊竊取的個人資料，這些數據來自數以百萬計的用戶，例如商店的信用卡資料、電話公司的用戶訊息、電子郵件供應商的登錄憑證，甚至政府保險機構的公民醫療紀錄，每份價格約 22 美元。這些數據的買家可以透過勒索軟件向企業和個人索取贖金。[44]

　　隱藏維基（Hidden Wiki，譯注：又譯暗維基）是暗網的目錄，提供洗錢、雇凶殺人、網絡攻擊和限用化學物質的鏈接，也提供製造爆裂物的教學。恐怖組織利用暗網策劃攻擊，公布歷來的「豐功偉業」以及招兵買馬。而且獲得技術後，除了在實體世界發動攻擊，他們也進行網絡攻擊。暗網還與暗殺活動有牽連，不僅幫忙雇凶殺人，而且允許第三者對暗殺行動的發生時間簽賭，儘管有些已被揭露是騙局和詐騙。一個現已停業的網站詳細揭露對流浪漢（通常是未註冊的公民）進行的醫學實驗，結果因此喪命。暗網上存在「根據客戶需求行竊」的網站，經營者善於

偷竊客戶本人無法負擔或拒絕支付合法價格購買的物品。暗網為使用比特幣的賭博（美國禁止賭博）開方便之門，因為暗網允許美國的賭徒偽裝他們的 IP 位址。加密貨幣被認為廣泛用於暗網上大多數的犯罪交易。

資安人員巡邏網路

工業化國家強化網路巡邏，查封包括惡名昭彰「絲路」（Silk Road）在內的黑市購物網站，定期瓦解戀童癖組織，這些均取得相當卓越的成效。值得注意的是，絲路的參與者認為絲路不僅是毒品交易市場，也是一個討論次文化現象的網站，網友以自由主義的角度切入，討論被社會汙名化的行為，例如反對毒品被禁的行為主義。[45] 但從長遠來看，關閉所有暗網網絡也許不可行，對那些真正從這些暗網系統受益的人而言，也可能覺得不合理。因為暗網的弊端似乎主要影響民主國家的公民，而好處往往屬於獨裁政權下的人民。暗網的保密問題，以及由此產生的監督問題，必須作為一個社會學問題而不是技術問題來對待。監督方式包括繪製隱藏的服務目錄，以及對客戶數據庫和社群論壇進行語義分析。

工業化國家的警察謹守分際執法，讓居民在現實世界享有法律與秩序提供的好處。同理，在網路世界，警方執法也應有類似的做法。[46] 利用軟體漏洞的惡意程式會在製造商完成修補漏洞之前，入侵電腦或網站。此外，存在一個黑市平台，專門買賣這些漏洞，價格會根據程式的受歡迎程度和破解其原始碼的難度來決定。[47] 在開發中國家司空見慣使用盜版軟體的現象，可能是一

種反抗形式，顯示用戶不滿企業巨擘控制電腦遊戲、電影和程式等產品。但這些盜版也是傳播病毒和收集寶貴個資的一種手段。可以說，除了利用新技術作為媒介，暗網等網路犯罪與現實世界的犯罪沒有本質上的區別。

關鍵問題

影子交易是暗網活動的一個子集？抑或兩者在本質上有根本的不同？如果是，是怎樣的不同？由於深網或暗網的所有網絡都是隱祕的，如何區分邪惡與一般之別？

雖然合法企業可能不依賴深網，但這些公司能否在必要時從深網獲得供應緊俏的服務或商品？合法企業能否利用暗網延伸電子商務的戰略？如果可以，該怎麼做，為什麼這麼做？若否，為什麼不能？

對暗網中的祕密交易進行監控，對於干預或限制影子交易是必要手段？抑或只是有幫助？由於暗網的範圍遍及全球，參與者通常難以追蹤，因此有任何一個國家有能力執法取締嗎？

如果政府能夠存取深網的數據，他們會不會破壞攸關合法商業競爭力的保密性？關閉暗網市集平台會不會破壞影子交易？或者這只會逼迫交易進一步轉入地下？

第十章

參與的
必要性

Credit: Kelly Lacy/Pexels

回顧與展望

　　治理全球商業行為的政治法律制度難免存在模糊性與灰色地帶，雖然影子交易可能利用這些模糊性，但道德標準幾乎是放諸四海皆準，應該適用於影子交易的受害者。影子交易的後果對世界各地人民產生輕重不一的影響，低度開發中國家的底層人民最容易受到剝削。

　　本書希望協助公民、消費者、勞工、工會幹部、政府政策制定者、企業高管、公民社會和學術研究員攜手合作，合力解決影子交易對人類造成的實質影響。透過分類，我希望所有相關人員都能意識到全球市場上的合法產品和服務，如何與非法事業體和非法經營形成共生關係。

　　本章回顧此書提出的各種概念和觀點，亦即交叉經營、非法組織、非法營運、政府漠視、對市場恢復監管、新殖民主義、提高利害相關人士的意識、道德價值、道德實踐和社會經濟正義。

　　在本書的結尾，我們呼籲重新恢復對全球商業的管制、合法性黑白分明、減銷降低消費需求、推動永續消費、結合行動與研究，強化企業責任等等，這些都是解決影子交易的解藥。

剖析相關因素

▶ 全球化的經濟

對市場放寬管制

本書報導的影子交易持續成長，絕對與全球降低貿易壁壘相關，而政府無力約束這些影子交易，是因為國家加入區域和國際經濟組織被削弱了權力。此外，資本主義自由市場意識形態抬頭，抑制政府以任何可能影響企業的方式干預經濟，無論其營運合法與否。[1] 影響所及，公共資金縮水，導致政府（甚至包括有政治意願的政府），在監管、調查和起訴企業犯罪行為時，顯得裹足不前。可以說，新自由主義全球化惡化了國與國之間以及國家內部日益嚴重的社會經濟不平等，結果為許多影子交易提供了有利條件。之前實施計畫經濟的國家，如東歐、前蘇聯加盟國以及其他政治不穩定的地區等等，組織犯罪紛紛崛起，成了市場化付出代價的代表，因為市場化的同時，卻沒有相應的監管、法治、獨立媒體和公民社會團體。新的通訊技術，如互聯網和行動電話，給全球合法企業帶來福音，同樣也給非法企業帶來好處，大幅增加政府追蹤其業務的難度。

不公平的投資

雖然工業化國家靠關稅和非關稅壁壘保護本地產業，這在政治上可能是明智的，但它可能對開發中國家造成嚴重後果。鮮少人承認，這種遍及全球的社會不公不義現象和經濟暴力可能而

且確實會反過來困擾工業化國家，形式包括人口販運、毒品走私和恐怖主義等等。聯合國推出千年發展目標（MDGs）時，可能獲得大家關注，不過隨著世界經濟衰退，工業化國家的承諾面臨風險，開發中國家的前景也不斷惡化，MDGs似乎已喪失動能。更加全面的聯合國永續發展目標（SDGs）是一個平台，來自學術界、政府機構、民營部門、非政府組織的經濟學家，可以倡議和游說當局必須對經濟貿易政策進行必要的改革，徹底解決導致勞工遭受壓榨剝削的貧困問題。儘管海外可能更歡迎高技能的勞工，但低技能的勞工在海外也很吃香，因為東道國需要他們從事本國公民（即使失業）也不願意做的粗鄙工作。儘管如此，移工（特別是無證工人）讓工業化國家得以繼續保留低薪工作，業界則沒有什麼動力進行投資或培訓，實現自動化、電腦化或是提高在地人的勞動生產率。全球化的自由市場經濟占據主導地位，特點是所有國家，包括工業化國家、新興國家和開發中國家相互依存，這可能導致新殖民主義，而影子交易就是其中一種表徵。

短視的保護主義

開發中國家的合法農產品或園藝產品無法進入工業化國家，是由於美國和歐盟等工業化國家的高關稅壁壘和農業補貼所致，儘管這些保護政策往往被偽裝成要求開發中國家遵守植物檢疫和品質標準的非關稅壁壘。主要由工業化國家的機構買家制定的商品價格，要嘛低價要嘛打折，威脅開發中國家數百萬農民和礦工的生計，這是一種新殖民主義的形式。這往往逼迫後者別無他法，只能種植古柯樹和罌粟等經濟作物，這些作物可以提煉非

法毒品，走私到工業化國家銷售牟利。另外，這些農民自己也被人口販子偷運或販賣到工業化國家，在農場、血汗工廠或地下犯罪集團工作。因此，工業化國家可能會發現，放寬農產品和其他產品的進口壁壘，或者提高資源的價格，反而更具成本效益，因為不用花大錢提高邊界管控，不用花大錢用於移民（無論合法與否）的社福支出，甚至省下對本國一般民眾的援助。工業化國家基於政治上的權宜之計和經濟上的貪婪，結果反而對自己的社會和經濟造成傷害，一旦這些國家的公民對這些影子交易盤根錯節的連結有了更多了解，看清他們對道德的挑戰，就應該起而展開游說，反對保護主義政策。

▶ 政府無力與無法履行職責 ──────

放棄主權

　　諷刺的是，願意為捍衛周邊領土主權不惜一戰的國家（這些領土通常蘊藏豐富自然資源），卻非常願意宣布城市或沿海地區不受其司法權管轄，以便本國公民可以在原本非法的條件下被雇用。在自由貿易區，勞動力顯然可以被剝削壓榨，因為不論是東道國還是他們母國的法律都不適用，表面上成立自由貿易區是為了創造就業機會，但代價是放棄稅收和剝奪社會福利事業。在自由貿易區就業，成了吸引來自國內或區域內貧困地區窮人的一個誘因，進而成為販運、走私、抵債等種種剝削勞工的催化劑。公民被剝奪改善經濟命運的合法機會，迫使他們在國內或國外透過非正常人口移動創造或參與準合法、法外或非法的平行經濟

（parallel economy）。有證據顯示，在遠離本國的國際海域作業的遠洋漁船上，漁工受到剝削。此外，在開發中國家水域附近或在其水域內捕魚，往往侵犯了開發中國家政府分配到的海洋資源，但這些國家的政府卻不履行或沒有能力執行主權。更糟糕的是，在衝突地區，因為法制已無法再發揮作用，導致政府軍、敵對的武裝團體或是外國占領者，剝削人民和資源。

國內和區域性衝突

國內爆發暴力衝突通常是長期政治鬥爭的結果，衝突期間，其中一個或多個群體的經濟權利慘被剝奪。不幸的是，在後殖民國家，衝突可能由前殖民宗主國在背後出資贊助，包括提供武器和軍事力量，前宗主國基於戰略原因與既得利益考量，偏好聽話的一方戰勝並控制另一個群體。研究顯示，長期衝突是陷阱，會讓國家陷入長期貧窮狀態，即便最初衝突的原因已隨時間消失。[2] 捲入衝突的敵對勢力互不相讓，堅持自己才是合法的民政府（civil authority），長期戰爭狀態為非法經濟和影子交易持續惡化提供溫床。在戰火下，人民淪為奴工，礦物被盜賣，反過來又為全球的珠寶業、產業作業流程、食物鏈、家用電器提供支撐。在現實中，大多數消費者並不知道產品的供應鏈，往往不會追究他們所購買的產品履歷與來源，也不容易發現終端產品與影子交易有交集。相互衝突的國家對彼此實施禁運，或由霸權國家對交戰團體實施禁運（無論是出於好意或是什麼），結果勢必衍生大規模走私，這是另一種影子交易。諷刺的是，有時這些影子交易是交戰國家互相勾結或至少知情的情況下進行。

官員腐敗

在許多開發中國家和新興國家，政府官員薪資低、執法成效不彰，與經濟相關的所有部門莫不積極參與影子交易，包括西非不道德的鑽石開採、東南亞的硬木砍伐、東歐的販賣婦女、拉丁美洲的毒品走私等等，這些商品與人口往往走私至原先殖民他們的大國。例如，被販運和被偷渡的人往往不能在落腳的目的國尋求庇護，因為一旦被解救或查獲，多半被遣返至原籍國。一旦返國，他們可能會受到所有參與販賣人口涉案者的報復，包括腐敗的警察和其他政府官員。[3] 源於黑色或灰色經濟的跨境威脅多半來自於自己國內的個人和團體，而非其他民族國家，除非後者被前者徹底腐化。[4] 有時一個國家的政府官員、政治領導人或其他有影響力的人，也是影子交易的間接參與者，他們被收買與賄賂後，忽視走私或提供走私者便利，就像他們曾在帝國主義統治下，曾參與奴役、搶劫、暴力、走私等不法勾當。更多時候，他們在不知不覺中透過不作為或錯誤的政策（如貿易禁運、工業補貼、囚工、國內外的武裝衝突等等），為影子交易開方便之門。如果不解決國家被富人支配的問題，不促進社會經濟發展，最終會導致公民用腳投票，離開自己國家前往帝國主義經濟體，進而破壞倡議政治獨立性的民族主義言論。

▶ 企業也有罪責

有問題的生產

全球供應鏈引發諸多爭議，包括涉及童工或強迫勞動，使

用來自戰區的礦物，製造過程產生的有毒廢棄物被隨意傾倒或排放，將廢棄產品以及汙染物留在生產國等等，不過透過全球供應鏈，產品被合法行銷到工業化國家、新興國家和開發中經濟體。許多合法企業會互相共享供應鏈，使用影子交易的資源或被影子交易所利用（不管知情與否），因而讓企業名譽蒙汙。例如，人口販運和器官買賣利用旅行社、船運公司和航空公司等合法企業，其中一些企業可能將影子交易視為有利可圖的手段，儘管這是不道德的副業。合法的物流公司可能以公司名義進行配送，而這些公司可能從事道德上有問題的交易，如武器買賣或廢棄物處理。即使是完全合法的企業，業主或經理也可能利用不實發票掩護非法活動，如洗錢和逃稅。他們的消費者或產業客戶無論同意與否，都成了共犯，因為可以合理地預期，一些人明白這種做法的整個背景後會取消合作。通常情況下，企業因為負面宣傳或消費者抵制，影響到公司的獲利與股價，逼迫公司不得不承擔企業社會責任，而非受到企業領導層內在的道德指南針指引。擁護企業公民（corporate citizenship）原則需要留意社會共識，而不是選擇忽視、破壞或顛覆它。

宣傳鼓吹消費主義

資本主義經濟系統高度依賴媒體的軟實力，希望說服消費者，讓他們需要與渴望自由市場生產的商品和服務。因此，這點廣告和媒體得負一部分責任，畢竟廣告和節目多少讓開發中國家和轉型期國家的公民不滿目前的生活水平，影響所及，形成了一種文化帝國主義。媒體宣傳鼓吹資本主義消費主義，結果出現一

個後果：亞洲、非洲和拉丁美洲等開發中國家的較低階經濟人口，準備向工業化世界進行冒險的經濟移民。因此，他們特別容易受到人口販子和走私者的剝削和壓榨，成為歐洲、澳洲和北美社會的邊緣人，生活遭遇諸多苦難。這些經濟移民發現在工業化／開發中國家並非總是綠草如茵，特別是作為新來者和非法移民，但明白時為時已晚。公共教育應該果斷地強調各種剝削勞工的形式與弊端，無論這些勞工是在原籍國、過境國，或目的地國被販賣、強迫勞動，還是遭遇其他非法形式的剝削。

靠媒體宣傳

商業媒體、廣告和公關等產業，成了資本主義經濟體系的宣傳機器，不僅為企業服務，也為新自由主義政府服務，一如極權主義社會過去與現在都會利用國營媒體宣傳意識形態。在放寬管制和市場化的支配下，國內、區域型和全球性商業電視頻道蓬勃發展，錯誤訊息與假訊息滿天飛。就連公共廣播媒體（如果它們能繼續存在）也愈來愈依賴廣告收入和贊助商資助。由於政府減少資助，這些媒體放棄了為社會（特別是為下一代公民）提供訊息和教育的新聞天職，播報內容愈來愈有利市場行銷。跨國公司往往將生產和行銷外包給與當權者關係匪淺的在地公司，或是與他們建立合資企業。這些在地公司的幕後老闆是政治和經濟菁英，他們也可能擁有商業性媒體，或是權大勢大能夠對公共媒體施加莫名其妙的壓力。因此，當務之急是在全球倡議永續生活的反文化（counter-culture），抵制商業化媒體鼓吹的消費主義至上這個主流文化。

如何補救

▶ 經濟倫理學

更公平的貿易

一如三十多年前柏林圍牆倒塌象徵共產主義經濟系統破產一樣，現在看來，當代社會遲早該對美國普遍存在並擴及至全世界的超級資本主義系統（hyper-capitalist system）做些改革。長遠來看，更公平的貿易規則，搭配短期選擇性的資金補貼，似乎更能獲得顯著的成效，諸如能快速實現永續發展、符合公正精神的和平、全球安全（涵蓋工業化國家、新興國家和開發中國家）等等。[5]

在一個資源有限的世界，民眾通勤、生活、工作、生產和消費的方式，只會導致集體貧窮，世風日下有利於不當和違法行為。長期以來，經濟至上的結果，不論是經濟戰略或經濟政策都凌駕在道德倫理之上，而企業忘記了他們自中世紀以來成立同業行會的根本精神，聲稱行會的公民責任和企業獲利之間並無衝突。與其在企業社會責任的幌子下推卸責任，或只是象徵性地處理企業涉入的影子交易，不如逐步改變觀點、態度和行動，哪怕是需要時間一步步慢慢轉變。

新自由主義者往往不加思索引用亞當·史斯密「看不見的手」的市場機制，把利潤奉為神聖不可侵犯的最高指導原則，但他們應該注意到，史密斯作為政治經濟學家，強烈主張須公平地再分配財富。

永續事業

經濟全球化之後，政府受限於新自由資本主義，無法對企業進行監管，諸如企業是否保護勞工的人權、保育資源或按規定繳稅。因此，政府和企業（規模涵蓋本土、區域和跨國）之間的依賴性愈來愈緊密，代價往往是犧牲中下層民眾的利益，以便維持彼此的存續。在市場趨勢、媒體宣傳、無法持續的生產方式、推陳出新的技術推動下，消費主義成為普遍現象。為了讓農業規模化而破壞森林，為了生產線在衝突地區採礦，這些在在破壞了土地與河川，而廢棄物的傾倒和回收汙染了空氣並造成其他形式的環境惡化。[6] 氣候變遷對地球的永續生存是迫在眉睫的威脅，有可能導致社會動盪和衝突。軍火貿易往往會點燃或加劇衝突，交戰團體你來我往爭奪稀缺資源。難民（無論是戰爭還是氣候變遷使然）又反過來為人口販運和人口偷渡創造需求。所有這些都會導致資源枯竭、武裝衝突、剝削勞工、廢棄物，以及各種影子交易，這些勢必對氣候變遷、流行病、難以解決的貧窮問題、社會動盪、武裝衝突等全球問題產生影響。所有影子交易都是相互關聯、彼此共生，所以這些負面影響無法單獨一一緩解。

企業說到做到，擔起責任

目前企業被要求向外公告對社會和環境的影響，但大家似乎只是象徵性的遵守，以保護企業的公共聲譽、與政府的關係、品牌信譽和客戶忠誠度。更令人忿忿不平的是，企業傾向於透過善舉行銷（cause marketing）和目的行銷（purpose marketing），將社企責任變成獲利的手段。沒有任何結構和系統可檢驗企業是

| 相關催化因素 | 建議參與 | 可能的緩解措施 |

全球化的經濟
＊ 對市場放寬管制
＊ 不公平的貿易
＊ 保護主義的弊端

政府無力與
無法履行職責
＊ 放棄主權
＊ 國內和區域性衝突
＊ 官員腐敗

企業也有罪責
＊ 生產有問題
＊ 宣傳消費主義
＊ 靠媒體宣傳

經濟倫理學

利益共生者充權

公共知識分子主義

合法性黑白分明

倡議加行動主義

減銷降低對影子交易的需求

降低人口販賣事件

對移工有較好的看顧

較佳的器官可得性

可替代的器官移植

減少軍火支出

軍火移轉透明

廢棄物追蹤

減少生產有毒廢棄物

有效起訴貪腐

追蹤全球資金流動

圖 10.1　影子交易的催化、參與和緩解

否真的說到做到，更不用說懲罰其發表誤導性訊息或刻意誇大與扭曲。例如，儘管政府制定企業訊息披露管理辦法，並規定須取得消費者同意，但是消費者無法拒絕電子監控，為的是能夠繼續使用線上服務。換言之，這只是偽透明（pseudo-transparency），因為害怕有法律責任和財務損失，就股價和管理層的獎金而言，企業很看重這兩點。除非將企業參與影子交易的行為裁定為刑事犯罪，否則公司的審計和政府的管理辦法可能不足以扭轉影子交易有增無減的趨勢。因此，除了非政府組織、政治領導層、公民社會團體之外，學術界和相關專業也可以發揮作用，揭露跨國界商業網絡如何透過各種影子交易導致社會經濟不公不義的現象長期存在，以及該如何透過干預措施，減輕這些不公不義的現象（圖 10.1）。

▶ 減銷降低對影子交易的需求 ——————

不實宣傳導致漠視

大多數消費者並不知道他們使用的產品和服務，可能與可疑的全球商業或影子交易沾上邊。器官移植旅遊的客戶無法全盤了解取得器官的所有過程，而這些器官無一例外總是涉及窮人。國內外的色情產業或娛樂事業的顧客，受到五光十色行銷手法的影響，往往視而不見遭人口販賣下海的性工作者的困境。行銷時標榜產品製作過程不使用童工，並附上相關的證明文件，這方面的做法已經取得難得可貴的成就，儘管還需要做更多的努力確保這不會反過來逼迫兒童淪為較不受外界關注的家庭幫傭，有些甚

至可能受到更嚴重的剝削（例如被迫賣淫），或是連累家人陷入赤貧等等。無論對新殖民主義有何批評，讓服飾、寶石和傢具等產品取得國際認證，已在很大程度上成功讓消費者認識到這些產品是否來自衝突地區、非法砍伐的受保護雨林、極權國家、用監獄勞工生產等等。另一方面，如果潛在的經濟移民的母國由於戰爭、內亂、氣候變遷、貿易壁壘、土地徵用、金融剝削等原因，社會經濟狀況仍然令人絕望，那麼這些值得稱讚的措施，例如透過區塊鏈技術追蹤產品履歷，到頭來都可能被證明無效。

想方設法提高民眾的意識

　　民眾需要進一步認識導致影子交易的社會經濟複雜性，這是企業傳播、公共關係、廣告、社會行銷，和其他相關領域的學者與業者可以貢獻一己之長的領域。此外，面對事實時（而非錯誤或虛假的訊息），可假設消費者是合理與講理的人。應該要有創造性的溝通方式和調查媒體，想想有什麼方式可讓人在進行影子交易時，出現認知失調和道德良心的譴責，最優秀的行銷人才也許可為此做些貢獻。反對性交易或人體器官買賣的運動，可以邀請正派的醫療和娛樂產業共同贊助。更激進的做法是修改法律，讓涉入影子交易的產業、供應商和客戶一律得被繩之以法，罪名是隱性共犯，與人口販子、仲介、車手等實際參與犯罪的罪犯同列被告，即使後者只能在缺席情況下被起訴／或是人在海外，司法無法行使管轄權。同樣地，管理學、倫理學、傳播學、媒體和法律方面的學者可以站在最前緣，呼籲企業和政府贊助這類社會行銷活動，透過異業結合與胡蘿蔔加大棒的方式（恩威並

施），改變大家對各種影子交易的態度，進而抑制對這類交易的需求。

▶ 利益共生者充權 ──────────────

議題設定

　　近幾十年來，由於政治經濟、技術、生態和文化出現徹底的改變，加強了工商界和公民社會的對話，針對人權和勞動條件等課題展開合作。[7]工商界支持優質生產和爭取全球標準認證等舉動，應該進一步升級，包括嚴格監測生產過程，確定是否所有的原物料都符合倫理道德，而非只是監測名義上的供應商以及最終成品。這種認證生產過程一切合法的做法，其實有利跨國公司的品牌形象、風險管理和降低成本，對他們應該有吸引力。至於對非政府組織的價值與意義則包括所有改變與進展有憑有據、易於推動扶貧活動、不必花大錢游說。[8]對影子交易進行深入研究的主要動機，肯定是希望政府、企業對於合法和非法交易之間的一切共生關係，承擔更大的責任，即使這可能危及公共和私人的資金來源。政策制定者和官員反對政治人物和政黨黨綱所倡議的反制措施，因為這些措施往往與相關的自然科學、社會科學、國際條約等相牴觸，這些官員需要得到的是重視而不是指控〔外界習慣稱這些唱反調的國家是「深層國家」（deep state）〕，因為他們可能是受到其他政府的影響。此外，政府和企業在行為與經濟上受到公民和消費者的施壓（而非反過來），[9]包括廣泛而深入的調查性新聞報導、對他們進行負面宣傳、有針對性的激進行

動等等，逼迫政府和企業採取符合道德的行動與措施，因為他們似乎不會被學術會議、期刊、書籍的冷靜論點所說服。

劃定邊界

在工業化世界，影子交易和合法公司之間的連結需要有更明確的邊界。雖然工業化經濟體在電動汽車的發展被廣泛譽為環境的福音，但電池中的鎳是在開發中國家開採的（如瓜地馬拉），該國的組織犯罪和剝削性勞動都偏高。同理，為支持新興經濟體蓬勃發展的城市，營建業需要大量砂石，可能會開挖鄰近開發中國家的海灘和海洋，破壞他們的生態系統、海洋資源、健康和生計。在採砂業和營建業中會發現抵債勞工，這些勞工也很容易被強迫賣腎。世界上最大的產業之一：旅遊業，經常被認為是開發中國家土地惡化嚴重的主因之一，因為大量興建酒店、海灘度假村、高爾夫球場和其他設施，這些設施侵占了窮人世代居住或使用的公共土地，但因為窮人沒有土地所有權而被迫遷離。雖然一般常見的論點是，工業化和新興經濟體可藉新增的就業機會和遊客的消費，舒緩貧窮現象，但觀光業發展衍生的更廣泛社會衝擊，對當地社區產生不公平的社會文化與政治經濟成本，這些需要在經濟模式中納入考慮。

權貴應該覺得羞愧

據報導，鉅富（或者說世界 1% 的人口）擁有世上近 80%的財富，愛以豪宅、遊艇、度假和慈善活動等等，炫耀自己的財富。[10] 炫富的時候，對於自己日進斗金的手段沒有一絲羞愧，包

括可疑的生意、貪汙、非法經營、挪用公款和逃稅等等。值得注意的是，在達沃斯（Davos）會議上，各國政府紛紛求助於企業領袖，向他們請益全球經濟政策，而他們卻繼續不履行對社會的財政義務。愈來愈多跨國公司與企業老闆轉向慈善捐贈以及提出發展倡議，但他們對這些國家捐款與提出發展倡議時，不僅沒有專業知識，甚至無恥地剝削這些國家。現在，他們高高在上地批評這些國家公共資金不足，導致衛生或教育等領域出了問題，並扮演慷慨的施捨者。值得注意的是，名人與名流在經濟發展和國際關係方面扮演全球活躍代言人的角色，在這些領域，他們沒有什麼專業知識，卻得到民眾縱容，並大幅提升個人的形象與品牌。[11] 他們的貢獻並非沒有回報，例如減稅、非營利地位、聲譽紅利等諸多好處。企業或個人這些善舉並非出於利他，而是利己，所以他們堅持不讓公司的經濟活動透明化，供世人檢驗。在資源日益稀缺和經濟嚴重不平等的世界，社會應該進一步認識鉅富可憎的一面，他們透過綿密設計的家族信託為後代保留財富，以逃避合法的稅收；透過浮誇的生活方式炫富，或透過遺產捐贈轉移財富，或透過名人效應讓財富錦上添花。

反對壓迫的教育

▶ 學術難題

規範性研究

雖然研究員整理紀錄企業的發展趨勢，分析他們成功的商

業模式，但鮮少人勇於提出如實反映現狀的模式，以便減少對99％人口經濟不公的現象，這些人民必須如實納稅，卻被企業的金融巧計剝奪了社會福利。社會科學家必須停止趨利避害，漠視企業有問題的做法，耽溺於研究只有少數人懂的深奧理論，以利他們在知名期刊發表論文。由於富人和其他公民一樣，也是公共基礎設施的受益者，卻讓中產階級的中下層人民承擔不成比例的稅賦，這點必須追究富人的責任。由於企業習慣利用稅收制度的漏洞，社會科學家必須力促當局修改公共政策，估算富人在全球的收入和資產。除非對逃稅的懲罰高於罰金，改以要求違者必須坐牢服刑，否則富豪（包括個人和公司高階經理）沒有動力為了社會利益而遵守現有或未來的法規。同樣地，除非武器製造商、經銷商與客戶都得面臨因違反人類罪而被起訴的風險，否則他們也沒有動力減少有利可圖的買賣。學者提出主張時，需要使用經過充分研究的事實佐證，力主為什麼影子交易導致長期無解的不公正現象，所以應該視為犯罪受到懲處。就本質而言，學者需要毫不畏懼地對當權者說真話，而不是用學術術語混淆視聽，以及應該號召動員其他人，堅決擁護社會轉型。

規避風險

　　許多影子交易由犯罪集團控制，儘管有時腐敗的軍警或叛變的武裝部隊也會插手控制，這些勢力會毫不猶豫地使用暴力，如果有人威脅到他們有利可圖的收入來源。[12] 因此，學術研究員就像調查記者和執法人員一樣，即使沒受到人身傷害或遭綁架，也面臨生命危險（至少有這種風險）。[13] 許多研究分析無疑要仰

賴二手資料收集量化數據，以及依靠可信賴的線民收集質化數據。然而，關於影子交易的嚴重程度，迄今已累積相當多的數據，儘管這些數據有時可能是意見不一的「猜測」，需要對不同來源的數據進行第三方查證或以其他方式加以統整，最好還有原始數據備用參考。顯而易見，量化的研究方法，如統計調查，甚至一些質化的研究方法，如焦點小組訪談，對於研究影子交易的成效不大，不管這些影子交易是非法、近乎合法或高度機密。這時就需要承認民族誌式個案研究方法的地位，在影子交易這個充滿爭議的全球商業分支領域，隱而不宣的民族誌式研究方法符合道德、有成效（即使非傳統），有助於歸納知識。最重要的是，評估學術研究的含金量是高是低時，必須抵制一些僵化性的市場指標，包括功利主義、資金、成效、影響因子、被引述的次數等等，[14] 改而看重他們是否具備對社會極具價值的知識，以及是否做到知識分子參與公共事務的責任。

顛覆教育

　　大多數關於商業倫理道德的書籍、個案和課程，將重心擺在合法企業、政府和非政府組織中管理高層的不道德行為（儘管這些行為有時完全合規）。沒有討論的是他們間接參與非法活動，這些活動背後的指揮者包括犯罪組織、官員、宗族派系、軍隊、民兵、叛亂組織。他們擁抱超級資本主義的精神，力求競爭力、成長和利潤，因而對這些非法活動視而不見。管理學書籍與文獻，無論是學術導向還是實務導向，似乎都關注企業的社會責任，但這麼做主要是為了提高股東的權益報酬率，而非真的反對

非法商業活動，也非真的基於利他而身體力行，反對影子交易所延續的社會經濟不公正現象。理想的教育並非注重事後系統化以及無價值的理論，而應透過對話和齊心齊力合作分析問題之所在，緩解壓迫現象，並放權給遭受剝削的人民。[15] 需要對學生、學者、記者，所有願意深思的公民進行再教育，讓他們明白社會主義並不像共產主義，後者不僅已失去光環，也無法與市場體系相容。經歷大蕭條和二戰的洗禮後，社會主義的好已由凱恩斯式的經濟政策得到印證。因此，社會科學領域的批判性學者也許能扮演關鍵角色，不僅分析影子交易的成因，也能在影子交易普遍存在的地區催生社會、政治和經濟等變革。整個學術界被發現沒有預先警告放任金融市場的後果，導致 2000 年代末和 2010 年代初金融市場失控，而今我們可能也被認為，再次漠視或袖手旁觀另一個重要的社會倫理問題。

▶ 黑白分明的合法性

辨識和保持距離

總的來說，新自由主義和自由市場資本主義的擁護者，似乎既沒有正視與世界經濟共生的影子交易牽涉的不道德問題，也沒有解決跨國公司合法業務所造成的經濟不平等問題（跨國公司的業務之所以合法，係因政府無意之間縱容）。民間社會活躍人士和非政府組織團結一致，帶頭承擔起必要的社會責任，現在社會責任已被列入公司的議程，儘管有時這不過是企業做做樣子的象徵性行為。也許合法的公司也需要被教育，讓自己與非法活動

保持距離，但這些非法活動與合法公司共享相同的供應鏈、金融機構、通訊技術和優惠的貿易條約，導致消費者和公民都受害。企業與其口口聲聲說需要與所有利害相關者協商，不如讓社區、政府、工人、供應商和消費者代表出席企業的董事會，參與決策權。這並不牽強，因為世界各地的社區和城市已開先例，建立這種公平的結構，通常是在衝突和危機之後。相較於狹義的企業社會責任，我們更需要的是企業帶頭擁護、行動和反對一切形式的影子交易，包括與自己公司和產業有一定地理或經濟距離的影子交易。在公平貿易條件和永續經濟成長的可疑承諾下，不加批判地推動國際貿易，透過國際貿易把開發中國家和新興經濟體納入新自由主義世界經濟，這方式需要受到積極挑戰，因為這是工業化世界的新殖民主義手段。

解離和改革

影子交易與世界經濟中的合法商業活動有著千絲萬縷的聯繫，並寄生於後者，因此，如果不消除影子交易，會給後者帶來嚴重、難以預料的後果。實際上，有些人認為，這種不正常的全球化（影子交易）可能是許多開發中經濟體能夠參與全球自由市場並從中獲利的唯一手段，主要是繞過貿易國的監管環境滿足其被壓抑的需求。[16] 如果這些影子交易與合法的跨國界商業活動是由相同的因素促成的，那麼旨在影響一方的政策勢必會影響到另一方。但是，如果兩者之間的關係能夠從共生關係轉變為競爭性的兩個產業，然後靠市場力量讓合法貿易凌駕在影子交易之上，並在道德高度上要求企業承擔責任，結果會如何？也許消費者可

充當催化劑，一旦他們進一步了解產品供應鏈中牽涉的影子交易，並堅信他們的行動力，仿公民不服從的形式，抵制不符合道德標準的企業，同時獎勵那些嚴格遵守道德標準的企業，儘管產品價格更高。或者，最好由政府開罰（一一開罰或是集體開罰）與影子交易有可疑聯繫的跨國公司，同時用補貼和減稅補償那些努力避免這種聯繫的企業？歸根結底，所有這些干預措施可能只有在以下情況才會奏效：企業和產業所受的處罰不只是被起訴而已（因為在國外觸法而被起訴），畢竟這些企業和產業有足夠的財力打官司或是透過公關美化形象。反之，如果要讓所有人都認真對待這一個基本的道德要求，個別經理和董事必須與任職的公司一起面對法律責任，罪名是未能採取行動反對影子交易。

干預措施遭受抨擊

▶ 公共知識分子主義

跨學科合作

解決影子交易的第一步肯定是替這個跨國活動繪製地圖，以及它們對合法商業的影響程度。不僅僅是透過減銷降低對可疑產品的需求，還需要在每個影子交易的上下游供應鏈設置全面的抑制措施。

這種道德努力需要廣邀社科領域，如政治學、社會學、經濟學和地理學等參與，也要涵蓋與社科有交集的商業分支學科，

如行銷、營運、經濟學、組織行為、人力資源、旅遊和金融等等
（圖 10.2）。因此，對於來自各種背景的學者而言，似乎不乏研
究工作，而其應用研究也能受益於這種跨學科觀點，而不是在追

影子交易	涉及哪些產業	代表性的專業或職業別
不正常人口移動和勞動剝削	製造業 農業和林業 客運 娛樂業	雇傭關係 移民律師 農業企業 觀光旅遊和旅館業
移植旅遊和器官取得	醫院 醫療保險 旅行社 監獄	醫療保健管理 行銷傳播 觀光旅遊和旅館業 社會工作
資源盜用和環境惡化	採礦業 勘探 物流業 古文物	營運管理 投資顧問 供應鏈管理 農業企業
廢棄物轉運和危險品回收	製造業 化學工程 回收和垃圾處理 物流業	營運管理 生產工程學 廢棄物處理 物流管理
軍火運輸和軍事承包	製造業 航運 空運 展會	行銷戰略 國際關係 公共管理 戰略研究
金融詐騙與洗錢	銀行與保險 投資經紀人 零售業 諮詢顧問服務	會計和稅務諮詢 財務規劃 宏觀經濟 商業法

圖 10.2　與影子交易相關的產業與職業別

求自己專業領域的地位時對後者口惠而實不至，做做樣子。與其對其他研究領域無知（或者更糟糕的是輕蔑其他研究），不如響應相互學習和積極辯論的呼籲，不迴避表達自己的意見，也不提出了無新意的模式。雖然其他一些學科已經開始處理這些問題，但對於戰略管理和全球企管學者而言，深化這些見解並利用他們的專業知識解決全球影子交易活動仍是至關重要。

行動方向

任何倡議反對影子交易的人，關鍵目標肯定是找出有效抑制影子交易的方式，而不僅僅是揭露其運作方式。透過減銷，降低對抽菸、過度飲酒、吸毒成癮和非法賭博的消費需求，從中我們可以清楚得到一些心得。此外，剝奪所有影子交易下的產業權利不僅是為了抑制對供不應求商品和服務的需求，也為了抑制那些可能來自合法產業但在原料來源和生產過程中有道德爭議，以致令人反感的商品和服務。如果競爭優勢、生產外包和策略聯盟等管理概念，在影子交易市場的成效和合法的全球市場一樣，那麼影子交易所涉及的商業活動流程也同樣值得學術調查研究和政策干預。分析這些非法商業活動方興未艾的方式與原因時，所有相關人員都有義務解決更廣泛的戰爭、內亂、自然災害、政治腐敗、氣候變遷、貿易壁壘等問題，這些問題也是合法的全球企業需要承受與面對。否則，若對影子交易的嚴重起因和後果不聞不問，或只會發表陳腔濫調的聲明，最終將導致代價更大的社會崩潰和全球衝突。

▶ 倡議加行動主義

政治影響力

　　跨國公司無疑處於一個有影響力的位置，它們可以游說地主國的政府拿出行動反對影子交易，並支持自己母國的立法，藉此擴大對全世界受害者的保護，儘管這會讓企業本身付出一些成本。不過很少有跨國公司願意這樣做，反而習慣稱自己在法律上遵守地主國較不嚴格的法律，而非堅守更高的道德標準與社會經濟正義。學術界也沒有發表重要的研究報告，輕推企業，讓企業有更高的商業道德意識（這方面廣被企業漠視），並要求企業負起更高的社會責任。只要管理學研究關注工作滿意度、工作壓力、公平報酬、職業健康和安全、勞工權益等等，至少也應該關注隱性的底層勞工（他們多半慘遭人口販運和剝削），對底層勞工而言，上述這些問題仍然完全被漠視。負責研究與授課的教授們，難道不應該站在最前線教育我們的社會、政治人物、官員、經理、消費者、公民和學生嗎？並鼓勵他們從道德上反對資本主義經濟體短視近利的做法，畢竟短視近利以致影子交易猖獗。解決影子交易可能需要企業內外人員（包括小股東）彼此合作，共同採取行動。正如企業靠培養創新力團隊鼓吹實業家精神，也許企業反對影子交易的行動主義和作為，需要由所謂「內部活躍分子」（intra-activists）組成的小組推動，無論小組是公司出面號召成立的正式組織還是自我發起的非正式組織。如果他們的改革與努力被企業和政府漠視或破壞，社會需要接受他們成為吹哨者，受到法律充分保護。

文化對抗

　　如果行動派的股東不能逼迫公司的做法和政策合規，那麼需要動員與號召公民，透過他們的選票，逼政治人物和政府官員扛責，立法規範與監督影子交易。政府必須調整本身的方向，不再受經濟成長、發展和創造就業機會等產業標榜的論述影響，而是重新致力於以下兩個角色：人民願望的代言人和社區關懷的支持者。某些文化傾向於規避法律，特別是在執法不力的國家（可能是因為國家遭特殊利益團體把持或政府無能），可能存在強烈的宗教甚至迷信傳統。在法律可能無法強制業者合規的情況下，備受敬重的精神領袖可能會被拉攏，呼籲大家遵守神定的道德行為準則，以這方式勸阻大家參與影子交易。值得讚許的是，教宗方濟各帶頭示範，倡議反對腐敗、資源掠奪、氣候變遷、貧窮等問題。[17] 也許宗教制裁應該以今生受到報應為代價，或永世沒完沒了受到報應為代價，即使對宗教、個人和組織捐助善款，都不能免除受到報應。本質上，這需要社會、企業和政府專注於政治經濟，不再將全球市場毫無疑問地視為至高無上的神。[18] 與其讚美鉅富企業家和企業，或是縱容腐敗的政治人物和寡頭，不如讓他們受到政府、公民社會、知識分子等利害相關人士嚴格審查，如果發現他們的財富得之不義，生活浮誇招搖，則應公開點名批評。由於表揚個人和企業成就的獎項過多，以致大家紛紛在社群媒體和大眾媒體上自鳴得意，其實應該每年對合法企業、政府及他們的領導人在解決每個影子交易的表現加以評分，點名誰在全球表現吊車尾。

團結一致實現正義

　　達成最終解決方案前難免會遭遇臨時性挑戰，但這不應該成為提出質疑和想出其他可能解決方案的障礙，質疑與解決問題是社會知識分子的典型角色，特別是那些服務於學術機構的學者。無法獲得完整、正確、肯定的訊息時，一如我們面對影子交易的情況，若要將他們潛在的危害降到最低，並對風險進行管控，就該在制定公共政策時採用事先預防的原則。除了工業化經濟體的知識分子對影子交易習慣性表露道德怒火之外，任何人期望透過監管和執法就能限制甚至消除影子交易，到頭來可能發現只是徒勞。如果跨國公司不願意與影子交易保持距離，而政府又疏於監督，那麼公民社會和非政府組織無疑可以發揮重要作用，成為變革的推手，呼籲跨國企業採取負責任的行動。隨著時間推移，企業實際上可以成為社會減少影子交易的有力工具，而不是不知情的參與者。顯然，目前的監管、執法和補償受害者等做法，無法充分解決影子交易不減反增的現象。

　　分析商業獲（鉅）利的模式，對於揭露全球商業的陰暗面至關重要，而破壞這些模式對於消除或至少減少社會經濟不公不義現象也至關重要。如果商業學者和其他社會科學專家能對企業和政府是否遵守公平的行為準則直言不諱，並積極主動參與解放與擴權世界各地的弱勢公民，那將是令人耳目一新的變化。學者與其專注企業領導力、行銷創新、營運效率和財務模型，不如相應地強調商業道德、企業社會責任和環境永續性。貫穿本書的一個主題是，如果要對參與影子交易這類有害公平正義的企業造成

持久的影響，干預的路線圖需要政府和企業進行系統與結構性的變革，以及個人和集體發揮道德勇氣。希望我們都能逐漸明白，若要在全球恢復公平正義，無知或不承認偷偷摸摸進行的不道德行為並非辦法，而是得提高我們的意識，然後漸進到成為集體行動撥亂反正的代理人之一。儘管目前看來很理想化，但高階管理人、監管單位、公民、消費者、媒體專業人士和研究員，內心肯定會有一角存在抱負願景和熱情的理想，甚至是道德義憤，這些可轉化為行動，包括在倡議、行動主義和行為表現上持續地合作，打擊仍在 21 世紀繼續禍害世界的影子交易。

延伸資料

第二章

【研究著作】

Albanese, J. S. (2011). *Transnational Crime and the 21st Century: Criminal Enterprise, Corruption, and Opportunity.* New York: Oxford University Press.

Efrat, A. (2012). *Governing Guns, Preventing Plunder: International Cooperation against Illicit Trade.* New York: Oxford University Press.

Shelley, L. I. (2018). *Dark Commerce: How a New Illicit Economy is Threatening our Future.* Princeton, NJ and Oxford: Princeton University Press.

Varese, F. (2011). *Mafias on the Move: How Organized Crime Conquers New Territories.* Princeton, NJ and London: Princeton University Press.

【網站資訊】

Global Financial Integrity [https://gfintegrity.org]

Havoscope Black Market [www.havocscope.com/]

Illicit Trade [https://illicittrade.com/]

Interpol [https://www.interpol.int/Crime-areas]

OECD Directorate for Public Governance [www.oecd.org/gov/risk/illicit-trade.htm]

United Nations Office on Drugs and Crime [www.unodc.org/]

【注釋文件】

National Geographic (2010–2016). *Border Wars* [55:00 min. each]. Multiple episodes on the work of the US customs and border agents.

National Geographic (2008). *Illicit: The Dark Trade* [55:00 min.]. Television documentary based on the book by Moises Naím of the same name.

A&E Television Networks (2006). *The Russian Mafia* [44:00 min.]. Part of the series, The World History of Organised Crime.

IWMVienna (2018). *McMafia and the Geopolitics of Crime* [1 h. 26 min.]. Talk by Misha Glenny on the growth of global organised crime.

【一般閱讀】

Phillips, T. (2007). *Knockoff: The Deadly Trade in Counterfeit Goods*. London: Kogan Page.

Glenny, M. (2008). *McMafia: A Journey through the Global Underworld*. London: Bodley Head.

Saviano, R. (2008). *Gomorrah: A Personal Journey into the Violent International Empire of Naples' Organized Crime System*. London: Pan Books/Macmillan.

第三章

【研究著作】

Clark, J. B., & Poucki, S. (eds.). (2018). *The Sage Handbook of Human Trafficking and Modern-Day Slavery*. London: Sage Publications.

Elliott, J. (2014). *The Role of Consent in Human Trafficking*. London: Routledge.

Kara, S. (2014). *Bonded Labor: Tackling the System of Slavery in South Asia*. New York: Columbia University Press.

Milivojevic, S., Pickering, S., & Segrave, M. (2017). *Sex Trafficking and Modern Slavery: The Absence of Evidence*. London: Routledge.

Sanchez, G. (2014). *Human Smuggling and Border Crossings*. London: Routledge.

Shelley, L. (2010). *Human Trafficking: A Global Perspective*. Cambridge: Cambridge University Press.

Tiano, S., & Murphy-Aguilar, M. (eds.). (2016). *Borderline Slavery: Mexico, United States, and The Human Trade*. London and New York: Routledge.

【網站資訊】

AntiSlavery International [www.antislavery.org/slavery-today/human-trafficking/]

End Slavery Now [www.endslaverynow.org/learn/books-films]

Freedom Fund [https://freedomfund.org/]

Global Slavery Index [www.globalslaveryindex.org/2018/findings/highlights/]

UN Office for Drugs and Crime [www.unodc.org/unodc/en/human-trafficking/ index. html?ref=menuside]

Coalition to Abolish Slavery & Trafficking [www.castla.org/training-resources/]

【注釋文件】

CNN (2014). *Children for Sale: The Fight to End Trafficking* [42:00 min.]. Part of the CNN Freedom Project series of documentaries.

Al Jazeera (2016). *Borderless: Undercover with the People Smugglers* [25:00 min.]. On the factors driving people to seek safety in Europe. Broadcast on the 'People and Power' weekly programme.

Kobes Media (2017). *Invisible Chains: Bonded Labour in India's Brick Kilns* [12:00 min.]. On debt bondage linked with other slavery, such as forced labour and trafficking around South Asia.

The Why Foundation (2016). *Secret Slaves of the Middle East* [44:11 min.]. On the plight of women from developing countries deceived into domestic work from which they cannot leave.

Al Jazeera (2020). *Chocolate's Heart of Darkness* [47:48 min.]. On trafficking of child labour across West African borders into work on cocoa plantations despite laws forbidding this.

【一般閱讀】

Batstone, D. B. (2007). *Not for Sale: The Return of the Global Slave Trade – and How We Can Fight It*. New York: Harper San Fancisco.

Brown, T. L. (2000). *Sex Slaves: The Trafficking of Women in Asia*. London: Virago Press.

McDonald-Gibson, C. (2016). *Cast Away: True Stories of Survival from Europe's Refugee Crisis*. London: Portobello Books.

Cox, B. (2013). *This Immoral Trade: Slavery in the 21st Century* (updated and extended edition). Derby, CT: Monarch Books.

Gupta, R. (2013). *Enslaved: The New British Slavery*. London: Portobello Books.

Segal, R. (2002). *Islam's Black Slaves: The Other Black Diaspora*. London: Atlantic Books/ Macmillan.

第四章

【研究著作】

Cherry, M. J. (2015). *Kidney for Sale by Owner: Human Organs, Transplantation, and the Market*. Washington, DC: Georgetown University Press.

Parry, B., Greenhough, B., & Dyck, I. (2016). *Bodies across Borders: The Global Circulation of*

Body Parts, Medical Tourists and Professionals. London: Routledge.

Richards, J. R. (2012). *The Ethics of Transplants: Why Careless Thought Costs Lives*. Oxford: Oxford University Press.

Scheper-Hughes, N., & Wacquant, L. (eds.). (2002). *Commodifying Bodies* (Vol. 7, No. 2–3). London: Sage Publishing.

Sharp, L. A. (2013). *The Transplant Imaginary: Mechanical Hearts, Animal Parts, and Moral Thinking in Highly Experimental Science*. Berkeley, CA: University of California Press.

Territo, L., & Matteson, R. (eds.). (2011). *The International Trafficking of Human Organs: A Multidisciplinary Perspective*. Boca Raton, FL: CRC Press.

Veatch, R. M., & Ross, L. F. (2015). *Transplantation Ethics*. Washington, DC: Georgetown University Press.

【網站資訊】

Global Observatory on Donation and Transplantation [www.transplant-observatory.org/]

National Kidney Foundation [www.kidney.org/news/newsroom/factsheets/Organ-Donationand-Transplantation-Stats]

UK National Health Service [www.odt.nhs.uk/statistics-and-reports/]

United Network for Organ Sharing [transplantliving.org/]

US Department of Health and Human Services [www.organdonor.gov/statistics-stories/statistics.html]

World Health Organisation [www.who.int/transplantation/organ/en/]

【注釋文件】

Al Jazeera (2016) *Asia's Kidney Black Market* [25:31 min.]. This ʻ101 East' programme follows the kidney trafficking route, interviewing donors, police, brokers and doctors.

Journeyman Pictures (2014). *Exposing Mexico's Surrogacy Industry* [25:54 min.]. It uncovers transnational surrogacy, which is booming in countries where regulatory frameworks are near to non-existent.

PBS (2017). *Organs on Demand* [11:13 min.]. This public news broadcast explores whether China has really stopped obtaining organs from executed prisoners.

Channel 17/Grom TV (2013). *Unnatural Selection* [58:05 min.]. A two-part film by a journalist posing as a donor, showing how the black market operates in the former Soviet Union.

True Vision (2004). *The Transplant Trade* [1 h. 17 min.]. This documentary evaluates the moral debate on the global *trade* in body parts.

【一般閱讀】

Carney, S. (2011). *The Red Market: On the Trail of the World's Organ Brokers, Bone Thieves, Blood Farmers, and Child Traffickers*. New York: William Morrow, pp. 68–70.

Purkayastha, B., & Yousaf, F. N. (2018). *Human Trafficking: Trade for Sex, Labor, and Organs*. Cambridge: Polity Press.

Teresi, D. (2012). *The Undead: Organ Harvesting, The Ice-Water Test, Beating Heart Cadavers*. New York: Pantheon.

第五章

【研究著作】

Bieri, F. (2016). *From Blood Diamonds to the Kimberley Process: How NGOs Cleaned Up the Global Diamond Industry*. London: Routledge.

Bruch, C., Muffett, C., & Nichols, S. S. (eds.). (2016). *Governance, Natural Resources and Post-conflict Peacebuilding*. New York: Routledge.

Hufnagel, S., & Chappell, D. (eds.). (2019). *The Palgrave Handbook on Art Crime*. London: Palgrave Macmillan.

Lamarque, F., Anderson, J., Fergusson, R., Lagrange, M., Osei-Owusu, Y., & Bakker, L. (2009). *Human-Wildlife Conflict in Africa: Causes, Consequences and Management Strategies*. Rome: Food and Agriculture Organisation (FAO).

Nest, M. (2011). *Coltan* (Vol. 3). Cambridge: Polity Press.

South, N., & Brisman, A. (eds.). (2013). *International Handbook of Green Criminology*. London and New York: Routledge.

Stone, P. G. (ed.). (2011). *Cultural Heritage, Ethics and the Military* (Vol. 4). Woodbridge, UK: Boydell Press.

【網站資訊】

Enough Project [https://enoughproject.org/products/reports/conflict-minerals]

Extractive Industries Transparency Initiative [https://eiti.org/]

Global Witness [www.globalwitness.org/en/campaigns/conflict-minerals/]

National Resource Governance Institute [www.resourcegovernanceindex.org/ data/both/issue? region=global]

PactWorld [www.pactworld.org/mines-markets/resources]

Statista [www.statista.com/markets/410/topic/954/mining-metals-minerals/]

TRAFFIC [www.traffic.org/about-us/legal-wildlife-trade/]

UK Government [www.gov.uk/guidance/conflict-minerals]

World Wildlife Fund [http://wwf.panda.org/wwf_news/?214033/illegal-wildlife-trade-EUfacts-Figures

【注釋文件】

RT (2017). *Congo, My Precious: The Curse of the Coltan Mines* [52:00 min.]. Analysing why one of the world's most resource-rich countries runs their mines like slave camps.

Vice News (2018). *Dirty Oil* [14:39 min.]. Explains the chaos, corruption and violence plaguing Nigeria's oil production.

ERT (2015) *Looters of the Gods* [56:50 min.]. Debates the role of the many prestigious museums in the illicit trade of antiquities.

Al Jazeera (2017). *Shadow War in the Sahara* [47:14 min.]. Questions whether the US and French military presence in North Africa is due to the war on terror or competition for natural resources.

BBC (2017). *The True Story of Blood Diamonds* [1 h. 22 min.]. Examines how the symbol of wealth worldwide causes much suffering to the people where it is mined in Africa.

National Geographic (2017). *Crimes against Nature* [44.34 min.]. Every episode explores how different forms of natural resources exploitation have become big business around the world.

Al Jazeera (2016). *The Poachers Pipeline* [47:37 min.]. Investigates how the global network of agents, traffickers and dealers in the lucrative trade is affecting the wildlife populations.

【一般閱讀】

Burgis, T. (2015). *The Looting Machine: Warlords, Tycoons, Smugglers and the Systematic Theft of Africa's Wealth*. London: William Collins.

Eichstaedt, P. (2011). *Consuming the Congo: War and Conflict Minerals in the World's Deadliest Place*. Chicago, IL: Chicago Review Press.

Glastra, R. (ed.). (2014). *Cut and Run: Illegal Logging and Timber Trade in the Tropics*. Ottawa: IDRC/Friends of the Earth.

Clarke, C. M., & Szydlo, E. J. (2017). *Stealing History: Art Theft, Looting, and Other Crimes against Our Cultural Heritage*. Lanham, MD: Rowman & Littlefield.

Campbell, G. (2012). *Blood Diamonds: Tracing the Deadly Path of the World's Most Precious Stones*. New York: Basic Books (AZ).

Stewart, J. G. (2010). *Corporate War Crimes: Prosecuting Pillage of Natural Resources*. New York:

Open Society Foundations.

第六章

【研究著作】

Dauvergne, P. (ed.). (2012). *Handbook of Global Environmental Politics*. London: Edward Elgar Publishing.

Hieronymi, K., Kahhat, R., & Williams, E. (eds.). (2012). *E-waste Management: From Waste to Resource*. London: Routledge.

Kojima, M., & Michida, E. (eds.). (2013). *International Trade in Recyclable and Hazardous Waste in Asia*. London: Edward Elgar Publishing.

Lepawsky, J. (2018). *Reassembling Rubbish: Worlding Electronic Waste*. Cambridge, MA: MIT Press.

Norris, L. (2010). *Recycling Indian Clothing: Global Contexts of Reuse and Value*. Bloomington, IN: Indiana University Press.

Pellow, D. N. (2007). *Resisting Global Toxics: Transnational Movements for Environmental Justice*. Cambridge, MA: MIT Press.

【網站資訊】

European Commission [http://ec.europa.eu/trade/import-and-export-rules/export-fromeu/ waste-shipment/ index_en.htm]

Institute of Scrap Recycling [www.isri.org/recycling-commodities/international-scraptrade-database]

National Geographic [www.nationalgeographic.com/environment/global-warming/toxicwaste/]

Recycling International [https://recyclinginternational.com/category/research/]

Waste Atlas [www.atlas.d-waste.com/]

World Bank [www.worldbank.org/en/topic/urbandevelopment/brief/solid-waste-management Our World in Data [https://ourworldindata.org/faq-on-plastics]

【注釋文件】

Basel Action (2013). *Exporting Harm: The High-Tech Trashing of Asia* [23:04 min.]. On the dumping of global e-waste in developing countries, including China.

DW Television (2018). *The Rich, the Poor and the Trash* [28:26 min.]. Investigates the lives of people both working with and living off trash in Kenya as well as the USA.

Europe Documentary (2015). *Nuclear Waste Disposal* [52:29 min.]. Explores the problem of past nuclear waste disposal on Europe's coasts and in sites across our oceans.

National Film Board of Canada (2017). *Shipbreakers* [1h 12 min.]. Investigates how workers dismantling the world's largest ships have no protection from injury or death.

PBS NewsHour (2019) The Plastic Problem [54:08 min.]. Explains how plastic use has become widespread, how it is affecting the environment and how its impact can be mitigated.

Sky News (2018). *Dirty Business: What Really Happens to Your Recycling* [46:00 min.]. Follows the trail of UK plastic waste through the country and around the world.

【一般閱讀】

Alexander, C., & Reno, J. (eds.). (2012). *Economies of Recycling: The Global Transformation of Materials, Values and Social Relations*. London: Zed Books.

Electronics TakeBack Coalition (2009). *E-Waste Briefing Book*. Electronics TakeBack Coalition.

Minter, A. (2013). *Junkyard Planet: Travels in the Billion-Dollar Trash Trade*. New York: Bloomsbury Publishing USA.

Pasternak, J. (2010). *Yellow Dirt: An American Story of a Poisoned Land and a People Betrayed*. New York: Simon and Schuster.

Mauch, C. (ed.) (2016). *Out of Sight, Out of Mind: The Politics and Culture of Waste*. Munich: Rachel Carter Center.

第七章

【研究著作】

Avant, D. D., & Avant, D. D. (2005). *The Market for Force: The Consequences of Privatizing Security*. Cambridge: Cambridge University Press.

Kinsey, C. (2006). *Corporate Soldiers and International Security: The Rise of Private Military Companies*. London: Routledge.

Sandler, T., & Hartley, K. (eds.). (2007). *Handbook of Defense Economics: Defense in a Globalized World*. Oxford: Elsevier.

Stohl, R., & Grillot, S. (2009). *The International Arms Trade* (Vol. 7). Cambridge: Polity Press.

Tan, A. T. (ed.). (2014). *The Global Arms Trade: A Handbook*. London and New York: Routledge.

Yihdego, Z. (2007). *The Arms Trade and International Law*. London: Bloomsbury.

【網站資訊】

Amnesty International [www.amnesty.org/en/latest/campaigns/2017/09/killer-facts-the-scale-ofthe-global-arms-trade/]

Centre for Responsible Politics [www.opensecrets.org/industries/indus.php?cycle=2018&ind=D]

European Union: Defence Industry [www.europarl.europa.eu/factsheets/en/ sheet/65/ defenceindustry]

Royal Institute of International Affairs [www.chathamhouse.org/ research/ topics/ all?page=2]

Safer World [www.saferworld.org.uk/effective-arms-control/effective-arms-control]

Stockholm International Peace Research Institute [www.sipri.org/research/ armamentand-disarmament/arms-transfers-and-military-spending/international-armstransfers]

Transparency International [http://ti-defence.org/]

【注釋文件】

Campaign Against Arms Trade (2013) *The Military and Corporate Takeover* [10:13 min.]. ForcesWatch. Presentation detailing links between government, the arms industry and society.

Journeyman Pictures (2016). *Executive Outcomes: The War Business* [51:25 min.]. Video on the mercenary armies available for hire to governments and multinational companies.

Alper, L., & Earp, J. (2007). *War Made Easy* [1 h. 13min.]. Exposing the pattern of US government deception leading the country into one war after another over five decades, from Vietnam to Iraq.

Vice News (2012). *The Business of War: SOFEX* [2012] [20:10 min.]. Exploring the annual trade show where weapons from handguns to laser-guided missile systems are on sale to all.

Feinstein, A. (2017). *The Shadow World of the Global Arms Trade* [1 h. 28 min.]. The Wall Exchange. A film about the systemic corruption and secrecy in the global trade in weapons.

Al Jazeera (2018). *Who Controls the Arms Trade?* [24:56 min.]. Reveals how the permanent member countries of the UN Security Council are collectively sellers of the most arms around the world.

【一般閱讀】

Armstrong, S. (2009). *War PLC: The Rise of the New Corporate Mercenary*. London: Faber & Faber.

Farah, D., & Braun, S. (2007). *Merchant of Death: Money, Guns, Planes, and the Man who Makes War Possible*. Chichester, UK: John Wiley & Sons.

Feinstein, A. (2011). *The Shadow World: Inside the Global Arms Trade*. Basingstoke, UK:

Macmillan.

Holden, P. (2016). *Indefensible: Seven Myths that Sustain the Global Arms Trade*. London: Zed Books.

Pelton, R. Y. (2007). *Licensed to Kill: Hired Guns in the War on Terror*. New York: Broadway Books.

Stavrianakis, D. A. (2013). *Taking Aim at the Arms Trade: NGOs, Global Civil Society and the World Military Order*. London & New York: Zed Books Ltd.

第八章

【研究著作】

Kleinbard, E. D. (2015). *We are Better than This: How Government should Spend our Money*. New York: Oxford University Press, USA.

Masciandaro, D. (ed.). (2017). *Global Financial Crime: Terrorism, Money Laundering and Offshore Centres*. London: Taylor & Francis.

Passas, N. (2017). *Transnational Financial Crime*. London: Routledge.

Pickhardt, M., & Prinz, A. (eds.). (2012). *Tax Evasion and the Shadow Economy*. London: Edward Elgar.

Sharman, J. C. (2017). *The Despot's Guide to Wealth Management: On the International Campaign against Grand Corruption*. Ithaca, NY: Cornell University Press.

【網站資訊】

Financial Action Task Force [www.fatf-gafi.org]

International Money Laundering Information Network [www.imolin.org/]

Organisation for Economic Cooperation and Development [www.oecd.org/fatf/legislation_en.htm]

Transparency International [www.transparency.org/]

US Department of Treasury [www.fincen.gov]

【注釋文件】

Das Erste/NDR (2016). *Panama Papers: The Shady World of Offshore Companies* [55:00 min.]. On the uncovering of thousands of documents showing leaders and criminals involved in tax evasion.

BBC (2018). *Gangsters' Dirty Money Exposed* [30:00 min.]. A Panorama series programme on criminals and their associates using offshore secrecy to launder money through the UK.

Bailout Films (2017). *All the Plenary's Men* [56:14 min.]. Investigation, prosecution and exoneration of HSBC for money laundering of drug syndicates and terrorists.

Al Jazeera (2018). *Is Dubai a Money-Laundering Hub?* [25:00 min.]. Questions whether those profiting from wars, terror and drug trafficking use Dubai's real-estate for money laundering.

CBC (2017). *KPMG and Tax Havens for the Rich: The Untouchables* [43:00 min.]. Exposé of an offshore tax haven that reveals the names of some of its wealthy clients.

【一般閱讀】

Brooks, R. (2014). *The Great Tax Robbery*. London: Oneworld Publications.

James, M. (2017). *The Glorification of Plunder: State, Power and Tax Policy*. London: Spiramus Press.

Murphy, R. (2016). *The Joy of Tax*. London: Random House.

Obermayer, B., & Obermaier, F. (2016). *The Panama Papers: Breaking the Story of How the Rich and Powerful Hide their Money*. London: Oneworld Publications.

Shaxson, N. (2018). *The Finance Curse: How Global Finance is Making us all Poorer*. London: Random House.

第九章

【研究著作】

Mandel, R. (2011). *Dark Logic: Transnational Criminal Tactics and Global Security*. Stanford, CA: Stanford University Press.

Reichel, P., & Albanese, J. (eds.). (2013). *Handbook of Transnational Crime and Justice*. London: Sage Publications.

Shelley, L. I. (2018). *Dark Commerce: How a New Illicit Economy is Threatening our Future*. Princeton, NJ: Princeton University Press.

Storti, C. C., & De Grauwe, P. (eds.). (2012). *Illicit Trade and the Global Economy*. Cambridge, MA: MIT Press.

【網站資訊】

Council on Foreign Relations [www.cfr.org/interactives/global-governance-monitor#!/]

OECD Directorate for Public Governance [www.oecd.org/gov/risk/illicit-trade.htm]

Transnational Alliance to Combat Illicit Trade [www.tracit.org/]

World Customs Union [www.wcoomd.org/en/topics/enforcement-and-compliance]

York University [https://nathanson.osgoode.yorku.ca/]

【注釋文件】

Chatham House (2018). *Dark Commerce: Technology's Contribution to the Illegal Economy* [57:11 min.]. Lecture on how technological and market forces behind e-commerce have also helped in the selling of illegal goods.

The International Institute for Strategic Studies (2015). *The Shadow Economy: How Illicit Trade Impacts Development and Governance* [1 h.]. Addressing the role of the illicit economy on poverty eradication.

A&E TV Network (2017). *The Triad – Organized Crime* [44:45 min.]. Addressing the Chinese transnational organised crime syndicates based in Greater China and countries with significant diasporic populations.

【一般閱讀】

Gilman, N., Goldhammer, J., & Weber, S. (eds.). (2011). *Deviant Globalization: Black Market Economy in the 21st Century*. Edinburgh: A&C Black.

Barker, T. (2014). *Biker Gangs and Transnational Organized Crime*. London: Routledge.

Keuck, A. (2009). *Illicit Transnational Businesses in a Global Economy: How Criminals and Terrorists Pay the Bills*. Lulu.com.

注釋

第一章

1. Naim, M. (2005). It's the illicit economy, stupid. *Foreign Policy*, (151), 96.

2. WTO (2018). *World Trade Statistical Review 2018*. Geneva: World Trade Organisation. [www.wto.org/english/res_e/statis_e/wts2017_e/wts17_toc_e.htm – accessed 15 July 2018].

3. Extracted from Havoscope (2019). The Black Market. [www.havocscope.com/–accessed 09 August 2019].

4. Ferwerda, J., Kattenberg, M., Chang, H. H., Unger, B., Groot, L., & Bikker, J. A. (2013). Gravity models of trade-based money laundering. *Applied Economics, 45*(22), 3170–3182.

5. Warde, I. (2007). The war on terror, crime and the shadow economy in the MENA countries. *Mediterranean Politics, 12*(2), 233–248.

6. Delston, R. S., & Walls, S. C. (2009). Reaching beyond banks: how to target tradebased money laundering and terrorist financing outside the financial sector. *Case Western Reserve Journal of International Law, 41*, 85.

7. Gilman, N., Goldhammer, J., & Weber, S. (eds.). (2011). *Deviant Globalization: Black Market Economy in the 21st Century*. London and New York: A&C Black.

8. Van Dijk, J. (2007). Mafia markers: assessing organized crime and its impact upon societies. *Trends in Organized Crime, 10*(4), 39–56.

9. Lupsha, P. (1996). Transnational organized crime versus the nation-state. *Transnational Organized Crime, 2*(1), 21–48.

10. Naim, M. (2010). *Illicit: How Smugglers, Traffickers and Copycats are Hijacking the Global Economy*. New York: Random House.

11. Thachuk, K. (ed.). (2007). *Transnational Threats: Smuggling and Trafficking in Arms, Drugs, and Human Life*, 3–22.

12. Glenny, M. (2008). *McMafia: Crime without Frontiers*. London: Bodley Head.

13. Feinstein, A. (2011). *The Shadow World: Inside the Global Arms Trade*. Johannesburg and Cape Town: Jonathan Ball Publishers.

14. Saviano, R. (2016). *Zero Zero Zero: Look at Cocaine and All You See is Powder, Look through Cocaine and You See the World*. London: Penguin Random House/Allen Lane.

第二章

1. Michalos, Alex C. (1997). Issues for business ethics in the nineties and beyond. *Journal of Business Ethics, 16*(3), 219–230.

2. Tenbrunsel, Ann E. (2008). Ethics in today's business world: reflections for business scholars. *Journal of Business Ethics, 80*(1), 1–4.

3. Waters, M. (1995). *Globalization*. London and New York: Routledge, pp. 158–164.

4. Sen, A. (2017). *The State, Industrialization and Class Formations in India: A Neo-Marxist Perspective on Colonialism, Underdevelopment and Development*. London: Routledge.

5. Berger, P. L. (1987). *The Capitalist Revolution*. Aldershot, UK: Gower, p. 166.

6. Bockman, J. (2015). Socialist globalization against capitalist neocolonialism: the economic ideas behind the New International Economic Order. *Humanity: An International Journal of Human Rights, Humanitarianism, and Development, 6*(1), 109–128.

7. Raghavan, C. (1993). The new world order: a view from the south. *Beyond National Sovereignty: International Communication in the 1990s*. Norwood, NJ: Ablex Publishing Corporation.

8. Wallerstein, I. M. (1991). *Geopolitics and Geoculture: Essays on the Changing World-System*. New York: Cambridge University Press.

9. Shannon, T. R. (1989). *World System Perspective*. San Francisco, CA: Westview Press.

10. Lash, S., & Urry, J. (1987). *The End of Organized Capitalism*. Cambridge: Polity Press.

11. Huggan, G. (1997). The neocolonialism of postcolonialism: a cautionary note. *Links and Letters, 4*, 19–24.

12. Ogar, J. N., Nwoye, L., & Bassey, S. A. (2019). Archetype of globalization: illusory comfort of neo-colonialism in Africa. *International Journal of Humanities and Innovation (IJHI), 2*(3), 90–95.

13. Sartre, J. P. (2001). Colonialism is a system. *Interventions, 3*(1), 127–140.

14. Athow, B., & Blanton, R. G. (2002). Colonial style and colonial legacies: trade patterns in British and French Africa. *Journal of Global South Studies, 19*(2), 219.

15. De Maria, B. (2008). Neo-colonialism through measurement: a critique of the corruption perception index. *Critical Perspectives on International Business, 4*(2/3), 184–202.

16. McKenna, S. (2011). A critical analysis of North American business leaders' Neocolonial discourse: global fears and local consequences. *Organization, 18*(3), 387–406.

17. Balasubramanyam, V. N. (2015). China and India's economic relations with African countries: neo-colonialism eastern style? *Journal of Chinese Economic and Business Studies, 13*(1), 17–31.

18. Dicken, P. (2007). *Global Shift: The Internationalization of Economic Activity*. Thousand Oaks, CA: Sage Publications.

第三章

1. International Labor Organisation (ILO) (2017). *Global Estimates of Modern Slavery.* Geneva: International Labor Organisation.

2. United Nations (2000). *Convention against Transnational Organized Crime and its Protocol to Prevent, Suppress and Punish Trafficking in Persons, especially Women and Children.* New York: United Nations.

3. International Organisation for Migration (IOM) (2005). *Data and Research on Human Trafficking: A Global Survey.* Geneva: International Organisation for Migration.

4. US State Department (2018). *Trafficking in Persons Report.* Washington, DC: US Department of State.

5. ILO (2005). *A Global Alliance Against Forced Labour.* Geneva: International Labor Organisation.

6. Jadic, G., & Finckenauer, J. O. (2005). Representations and misrepresentations of human trafficking. *Trends in Organized Crime, 8*(3), Spring.

7. Montesh, M. (2011). Football trafficking: a new African slave trade. *Commonwealth Youth and Development, 9*(1), 4–17.

8. United National Office for Drugs and Crime (UNODC) (2018). Map 6. *Global Report on Human Trafficking 2018.* Geneva: United National Office for Drugs and Crime.

9. UNODC (2003). *Protocol against the Smuggling of Migrants by Land, Sea and Air.* New York: United Nations Office for Drugs and Crime. p. 2.

10. Carling J. (2005). *Trafficking in Women from Nigeria to Europe.* Washington, DC: Migration Policy Institute. [www.migrationinformation.org/ Feature/ display.cfm?ID=318 – accessed 04 November 2014].

11. Zhang, S. X., & Gaylord, M. (1996). Bound for Golden Mountain: the social organization of Chinese alien smuggling. *Crime, Law & Social Change, 25,* 1–16.

12. Myers, W. H. (ed.). (1995). Orb weavers – the global webs: the structure and activities of transnational ethnic Chinese criminal groups. *Transnational Organized Crime, 1*(4), 1–36.

13. End Slavery Now (2016). *Bonded Labor.* [www.endslaverynow.org/learn/slavery-today/ bonded-labor – accessed 20 April 2017].

14. Olujuwon, T. (2008). Combating trafficking in persons: a case study of Nigeria. *European Journal of Scientific Research, 24*(1), 23–32.

15. ILO (2005). Global Report on Forced Labour in Asia: Debt Bondage, Trafficking and State-Imposed Forced Labour – Promoting Jobs, Protecting People. Geneva: International Labor Organisation.

16. Free the Slaves (2007). *Modern slavery.* [www.freetheslaves.net – accessed 09 March 2018].

17. Global Slavery Index (2016). Mauritania. [https://downloads.globalslaveryindex.org/

ephemeral/GSI-2016-Full-Report-1538511531.pdf – accessed 10 October 2017].

18. Millward, P. (2017). World Cup 2022 and Qatar's construction projects: relational power in networks and relational responsibilities to migrant workers. *Current Sociology, 65*(5), 756–776.

19. Extracted from ILO (2017). *Global Estimates of Modern Slavery*. Geneva: International Labor Organisation & Walk Free Foundation.

20. ILO (2014). *Profits and Poverty: The Economics of Forced Labour*. Geneva: International Labor Organisation.

21. Castles, S. (2000). International migration at the beginning of the twenty-first century: global trends and issues. *International Social Science Journal, 52*(165).

22. Skrivankova, K. (2010). *Between Decent Work and Forced Labour: Examining the Continuum of Exploitation* [JRF Programme Paper: Forced Labour]. York, UK: Joseph Rowntree Foundation.

23. ILO (2014). *Profits and Poverty: The Economics of Forced Labour*. Geneva: International Labor Organisation. [Cited at https://msw.usc.edu/freedoms-journey-understand ing-human-trafficking/ – accessed 17 May 2017].

24. Kritz, M. M., Lin, L. L., & Zlotnik, H. (eds.). (1992). *International Migration Systems*. Oxford: Clarendon Press.

25. Massey, D. S. (1999). International migration at the dawn of the twenty-first century: the role of the state. *Population and Development Review, 25*(2), 303–322.

26. Athukorala, P. (2006). International labour migration in East Asia: trends, patterns and policy issues. *Asian-Pacific Economic Literature* [compilation].

27. Sachs, J. (2005). *The End of Poverty: Economic Possibilities for Our Time*. New York: Penguin Press.

28. Rathgerber, C. (2002). The victimization of women through human trafficking–an aftermath of war? *European Journal of Crime, Criminal Law and Criminal Justice, 10*(2–3), 152–163.

29. Li, Miao (2016). Pre-migration trauma and post-migration stressors for Asian and Latino American immigrants: transnational stress proliferation. *Social Indicators Research, 129*(1), 47–59.

30. Biermann, F., & Boas, I. (2010). Preparing for a warmer world: towards a global governance system to protect climate refugees. *Global Environmental Politics, 10*(1), 60–88.

31. Koslowski, R. (2001). Economic globalization, human smuggling and global governance. In D. Kyle & R. Koslowski (eds.), *Global Human Smuggling*. Baltimore, MD: Johns Hopkins University Press.

32. Chawki, M., & Wahab, M. (2004). Technology is a double-edged sword: illegal human trafficking in the information age. *Fourth Annual Conference of the European Society of*

Criminology, 25–28 August, Amsterdam, the Netherlands.

33. Thachuk, K. L. (ed.). (2007). *Transnational Threats: Smuggling and Trafficking in Arms, Drugs and Human Life*. Westport, CT: Praeger/Greenwood Publishing.

34. Lendman, S. (2010). UN peacekeepers complicit in sex trade. *Baltimore Chronicle*, 23 October.

35. UNODC (2014). *Global Report on Trafficking in Persons*. New York: United Nations Office on Drugs and Crime.

36. Gang I. N., & Yun, M. S. (2007). Immigration amnesty and immigrant's earnings. *Immigration: Trends, Consequences and Prospects for the United States, Research in Labor Economics, 27*, 273–309.

37. Olsen, H. H. (2008). The snake from Fujian Province to Morecombe Bay: an analysis of the problem of human trafficking in sweated labour. *European Journal of Crime, Criminal Law and Criminal Justice, 16*, 1–35.

38. Naim, M. (2005). *Illicit: How Smugglers, Traffickers and Copycats are Hijacking the Global Economy*. London: Random House.

39. Epstein, G. S., & Weiss, A. (2001). A theory of immigration amnesties. *IZA Discussion Paper No. 302*. Bonn: Institute for the Study of Labour.

40. Athukorala, P. (2006). International labour migration in East Asia: trends, patterns and policy issues. *Asian-Pacific Economic Literature* [compilation].

41. Rodrik, D. (2002). *Feasible Globalization*. NBER Working Paper No. 9129. Cambridge, MA: National Bureau of Economic Research.

42. Miko, F. T. (2007). International human trafficking [Chapter 3]. In K. L. Thachuk (ed.), *Transnational Threats: Smuggling and Trafficking in Arms, Drugs and Human Life*. Westport, CT: Praeger/Greenwood Publishing.

43. Kaye, M. (2003). The migration-trafficking nexus: combating trafficking by protecting migrants' human rights. [Available at: www.antislavery.org]

44. Miller, J. R. (2008). US Justice Dept blind to slavery. *International Herald Tribune*, 12–13 July, page 4.

45. Salt, J., & Stein, J. (1997). Migration as business: the case of trafficking. *International Migration, 35*(4), 467–494.

46. Van Impe, K. (2000). People for sale: the need for a multidisciplinary approach towards human trafficking. *International Migration, 38*(3), 113–191.

47. Kangaspunta, K. (2003). Mapping the inhuman trade: preliminary finds of the human trafficking database. Paper presented at the *UN Division for the Advancement of Women Consultative Meeting*, 2–4 December, Malmo, Sweden.

48. Winters, L. A., Walmsley, T. L., Wang, Z. K., & Grynberg, R. (2003). Liberalising temporary movement of natural persons: an agenda for the development round. *World Economy*,

26(8), 1137–1161.

49. Tyldum, G., & Brunovskis, A. (2005). Describing the unobserved: methodological challenges in empirical studies on human trafficking. *International Migration, 43*(1/2), 17–34.

50. Naomi, K. (2001). *No Logo.* London: Flamingo.

51. Cooke, B. (2003). The denial of slavery in management studies. *Journal of Management Studies, 40*(8).

52. Laczko, F., & Gramegna, M. A. (2003). Developing better indicators of human trafficking. *Brown Journal of World Affairs, 10*(1), 179–194.

53. Thomas, A. O. (2009). Migrant, trafficked and bonded workers: human rights abuse or resources mismanagement. *Proceedings of the International Academy for African Business & Development Conference,* 19–23 May, Kampala, Uganda.

54. Barham, J. (2008). Slaves in the global supply chain. *Security Management, 52*(3), 44.

55. Ould, D. (2004). *The Cocoa Industry in West Africa: A History of Exploitation.* London: Anti-Slavery International.

56. Ould, D. (2004). *The Cocoa Industry in West Africa: A History of Exploitation.* London: Anti-Slavery International.

57. Kaye, M. (2006). *Contemporary Forms of Slavery in Paraguay.* [www.antislavery.org–accessed 14 November 2012].

58. Sharma, B. (2006). *Contemporary Forms of Slavery in Peru.* [www.antislavery.org–accessed 26 June 2010].

59. Hall, K. (2004). Slavery exists out of sight in Brazil. [www.mongabay.com/external/slavery_in_brazil.htm – accessed 12 January 2009].

60. Sharma, B. (2006). *Contemporary Forms of Slavery in Peru.* [www.antislavery.org–accessed 26 June 2010].

61. Brown, P. (2001). *Do You Know about the New ILO Worst Forms of Child Labour Convention 1999.* Geneva: NGO Group for the Convention on the Rights of the Child.

62. Kaye, M. (2006). *Contemporary Forms of Slavery in Argentina.* [Available at: www.antislavery.org–accessed 14 November 2012].

63. US–China Commission (2008). *2008 Report to Congress of the US–China Economic and Security Review Commission.* Washington, DC: US Government Printing Office, pp. 317–326.

64. Lee, H. (2014). A call for aggressive media campaign regarding DPRK prison camps. *Northwestern University Journal of International Human Rights, 12,* 213.

65. Gyupchanova, T. (2018). Labor and human rights conditions of North Korean workers dispatched overseas: a look at the DPRK's exploitative practices in Russia, Poland, and

Mongolia. *Cornell International Law Journal, 51*, 183.

66. Amnesty International (2005). Myanmar: tens of thousands facing forced labour, beatings and theft. [http://web.amnesty.org/library/index/engasa160232005–accessed 17 December 2008].

67. Economist (2008). Test case: companies and human rights. *The Economist*, 1 November, page 77.

68. Laczko, F., & Gramegna, M. A. (2003). Developing better indicators of human trafficking. *Brown Journal of World Affairs, 10*(1), 179–194.

69. Salt, J. (2002). *European International Migration: Evaluation of the Current Situation.* European Population Papers Series No. 5. Strasbourg: Council of Europe.

70. Väyrynen, R. (2003). *Illegal Immigration, Human Trafficking, and Organized Crime.* Discussion Paper No. 2003/72. World Institute for Developing Economics Research, United Nations University.

71. Carling J. (2005). Trafficking in women from Nigeria to Europe. Washington, DC: Migration Policy Institute. [www.migrationinformation.org/ Feature/ display.cfm?ID=318].

72. Gupta, R. (2007). *Enslaved: The New British Savery.* London: Portobello Books, pp. 247–252.

73. Raymond, J. G. (2019). Immunity Incorporated: all the injustice that Jeffrey Epstein can buy. *Dignity: A Journal on Sexual Exploitation and Violence, 4*(1), 1.

74. UNODC (2010). *Trafficking of Persons into Europe for Sexual Exploitation.* New York: United Nations Organisation for Drugs and Crime/Global Initiative to Fight Trafficking (GIFT).

第四章

1. DuBray, B. J., & Busuttil, R. W. (2017). Historical review of solid organ transplantation. In S. Nadig & J. Wertheim (eds.), *Technological Advances in Organ Transplantation.* Cham, Switzerland: Springer International.

2. Haken, J. (2011). Transnational crime in the developing world. *Global Financial Integrity, 12*(11).

3. Shimazono, Y. (2007). The state of the international organ trade: a provisional picture based on integration of available information. *Bulletin of the World Health Organization, 85*(12), 955–962.

4. Scheper-Hughes, N. (2014). Human traffic: exposing the brutal organ trade. *New Internationalist, 1.*

5. Chopra, A. (2008). Harvesting kidneys from the poor for rich patients. *US News & World*

Report, 144(5), 18 February.

6. Rai, A. (2019). Medical tourism: an introduction. In *Medical Tourism in Kolkata, Eastern India*. Cham, Switzerland: Springer International, pp. 1–41.

7. Connell, J. (2016). Reducing the scale? From global images to border crossings in medical tourism. *Global Networks, 16*(4), 531–550.

8. World Health Organisation (WHO) (2004). Organ trafficking and transplantation pose new challenges. *In Focus*, 1 September.

9. NaturalNews.com (2007). Organ transplant industry pushes for legal right to buy and sell body parts on the global market. *NaturalNews.com* [www.naturalnews.com/ z020581.html].

10. Bos, Michael (2015) *Trafficking in Human Organs*. Brussels: European Parliament.

11. Statista (2019) Organ transplantation costs in the U.S. 2017. [www.statista.com/ statistics/808471/organ-transplantation-costs-us/ – accessed 11 January 2019].

12. Ambagtsheer, F., Zaitch, D., & Weimar, W. (2013). The battle for human organs: organ trafficking and transplant tourism in a global context. *Global Crime, 14*(1), 1–26.

13. NaturalNews.com (2007). Organ transplant industry pushes for legal right to buy and sell body parts on the global market. *NaturalNews.com* [www.naturalnews.com/ z020581.html].

14. Economist (2008). Organ transplants: the gap between supply and demand. *The Economist*, 9 October.

15. Majid, A., Al-Khalidi, L., Bushra, A., Opelz, G., & Shaefer, F. (2010). Outcomes of kidney transplant tourism in children: a single center experience. *Pediatric Nephrology, 25*, 155–159.

16. Goyal, M., Mehta, R. L., Schneiderman, L. J., & Sehgal, A. R. (2002). Economic and health consequences of selling a kidney in India. *Journal of the American Medical Association, 288*(13), October.

17. Dubinsky, K. (2007). Babies without borders: rescue, kidnap, and the symbolic child. *Journal of Women's History, 19*(1), 142–150.

18. Trey, T., Sharif, A., Schwarz, A., Fiatarone Singh, M., & Lavee, J. (2016). Transplant medicine in China: need for transparency and international scrutiny remains. *American Journal of Transplantation, 16*(11), 3115–3120.

19. Extracted from data tables and anecdotal text cited in Ambagtsheer, F., & Weimar, W. (eds.). (2016). *Trafficking in Human Beings for the Purpose of Organ Removal: Results and Recommendations* [HOTT Project]. Lengerich: Pabst, pp. 50–52.

20. Baimas-George, M., Fleischer, B., Slakey, D., Kandil, E., Korndorffer Jr, J. R., & DuCoin, C. (2017). Is it all about the money? Not all surgical subspecialization leads to higher lifetime revenue when compared to general surgery. *Journal of Surgical Education, 74*(6), e62–e66.

21. Van Assche, K. (2018). *Organ Transplant Tourism: Expert Memorandum prepared for Parliamentary Assembly, Council of Europe*. Brussels: Council of Europe.

22. Harrison, T. (1999). Globalisation and the trade in human body parts. *The Canadian Review of Sociology and Anthropology, 36*(1), 21–35.

23. Heinl, M. P., Yu, B., & Wijesekera, D. (2019). A framework to reveal clandestine organ trafficking in the dark web and beyond. *Journal of Digital Forensics, Security and Law, 14*(1), 2.

24. Siddiqui, S. (2012). Untapped market: can Pakistan become a hub for medical tourism? Express Tribune, 17 April. [https://tribune.com.pk/story/365757/untappedmarket-can-pakistan-become-a-hub-for-medical-tourism/ – retrieved 26 June 2020].

25. Connell, J. (2019). Medical mobility and tourism. In *Handbook of Globalisation and Tourism*. Cheltenham: Edward Elgar Publishing.

26. Smith, D. (2010). South African hospital firm admits 'cash for kidney' transplants. *The Guardian*, 10 November.

27. Lunt, N., Horsfall, D., & Hanefeld, J. (2016). Medical tourism: a snapshot of evidence on treatment abroad. *Maturitas, 88*, 37–44.

28. Ikemoto, L. C. (2018). 37. Reproductive tourism. In O. K. Obasogie & M. Darnovsky (eds.), *Beyond Bioethics: Toward a New Biopolitics*. Berkeley, CA: University of California Press.

29. Kaewkitipong, L. (2018). The Thai medical tourism supply chain: its stakeholders, their collaboration and information exchange. *Thammasat Review, 21*(2), 60–90.

30. Budiani-Saberi, D. A., & Karim, K. A. (2009). The social determinants of organ trafficking: a reflection of social equity. *Social Medicine, 4*(1) March, 48–51.

31. Naqvi, S. A. A., Ali, B., Mazhar, F., Zafar, M. N., & Rizvi, S. A. H. (2007). A socioeconomic survey of kidney vendors in Pakistan. *Transplant International, 20*(11), 934–939.

32. Naim, M. (2005). *Illicit: How Smugglers, Traffickers and Copycats are Hijacking the Global Economy*. London: Random House.

33. Scheper-Hughes, N. (2004). Parts unknown: undercover ethnography of the organs-trafficking underworld. *Ethnography, 5*(1), 29–73.

34. Matas, A. J. (2004). The case for living kidney sales: rationale, objections and concerns. *American Journal of Transplantation, 4*(12), 2007–2017.

35. Sharp, L. (2006). *Strange Harvest: Organ Transplants, Denatured Bodies and the Transformed Self*. Berkeley, CA: University of California Press.

36. Voo, T., Campbell, A. V., & de Castro, L. D. (2009). The ethics of organ transplantation: shortages and strategies. *Annals Academy of Medicine, 38*(4), April, 359–364.

37. Demme, R. A. (2010). Ethical concerns about an organ market. *Journal of the National Medical Association, 102*(1), 46–50.

38. Dalal, A. R. (2015). Philosophy of organ donation: review of ethical facets. *World Journal of Transplantation, 5*(2), 44.

39. Voo, T., Campbell, A. V., & de Castro, L. D. (2009). The ethics of organ transplantation: shortages and strategies. *Annals Academy of Medicine, 38*(4), April, 359–364.

40. Voo, T., Campbell, A. V., and de Castro, L. D. (2009). The ethics of organ transplantation: shortages and strategies. *Annals Academy of Medicine, 38*(4), April, 359–364.

41. Goodwin, M. (2006). *Black Markets: The Supply and Demand for Body Parts.* New York: Cambridge University Press, pp. 21–24.

42. Bagheri, A. (2007). Asia in the spotlight of the international organ trade: time to take action. *Asian Journal of WTO and International Health, 2*(1), March, 11–24.

43. Becker, G. S., & Ellias, J. J. (2003). Introducing incentives in the market for live and cadaveric organ donations. Paper presented at the *Organ Transplantation: Economic, Ethical and Policy Issues Conference,* 16 May, University of Chicago.

44. Budiani-Saberi, D. A., & Karim, K. A. (2009). The social determinants of organ trafficking: a reflection of social equity. *Social Medicine, 4*(1), March, 48–51.

45. Hryhorowicz, M., Zeyland, J., S omski, R., & Lipin'ski, D. (2017). Genetically modified pigs as organ donors for xenotransplantation. *Molecular Biotechnology, 59*(9–10), 435–444.

46. Hasan, A. (ed.). (2017). *Tissue Engineering for Artificial Organs: Regenerative Medicine, Smart Diagnostics and Personalized Medicine.* Hoboken, NJ: John Wiley & Sons.

47. Roh, Y. N. (2018). Organ donation. In G. Tsoulfas (ed.), *Organ Donation and Transplantation: Current Status and Future Challenges.* San Francisco, CA: BOD – Books-on-Demand.

48. Monteiro, C. A., Moubarac, J. C., Cannon, G., Ng, S. W., & Popkin, B. (2013). Ultra-processed products are becoming dominant in the global food system. *Obesity Reviews, 14,* 21–28.

49. Bradley, E. H. et al. (2016). Variation in health outcomes: the role of spending on social services, public health, and health care, 2000–09. *Health Affairs, 35*(5), 760–768.

50. Budiani-Saberi, D. A., & Karim, K. A. (2009). The social determinants of organ trafficking: a reflection of social equity. *Social Medicine, 4*(1), March, 48–51.

51. Committee on International Relations (2006). Falun Gong: organ harvesting and China's ongoing war on human rights. Hearing before the *Subcommittee on Oversight and Investigations,* Serial no. 109-239, 29 September.

52. Becker, C. (1999). Money talks, money kills – the economics of transplantation in Japan and China. *Bioethics, 13*(3/4), 236–243.

53. Baghieri, A. (2007). Asia in the spotlight of the international organ trade: time to take action. *Asian Journal of WTO and International Health, 2*(1), March, 11–24.

54. Moazam, F. (2005). Kidney trade and transplant tourism: Pakistan, the emerging leader. *Bioethics Links, 3*(3).

55. Bilgel, H., Sadikoglu, G., & Bilgel, N. (2006). Knowledge and attitudes about organ donation among medical students. *Transplantationmedizin, 18,* 91–96.

56. Medical Tourism India (2018) Organ transplant packages in India. [www.medicalindiatourism.

com/treatment-packages/organ-transplant–accessed 25 December 2018].

57. Francke, R. L. (2017). Organs for sale: a heart costs R1.5 million. *Daily Voice*, 3 April.

58. Gresham, P. (2010). Selling life: the global organs trade and the part played by Brazilian slum-dwellers. [www.philgresham.com/docs/selling-life.pdf–accessed 14 August 2018].

59. Kolnsberg, H. R. (2003). An economic study: should we sell human organs? *International Journal of Social Economics, 30*(10), 1049–1069.

第五章

1. Stewart, J. G. (2011). *Corporate War Crimes: Prosecuting Pillage of Natural Resources*. New York: Open Society Institute.

2. United Nations Environment Programme (UNEP) (2004). From conflict to peace-building: the role of natural resources and the environment. Nairobi: United Nations Environment Programme [https://postconflict.unep.ch/ publications/pcdmb_policy_01.pdf – accessed 02 January 2018].

3. Kishi, R. (2014). Resource-related conflict in Africa. *ACLED: Armed Conflict Location and Event Data Project*. [www.crisis.acleddata.com/resource-related-conflict-inafrica/–accessed 10 August 2017].

4. Switzer, J. (2001). *Armed Conflict and Natural Resources: The Case of the Minerals Sector*. London: International Institute for Environment and Development.

5. Cooper, N. (2001). Conflict goods: the challenges for peacekeeping and conflict prevention. *International Peacekeeping, 8*(3), 21–38.

6. Kaeb, C. (2007). Emerging issues of human rights responsibility in the extractive and manufacturing industries: patterns and liability risks. *Northwestern University Journal of International Human Rights, 6*, 327.

7. Fritz, M. M., & Tessmann, N. (2018). Management of conflict minerals in automotive supply chains: where to start from? In *Social and Environmental Dimensions of Organizations and Supply Chains*. Cham, Switzerland: Springer International, pp. 153–169.

8. Bhattacharyya, A. (2016). Corporate social and environmental responsibility in an emerging economy: through the lens of legitimacy theory. *Australasian Accounting, Business and Finance Journal, 9*(2), 2015.

9. Eweje, G. (2009). Labour relations and ethical dilemmas of extractive MNEs in Nigeria, South Africa and Zambia: 1950–2000. *Journal of Business Ethics, 86*, 207–223.

10. Thomas, A. O. (2020). Conflict minerals. In S. O. Idowu et al. (eds.), *Encyclopedia of Sustainable Management*. Cham, Switzerland: Springer Nature.

11. Parker, D. P., & Vadheim, B. (2017). Resource cursed or policy cursed? US regulation of

conflict minerals and violence in the Congo. *Journal of the Association of Environmental and Resource Economists, 4*(1), 1–49.

12. Global Witness (2010). Sanctions: combating illicit international trade [section 3]. *Lessons Unlearned Report*. London: Global Witness.

13. Kepes, D. (2013). Conflict minerals trade in India. *Pragati*. [http://pragati.nationalinterest.in/ 2013/08/ conflict-mineral-trade-in-india/–accessed 08 April 2016].

14. Diaz-Struck, E., & Poliszuk, J. (2014). Venezuela emerges as new source of 'conflict minerals'. Washington, DC: The Center for Public Integrity [www.publicintegrity.org/ 2012/03/04/8288/venezuela-emerges-new-source-conflict-minerals–accessed04 August 2016].

15. Thomas, A. O. (2020). Conflict minerals. In S. O. Idowu et al. (eds.), *Encyclopedia of Sustainable Management*. Cham, Switzerland: Springer Nature.

16. Kew, D., & Phillips, D. L. (2013). Seeking peace in the Niger Delta: oil, natural gas, and other vital resources. *New England Journal of Public Policy, 24*(1), 12.

17. Kiourktsoglou, G., & Coutroubis, A. (2015). *Isis Export Gateway to Global Crude Oil Markets*. London: University of Greenwich.

18. Lloyd, A. (2015). How coal fuels India's insurgency. *National Geographic*, April. [http:// ngm.nationalgeographic.com/2015/04/india-coal/lloyd-text].

19. Global Witness (2010). Sanctions: combating illicit international trade [section 3]. *Lessons Unlearned Report*. London: Global Witness.

20. Global Witness (2013). *An Industry Unchecked: Japan's Extensive Business with Companies Involved in Illegal and Destructive Logging in the Last Rainforests of Malaysia*. London: Global Witness.

21. Global Witness (2010). Sanctions: combating illicit international trade [section 3]. *Lessons Unlearned Report*. London: Global Witness.

22. Wilson-Wilde, L. (2010). Wildlife crime: a global problem. *Forensic Science, Medicine, and Pathology, 6*(3), 221–222.

23. Ayling, J. (2013). What sustains wildlife crime? Rhino horn trading and the resilience of criminal networks. *Journal of International Wildlife Law & Policy, 16*(1), 57–80.

24. Nabi, G., Siddique, R., Ali, A., & Khan, S. (2020). Preventing bat-born viral outbreaks in future using ecological interventions. *Environmental Research*.

25. Nowell, K. (2012). Wildlife crime scorecard. *Switzerland: World Wildlife Fund*.

26. Actman, A. (2019). Traditional Chinese medicine and wildlife. *National Geographic*, 27 February. [www.nationalgeographic.com/animals/reference/traditional-chinesemedicine/–accessed 20 April 2019].

27. Forrest, C. (2003). Strengthening the international regime for the prevention of the illicit trade in cultural heritage. *Melbourne Journal of International Law, 4*, 592.

28. Dietzler, J. (2013). On 'Organized Crime' in the illicit antiquities trade: moving beyond the definitional debate. *Trends in Organized Crime, 16*(3), 329–342.

29. Clarke, C. M., & Szydlo, E. J. (2017). *Stealing History: Art Theft, Looting, and other Crimes against our Cultural Heritage.* Lanham, MD: Rowman & Littlefield.

30. Voon, T. (2017). Restricting trade in cultural property: national treasures at the intersection between cultural heritage and international trade law. [papers.ssrn.com]

31. Young, S. B. & Dias, G. (2012). Conflict-free minerals supply-chain to electronics. In *Electronics Goes Green 2012+*, September (1–5). IEEE.

32. Bayer, C. N. (2016). Dodd-Frank Section 1502 – RY2015 Filing Evaluation. *Development International.*

33. Epstein, M. J., & Yuthas, K. (2011). Conflict minerals: managing an emerging supplychain problem. *Environmental Quality Management, 21*(2), 13–25.

34. Pact (2015). Unconflicted: making conflict-mining a reality in the DRC, Rwanda and Burundi. Washington, DC: Pact [www.pactworld.org/mining – accessed 20 November 2018].

35. Global Witness & Amnesty International (2015). *Digging for Transparency: How US Companies are Only Scratching the Surface of Conflict Minerals Reporting.* London: Global Witness and Amnesty International.

36. Global Witness (2010). Peacekeeping: disrupting the illicit trade at source [section 5]. *Lessons Unlearned Report.* London: Global Witness.

37. Wellsmith, M. (2011). Wildlife crime: the problems of enforcement. *European Journal on Criminal Policy and Research, 17*(2), 125–148.

38. Stenberg, E. (2005). Global corporate citizenship in post-conflict reconstruction. In *Perspectives on Corporate Social Responsibility in International Business.* Turku: Turku School of Economics and Business Administration.

39. McBain, D. (2014). Coltan: a study of environmental justice and global supply chains. *Power, Justice and Citizenship*, 173.

40. Morgan, R. M., Wiltshire, P., Parker, A., & Bull, P. A. (2006). The role of forensic geoscience in wildlife crime detection. *Forensic Science International, 162*(1–3), 152–162.

41. Wilson-Wilde, L. (2010). Combating wildlife crime. *Forensic Science and Medical Pathology, 6*, 149–150.

42. Nurse, A. (2011). Policing wildlife: perspectives on criminality in wildlife crime. In *Papers from the British Criminology Conference, 11*, 38–53. The British Society of Criminology.

43. OECD (2013). *Due Diligence Guidance for Responsible Supply Chains of Minerals from Conflict-Affected and High-Risk Areas*, 2nd edn. Luxembourg: OECD Publishing. [http://dx.doi.org/10.1787/9789264185050-en–accessed 03 January 2018].

44. Gillard, T., & Nieuwenkamp, R. (2015). Responsible gold also means supporting livelihoods

of artisanal miners. *Huffington Post*, 22 June.

45. Chasan, E. (2016). Apple says supply chain now 100% audited for conflict minerals. [www.bloomberg.com/news/articles/2016-03-30/ – accessed 04 August 2016].

46. Sinclair, B. (2015). Conflict minerals: the real link between games and violence. [www.gamesindustry.biz/articles/2015-06-03-conflict-minerals-the-real-linkbetween-games-and-violence–accessed 04 August 2016].

47. Magistad, M. K. (2011). Why Chinese mineral buyers are eyeing Congo. *Public Radio International* [www.pri.org/stories/2011-10-26/slideshow-why-chinese-mineralbuyers-are-eying-congo–accessed 04 August 2016].

48. Bayer, C. (2015). *Dodd-Frank Section 1502 Post-Filing Survey*. New Orleans, LA: Tulane University.

49. Kaufmann, D. (2015). The time is now for addressing resource governance challenges in Latin America. Washington, DC: Brookings Institution. [www.brookings.edu/blog/up-front/2015/02/09/–accessed 02 September 2016].

50. Akella, A. S., & Allan, C. (2011). Dismantling wildlife crime: executive summary. *TRAFFIC, 2012*(15).

51. Fincham, D. (2008). How adopting the Lex Origins Rule can impede the flow of illicit cultural property. *Columbia Journal of Law & Arts, 32*, 111.

52. Schabas, W. A. (2005). War economies, economic actors, and international criminal law. In *Profiting from Peace: Managing the Resource Dimensions of Civil War*. Boulder, CO: Lynne Rienner.

53. Kiourktsoglou, G., & Coutroubis, A. (2015). *Isis Export Gateway to Global Crude Oil Markets*. London: University of Greenwich.

54. Stergiou, D. (2016). ISIS political economy: financing a terror state. *Journal of Money Laundering Control, 19*(2), 189–207.

55. Solomon, E., Kwong, R., & Bernard S. (2016). Inside Isis Inc: the journey of a barrel of oil. *Financial Times*, 29 February. [https://ig.ft.com/sites/2015/isis-oil/–accessed 15 August 2018].

56. Stergiou, D. (2016). ISIS political economy: financing a terror state. *Journal of Money Laundering Control, 19*(2), 189–207.

57. Solomon, E., Kwong, R., & Bernard S. (2016). Inside Isis Inc: the journey of a barrel of oil. *Financial Times*, 29 February. [https://ig.ft.com/sites/2015/isis-oil/–accessed 15 August 2018].

58. Kiourktsoglou, G., & Coutroubis, A. (2015). *Isis Export Gateway to Global Crude Oil Markets*. London: University of Greenwich.

59. Solomon, E., Kwong, R., & Bernard S. (2016). Inside Isis Inc: the journey of a barrel of oil. *Financial Times*, 29 February. [https://ig.ft.com/sites/2015/isis-oil/–accessed15 August

2018].

60. Solomon, E., Kwong, R., & Bernard S. (2016). Inside Isis Inc: the journey of a barrel of oil. *Financial Times*, 29 February. [https://ig.ft.com/sites/2015/isis-oil/–accessed15 August 2018].

61. Kiourktsoglou, G., & Coutroubis, A. (2015). *Isis Export Gateway to Global Crude Oil Markets*. London: University of Greenwich.

第六章

1. Sujauddin, M., Koide, R., Komatsu, T., Hossain, M. M., Tokoro, C., & Murakami, S. (2015). Characterization of ship breaking industry in Bangladesh. *Journal of Material Cycles and Waste Management, 17*(1), 72–83.

2. Muller, S. M. (2016). The 'Flying Dutchmen': Ships' tales of toxic waste in a globalized world. In C. Mauch (ed.), *Out of Sight, Out of Mind: The Politics and Culture of Waste*. Munich: Rachel Carter Center. pp. 13–19.

3. Lepawsky, J. (2015). The changing geography of global trade in electronic discards: time to rethink the e-waste problem. *The Geographical Journal, 181*(2), 147–159.

4. Rucevska, I., Nellemann, C., Isarin, N., Yang, W., Liu, N., Yu, K., & Bisschop, L. (2017). *Waste Crime–Waste Risks: Gaps in Meeting the Global Waste Challenge*. Nairobi and Arendal: United Nations Environment Programme and GRID-Arendal.

5. Kaza, S., Yao, L., Bhada-Tata, P., & Van Woerden, F. (2018). *What a Waste 2.0: A Global Snapshot of Solid Waste Management to 2050*. Washington, DC: World Bank Publications.

6. Ahmad, S., Martens, P. N., Fernandez, P. P., & Fuchsschwanz, M. (2009). Mine waste dumping and corresponding environmental impacts at Chinh Bac waste dump in Vietnam. Paper presented at 8th ICARD (International Conference on Acid Rock Drainage), June, Skelleftea, Sweden.

7. Lobato, N. C. C., Villegas, E. A., & Mansur, M. B. (2015). Management of solid wastes from steelmaking and galvanizing processes: a brief review. *Resources, Conservation and Recycling, 102*, 49–57.

8. Nes'er, G., Unsalan, D., Tekog˘ul, N., & Stuer-Lauridsen, F. (2008). The shipbreaking industry in Turkey: environmental, safety and health issues. *Journal of Cleaner Production, 16*(3), 350–358.

9. Hiremath, A. M., Tilwankar, A. K., & Asolekar, S. R. (2015). Significant steps in ship recycling *vis-à-vis* wastes generated in a cluster of yards in Alang: a case study. *Journal of Cleaner Production, 87*, 520–532.

10. Sujauddin, M., Koide, R., Komatsu, T., Hossain, M. M., Tokoro, C., & Murakami, S. (2015). Characterization of ship breaking industry in Bangladesh. *Journal of Material Cycles and*

Waste Management, 17(1), 72–83.

11. Yuan, H. (2013). A SWOT analysis of successful construction waste management. *Journal of Cleaner Production, 39*, 1–8.

12. Esin, T., & Cosgun, N. (2007). A study conducted to reduce construction waste generation in Turkey. *Building and Environment, 42*(4), 1667–1674.

13. Kofoworola, O. F., & Gheewala, S. H. (2009). Estimation of construction waste generation and management in Thailand. *Waste Management, 29*(2), 731–738.

14. Hao, J. L., Hills, M. J., & Tam, V. W. (2008). The effectiveness of Hong Kong's construction waste disposal charging scheme. *Waste Management & Research, 26*(6), 553–558.

15. Ray, Amit (2008). Waste management in developing Asia. *The Journal of Environment and Development, 17*(1), 3–25.

16. Rochman, C. M., Browne, M. A., Halpern, B. S., Hentschel, B. T., Hoh, E., Karapanagioti, H. K., & Thompson, R. C. (2013). Policy: classify plastic waste as hazardous. *Nature, 494*(7436), 169.

17. Singh, N., Hui, D., Singh, R., Ahuja, I. P. S., Feo, L., & Fraternali, F. (2017). Recycling of plastic solid waste: a state of art review and future applications. *Composites Part B: Engineering, 115*, 409–422.

18. Bhada-Tata, P., & Hoornweg, D. (2016). Solid waste and climate change. Worldwatch Institute (ed.), *State of the World 2016*. Washington, DC: Island Press/Center for Resource Economics, pp. 239–255 [https://link.springer.com/chapter/10.5822/978-1-61091-756-8_20–accessed 26 June 2020].

19. Diener, D. L., & Tillman, A. M. (2015). Component end-of-life management: exploring opportunities and related benefits of remanufacturing and functional recycling. *Resources, Conservation and Recycling, 102*, 80–93.

20. Goswami, U., & Sarma, H. P. (2008). Study of the impact of municipal solid waste dumping on soil quality in Guwahati city. *Pollution Research, 27*(2), 327–330.

21. Mihai, F.-C., Apostol, L., Ursu, A., & Ichim, P. (2012). Vulnerability of mountain rivers to waste dumping from Neamt county, Romania. *Geographica Napocensis, 2*(2).

22. Naroznova, I., Moller, J., Scheutz, C., & Lagerkvist, A. (2015). Importance of food waste pre-treatment efficiency for global warming potential in life cycle assessment of anaerobic digestion systems. *Resources, Conservation and Recycling, 102*, 58–66.

23. Galgani, F., Hanke, G., & Maes, T. (2015). Global distribution, composition and abundance of marine litter. In M. Bergmann, L. Gutow and M. Klages (eds.), *Marine Anthropogenic Litter*. Cham, Switzerland: Springer International, pp. 29–56.

24. Hopewell, J., Dvorak, R., & Kosior, E. (2009). Plastics recycling: challenges and opportunities. *Philosophical Transactions of the Royal Society B: Biological Sciences, 364*(1526), 2115–2126.

25. Arcadis (2014). Marine Litter study to support the establishment of an initial quantitative headline reduction target – SFRA0025. Brussels: European Commission DG Environment Project number BE0113.000668.

26. UNEP and NOAA (2012). *The Honolulu Strategy: A Global Framework for Prevention and Management of Marine Debris*. Washington, DC: United Nations Environment Programme/ National Oceanic and Atmospheric Administration.

27. Kumar, A., Holuszko, M., & Espinosa, D. C. R. (2017). E-waste: an overview on generation, collection, legislation and recycling practices. *Resources, Conservation and Recycling, 122*, 32–42.

28. Balde, C. P., Wang, F., Kuehr, R., & Huisman, J. (2015). *The Global E-waste Monitor 2014: Quantities, Flows and Resources*. Bonn: United Nations University, IAS–SCYCLE.

29. StEP Initiative (2011). *Annual Report 2011: Five Years of the StEP Initiative*. United Nations University/Solving the E-Waste Problem Initiative. [Available at: www.step-initiative.org/ files/step/_documents/–accessed 02 January 2018].

30. Zheng, J., Chen, K. H., Yan, X., Chen S. J., Hu, G. C., Peng, X. W., et al. (2013). Heavy metals in food, house dust, and water from an e-waste recycling area in South China and the potential risk to human health. *Ecotoxicology and Environmental Safety, 96*, 205–212.

31. Fazzo, L., Minichilli, F., Santoro, M., Ceccarini, A., Della Seta, M., Bianchi, F., & Martuzzi, M. (2017). Hazardous waste and health impact: a systematic review of the scientific literature. *Environmental Health, 16*(1), 107. [License: Creative Commons Attribution CC BY 3.0 IGO].

32. Carrington, D. (2020). Coronavirus detected on articles of air pollution. *The Guardian*, 24 April. [Available at: www.theguardian.com/environment/2020/apr/24/coronavirus – accessed 25 April 2020].

33. Rucevska, I., Nellemann, C., Isarin, N., Yang, W., Liu, N., Yu, K., & Bisschop, L. (2017). *Waste Crime – Waste Risks: Gaps in Meeting the Global Waste Challenge*. Nairobi: United Nations Environment Programme and GRID-Arendal.

34. Vidal, J. (2019). What should we do with radioactive nuclear waste? *The Guardian*, 01 August.

35. Zhu, K. (2009). Regulation of waste dumping at sea: the Chinese practice. *Ocean & Coastal Management, 52*(7), 383–389.

36. Krishna, M., & Kulshrestha, P. (2008). The Toxic Belt: perspectives on e-waste dumping in developing nations. *UC Davis Journal of International Law & Policy, 15*, 71.

37. Clapp, Jennifer (1994). Africa, NGOs, and the international toxic waste trade. *Journal of Environment & Development, 3*(2), 17–46.

38. Massari, M., & Monzini, P. (2004). Dirty businesses in Italy: a case-study of illegal trafficking in hazardous waste. *Global Crime, 6*(3–4), 285–304.

39. Data extracted from EuroStat (2020). Turkey: main destination for EU's waste. [https://ec.europa.eu/eurostat/en/web/products-eurostat-news/-/DDN-20200416-1–accessed30 June 2020].

40. Shebaro, I. (2004). Hazardous waste smuggling: a study in environmental crime. Transnational Crime and Corruption Center (TraCCC). Washington: American University [www.american.edu/traccc/resources/publications/students/shebar01.pdf].

41. Obradovic', M., Kalambura, S., Smolec, D., & Jovic˘ic', N. (2014). Dumping and illegal transport of hazardous waste, danger of modern society. *Collegium Antropologicum, 38*(2), 793–803.

42. Obradovic', M., Kalambura, S., Smolec, D., & Jovic˘ic', N. (2014). Dumping and illegal transport of hazardous waste, danger of modern society. *Collegium Antropologicum, 38*(2), 793–803.

43. Mitchell, J. T., Thomas, D. S., & Cutter, S. L. (1999). Dumping in Dixie revisited: the evolution of environmental injustices in South Carolina. *Social Science Quarterly, 80*(2), 229–243.

44. Pellow, D. N. (2004). The politics of illegal dumping: an environmental justice framework. *Qualitative Sociology, 27*(4), 511–525.

45. Lepawsky, J., & Connolly, C. (2016). A crack in the facade? Situating Singapore in global flows of electronic waste. *Singapore Journal of Tropical Geography, 37*(2), 158–175.

46. Pickren, G. (2014). Political ecologies of electronic waste: uncertainty and legitimacy in the governance of e-waste geographies. *Environment and Planning A, 46*(1), 26–45.

47. Magasin, M., & Gehlen, F. L. (1999). Unwise decisions and unanticipated consequences– case study. *Sloan Management Review, 41*(1), 47.

48. Hird, M. J. (2017). Waste, environmental politics and dis/engaged publics. *Theory, Culture & Society, 34*(2–3), 187–209.

49. Milovantseva, N., & Fitzpatrick, C. (2015). Barriers to electronics reuse of transboundary e-waste shipment regulations: an evaluation based on industry experiences. *Resources, Conservation and Recycling, 102*, 170–177.

50. Amankwah-Amoah, J. (2016). Global business and emerging economies: towards a new perspective on the effects of e-waste. *Technological Forecasting and Social Change, 105*, 20–26.

51. Ruggiero, V., & South, N. (2010). Green criminology and dirty collar crime. *Critical Criminology, 18*(4), 251–262.

52. South, N. (2016). Green criminology and brown crime: despoliation, disposal and de-manufacturing in global resource industries. In Wyatt. T. (ed.), *Hazardous Waste and Pollution*. Cham, Switzerland: Springer International, pp. 11–25.

53. Critharis, M. (1990). Third World nations are down in the dumps: the exportation of

hazardous waste. *Brooklyn Journal of International Law, 16*, 311–339.

54. Nnorom, I. C., & Osibanjo, O. (2008). Overview of electronic waste management practices and legislations, and their poor application in the developing countries. *Resources Conservation & Recycling, 52*, 843–858.

55. Tansel, B. (2017). From electronic consumer products to e-wastes: global outlook, waste quantities, recycling challenges. *Environment International, 98*, 35–45.

56. Naim, Moises (2005). *Illicit: How Smugglers, Traffickers and Copycats are Hijacking the Global Economy*. London: Random House.

57. Adeola, F. O. (2000). Cross-national environmental injustice and human rights issues: a review of evidence in the developing world. *American Behavioral Scientist, 43*(4), 686–706.

58. Sonak, S., Sonak, M., & Giriyan, A. (2008). Shipping hazardous waste: implications for economically developing countries. *International Environmental Agreements: Politics, Law and Economics, 8*(2), 143–159.

59. Deshpande, P. C., Kalbar, P. P., Tilwankar, A. K., & Asolekar, S. R. (2013). A novel approach to estimating resource consumption rates and emission factors for ship recycling yards in Alang, India. *Journal of Cleaner Production, 59*, 251–259.

60. Hiremath, A. M., Tilwankar, A. K., & Asolekar, S. R. (2015). Significant steps in ship recycling *vis-à-vis* wastes generated in a cluster of yards in Alang: a case study. *Journal of Cleaner Production, 87*, 520–532.

61. Sonak, S., Sonak, M., & Giriyan, A. (2008). Shipping hazardous waste: implications for economically developing countries. *International Environmental Agreements: Politics, Law and Economics, 8*(2), 143–159.

62. Moen, A. E. (2008). Breaking Basel: the elements of the Basel Convention and its application to toxic ships. *Marine Policy, 32*(6), 1053–1062.

第七章

1. Plamondon, A. (2012). *Defence Industries*. Oxford: Oxford University Press.

2. LaFranchi, Howard (2001). Small wars, small arms, big graft. *Christian Science Monitor, 93*(157).

3. Haqhaqi, J. (2004). Small arms and regional security in the Western Mediterranean: reflections on European views. *Mediterranean Quarterly, 15*(3), 55–74.

4. Saveedra, B. O. (2007). Transnational crime and small arms trafficking and proliferation. In K. L. Thachuk (ed.), *Transnational Threats: Smuggling and Trafficking in Arms, Drugs and Human Life*. Westport, CT: Praeger/Greenwood Publishing, Chapter 5.

5. Smigielski, D. (2007). Addressing the nuclear smuggling threat. In K. L. Thachuk (ed.),

Transnational Threats: Smuggling and Trafficking in Arms, Drugs and Human Life. Westport, CT: Praeger/Greenwood Publishing, Chapter 4.

6. Santoro, D. (2005). Rethinking the concept of 'weapons of mass destruction': an assessment of the weapons of concern. *Journal of Contemporary Analysis*, November–December, 21–40.

7. Shah, A. (2006). Small arms – they cause 90% of civilian casualties. *Global Issues, 21*, 1–7.

8. Holtom, P., & Pavesi, I. (2017). *Trade Update 2017: Out of the Shadows.* Geneva: Small Arms Survey, Graduate Institute of International and Development Studies.

9. SIPRI (2006). *Year Book on Armaments, Disarmament and International Security for 2005.* Stockholm: Stockholm International Peace Research Institute (SPIRI).

10. SIPRI (2008). *Year Book 2008 on Armaments, Disarmament and International Security.* Oxford: Oxford University Press.

11. Tian, A., & Su, F. (2020). *Estimating the Arms Sales of Chinese Companies.* SIPRI Insights on Peace and Security 2020/2 (January).

12. SIPRI (2020). *Arms Transfers Database.* [www.sipri.org/databases/armstransfers–accessed 03 March 2020].

13. SIE Center (2017). Statistics on the Private Security Industry–US Composite Data. [http://psm.du.edu/articles_reports_statistics/data_and_statistics.html–accessed 28 December 2017].

14. Singer, P. W. (2003). *Corporate Warriors: The Rise of the Privatized Military Industry.* Ithaca, NY: Cornell University Press, p. 78.

15. Statistica.com (2016). Outsourcing security: private military and security companies. [www.statista.com/chart/4440/private-military-and-security-company-sector/–accessed 27 December 2017].

16. Hartley, K. (2015). Defence economics and the industrial base. *World, 185*, 8–700.

17. US Department of Defense (2015). *Competition Report 2015.* Washington: Department of Defense.

18. Hartung, W. D. (1999). *Corporate Welfare for Weapons Makers: The Hidden Costs of Spending on Defense and Foreign Aid.* Washington, DC: Cato Institute.

19. Vittori, J. (2019) *A Mutual Extortion Racket: The Military Industrial Complex and US Foreign Policy.* London: Transparency International.

20. Thorpe, R. U. (2014). The American Warfare state: The Domestic Politics of Military Spending. University of Chicago Press. [http://fpif.org/warfare_vs_welfare_subsidies_to_weapons_exporters–accessed 12 January 2017].

21. Jackson, S. (2011). *SIPRI Assessment for UK Arms Export Subsidies.* London: Campaign Against Arms Trade.

22. European Commission Directorate-General for Trade (2017). Anti-subsidy. [http://

ec.europa.eu/trade/policy/accessing markets/trade defence/actions-against-importsinto the eu/anti-subsidy–accessed 01 December 2017].

23.　Campaign Against Arms Trade (CAAT) (2005). *Who Calls the Shots? How Government-Corporate Collusion Drives Arms Exports.* London: Campaign Against Arms Trade. [www.caat.org.uk/resources/publications/government/who-calls-the-shots-0205.pdf–accessed 01 December 2017].

24.　Perlo-Freeman, S. (2016). *Special Treatment: UK Government Subsidy for the Arms Industry and Trade.* Stockholm: SIPRI; London: CAAT. [www.sipri.org/publications/2016/other-publications/special-treatment-uk-government-support-arms-industry-andtrade–accessed 02 December 2017].

25.　Glick, R., & Taylor, A. M. (2010). Collateral damage: trade disruption and the economic impact of war. *The Review of Economics and Statistics, 92*(1), 102–127.

26.　Crawford, N. C. (2016). Are we safer? Measuring the costs of America's unending wars. *Cognoscenti,* 23 June.

27.　Sieglie, C. (2007). Economics costs and consequences of war. In *Encyclopedia of Violence* (2nd edn). Oxford: Elsevier. [www.ncas.rutgers.edu/economic-costs-and-consequenceswar–accessed 28 December 2017].

28.　Syrian Center for Policy Research (2014) *Syria, Alienation and Violence: Impact of Syria Crisis Report.* United Nations Development Programme/United Nations Relief and Works Agency (UNRWA), March.

29.　Collier, P. (2006) Post-conflict economic recovery. Paper for the International Peace Academy. Oxford: Department of Economics, Oxford University.

30.　Stewart, F., Huang, C., & Wang, M. (2001). Internal wars in developing countries: an empirical overview of economic and social consequences. In F. Stewart & V. Fitzgerald (eds.), *War and Underdevelopment* (Vol. 1). Oxford: Oxford University Press, pp. 67–103.

31.　The figures are sourced from the United Nations High Commisioner for Refugees (UNHCR), the International Organisation for Migration (IOM), governments and NGOs.

32.　The figures are sourced from the Jordanian government.

33.　Devarajan, S., & Mottaghi, L. (2015) Plunging oil prices. *MENA Quarterly Economic Brief.* January. Washington, DC: World Bank.

34.　Data from the United Nations World Tourism Organisation (UNWTO).

35.　Matti, W., & Woods, N. (2009). In whose benefit? Explaining regulatory change in global politics. In W. Matti & N. Woods (eds.), *The Politics of Global Regulation.* Princeton, NJ and Oxford: Princeton University Press.

36.　Hathaway, O. A., & Shapiro, S. J. (2017). *The Internationalists and their Plan to Outlaw War.* London: Penguin.

37.　Krahmann, E. (2003). Conceptualizing security governance. *Cooperation and Conflict,*

$38(1)$, 5–26.

38. Avant, D. (2013). Pragmatism and effective fragmented governance: comparing trajectories in small arms and military and security services. *Oñati Socio-Legal Series, 3*(4).]

39. Surry, E. (2006). *Transparency in the Arms Industry*. Stockholm: Stockholm International Peace Research Institute (SIPRI).

40. Kaldor, M. (2006). *New & Old Wars: Organised Violence in a Global Era* (2nd edn). Cambridge: Polity Press.

41. Cukier, W. E., & Chapdelaine, A. N. (2002). Small arms, explosives and incendiaries. In B. S. Levy & V. W. Sidel (eds.), *Terrorism and Public Health*. New York: Oxford University Press, pp. 155–174.

42. Kytomaki, E. (2014). The defence industry, investors and the Arms Trade Treaty. Research Paper. London: Chatham House.

43. War on Want (2015) Banking on bloodshed: UK high street banks' complicity in the arms trade. [www.waronwant.org/ sites/–accessed 18 April 2017].

44. Taylor, N. A. J. (2012). A rather delicious paradox: social responsibility and the manufacture of armaments. In R. Tench, W. Sun, & B. Jones (eds.), *Corporate Social Irresponsibility: A Challenging Concept*. Bingley: Emerald Group Publishing, pp. 43–62.

45. Halpern, B. H., & Snider, K. F. (2012). Products that kill and corporate social responsibility: the case of US defense firms. *Armed Forces & Society, 38*(4), 604–624.

46. Byrne, E. F. (2007). Assessing arms makers' corporate social responsibility. *Journal of Business Ethics, 74*(3), 201–217.

47. Jackson, S. T. (2017). Selling national security: Saab, YouTube, and the militarized neutrality of Swedish citizen identity. *Critical Military Studies, 5*(3), 1–19.

48. Li, H. C., & Mirmirani, S. (1998). Global transfer of arms technology and its impact on economic growth. *Contemporary Economic Policy, 16*(4), 486–498.

49. Dunne, J. P., & Tian, N. (2013). Military expenditure and economic growth: a survey. *The Economics of Peace and Security Journal, 8*(1).

50. Anderton, C. H., & Carter, J. R. (2001). The impact of war on trade: an interrupted times-series study. *Journal of Peace Research, 38*(4), 445–457.

51. Barbieri, K., & Levy, J. S. (1999). Sleeping with the enemy: the impact of war on trade. *Journal of Peace Research, 36*(4), 463–479.

52. Reeder, B. W. (2009). Arms transfers and stability in the developing world: a causal model. *McNair Scholars Research Journal, 5*(1), 8.

53. Open Secrets (2018). *Defense Long-term Contributions*. Washington, DC: Center for Responsive Politics. [www.opensecrets.org/industries/totals.php?cycle=2018&ind=D–accessed 01 November 2018].

54. Feldman, J. M. (2006). Industrial conversion. In G. Geeraerts, N. Pauwels, & E. Remacle

(eds.), *Dimensions of Peace and Security: A Reader*. Brussels: PIE-Peter Lang.

55. Craft, C., & Smaldone, J. P. (2002). The arms trade and the incidence of political violence in sub-Saharan Africa, 1967–97. *Journal of Peace Research, 39*(6), 693–710.

56. Craft, C. (2002). The arms trade and the incidence of political violence in Sub-Saharan Africa. *Journal of Peace Research, 39*(6), 693–710.

57. SIPRI (2014). *The SIPRI Top 100 Arms-producing and Military Services Companies, 2014*. Stockholm: Stockholm International Peace Research Institute.

58. Bromley, M., & Wezeman, S. (2013). *Current Trends in the International Arms Trade and Implications for Sweden*. Stockholm: Stockholm International Peace Research Institute.

59. Nordstjernan (2014). *Facts on Arms Exports from Sweden*. [www.nordstjernan.com/news/ education% 7Cresearch/6945/–accessed 30 December 2015].

60. Swedish Security & Defence Industry Association website [http://soff.se/aboutsoff/– accessed 01 January 2016].

61. Sluglett, P., & Farouk-Sluglett, M. (1996). *The Times Guide to the Middle East*. London: Time Books.

62. Shah, Anup (2006). The Middle East conflict – a brief background. *Global Issues* [www. globalissues.org/article/119/–accessed 02 January 2016].

63. Norberg, Jenny (2015) Who's afraid of a feminist foreign policy? *The New Yorker*, 15 April. [www.newyorker.com/news/news-desk/swedens-feminist-minister–accessed 29 December 2015].

第八章

1. Schjelderup, G., & Baker, R. W. 2015). *Financial Flows and Tax Havens: Combining to Limit the Lives of Billions of People*. Oslo: Norwegian School of Economics, Global Financial Integrity, Jawaharlal Nehru University, Instituto de Estudos Socioeconomicos and Nigerian Institute of Social and Economic Research.

2. Sharman, J. C. (2008). Power and discourse in policy diffusion: anti-money laundering in developing states. *International Studies Quarterly, 52*(3), 635–656.

3. Cobham, A., & Janský, P. (2017). Global distribution of revenue loss from corporate tax avoidance: re-estimation and country results. *WIDER Working Paper 201/55*. New York: United Nations University-WIDER.

4. Hampton, M. P., & Levi, M. (1999). Fast spinning into oblivion? Recent developments in money-laundering policies and offshore finance centres. *Third World Quarterly, 20*(3), 645–656.

5. Pietschmann, T., & Walker, J. (2011). *Estimating Illicit Financial Flows Resulting from Drug*

Trafficking and Other Transnational Organized Crimes. New York: UNODC, United Nations Office of Drugs and Crime.

6. Financial Action Task Force (FATF) website [www.fatf-gafi.org/faq/ moneylaundering/– accessed 03 May 2020]

7. International Association of Penal Law (2008). Combating terrorist financing: draft resolution. *International Review of Penal Law*, 371.

8. Corporate Finance Institute website [https://corporatefinanceinstitute.com/resources/ knowledge/other/what-is-tax-haven/–accessed 17 May 2020]

9. Gilligan, G. P. (2004). Whither or wither the European Union Savings Tax Directive? A case study in the political economy of taxation. *Journal of Financial Crime, 11*(1), 56–72.

10. Blickman, T. (1997). The Rothschilds of the mafia on Aruba. *Transnational Organized Crime, 3*(2), 50–89.

11. UNCTAD (2015). *World Investment Report 2015: Reforming International Investment Governance.* New York & Geneva: United Nations Conferences on Trade and Development.

12. Zucman, G. (2014). Taxing across borders: tracking personal wealth and corporate profits. *Journal of Economic Perspectives, 28*(4), 121–148.

13. Tax Justice Network (2018). *Financial Secrecy Index 2018.* [www.financialsecre cyindex. com/introduction/fsi-2018-results–accessed 20 April 2018]. Creative Commons Attribution 4.0 International License.

14. Cobham, A., Janský, P., & Consultation, U. U. E. (2017). Measurement of illicit financial flows. Background paper prepared for UNCTAD: Benefits and Costs of the IFF Targets, 187-238. *UNODC–UNCTAD Expert Consultation on the SDG Indicator on Illicit Financial Flows, 13-14 December, Geneva.*

15. Crivelli, E., De Mooij, R. A., & Keen, M. M. (2015). *Base Erosion, Profit Shifting and Developing Countries* (No. 15-118). Washington, DC: International Monetary Fund.

16. Salomon, M., & Spanjers, J. (2017). Illicit financial flows to and from developing countries: 2005–2014. *Global Financial Integrity.* Washington, DC: Center for International Policy.

17. Tax Justice Network (2011). *The Cost of Tax Abuse: A Briefing Paper on the Cost of Tax Evasion Worldwide.* Chesham, UK: Tax Justice Network.

18. Tax Justice Network (2018). *Narrative Report on the United Kingdom: Financial Secrecy Index.* Chesham, UK: Tax Justic Network.

19. Tax Justice Network (2011). *The Cost of Tax Abuse: A Briefing Paper on the Cost of Tax Evasion Worldwide.* Chesham, UK: Tax Justice Network.

20. Cobham, A., & Klees, S. (2016). Global taxation: financing education and the other sustainable development goals. *The Education Commission Background Paper: The Learning Generation.* Orpington, UK: Education Commission.

21. Grahl, J., & Lysandrou, P. (2003). Sand in the wheels or spanner in the works? The Tobin

tax and global finance. *Cambridge Journal of Economics, 27*(4), 597–621.

22. Janský, P., & Prats, A. (2015). International profit-shifting out of developing countries and the role of tax havens. *Development Policy Review, 33*(3), 271–292.

23. Egger, P., Eggert, W., & Winner, H. (2010). Saving taxes through foreign plant ownership. *Journal of International Economics, 81*(1), 99–108.

24. Allen, D. (2015). What you need to know about the global business of free trade zones. *In The Black*, February.

25. FATF (2010). *Money Laundering Vulnerabilities of Free Trade Zones*. Paris: Financial Action Task Force.

26. Hetzer, W. (2003). Money laundering and financial markets. *European Journal of Crime, Criminal Law and Criminal Justice, 11*(3), 264–277.

27. Wilmarth Jr, A. E. (2008). The dark side of universal banking: financial conglomerates and the origins of the subprime financial crisis. *Connecticut Law Review, 41*, 963.

28. FATF (2004). *Report on Money Laundering Typologies 2003–2004*. Paris: Financial Action Task Force.

29. De Sanctis, F. M. (2014). *Football, Gambling, and Money Laundering: A Gobal Criminal Justice Perspective*. New York: Springer.

30. FATF (2009). *Money Laundering through the Football Sector*. Paris: Financial Action Task Force.

31. FATF (2009). *Vulnerabilities of Casinos and Gaming Sector*. Paris: Financial Action Task Force.

32. OECD (2018). *Illicit Financial Flows: The Economy of Illicit Trade in West Africa*. Paris: OECD Publishing.

33. Schneider, F. (2011). *The Financial Flows of the Transnational Crime: Some Preliminary Empirical Results* (No. 53). Economics of Security Working Paper. Berlin: EUSECON.

34. Lilley, P. (2003). *Dirty Dealing: The Untold Truth about Global Money Laundering, International Crime and Terrorism*. London: Kogan Page.

35. Lilley, P. (2003). *Dirty Dealing: The Untold Truth about Global Money Laundering, International Crime and Terrorism*. London: Kogan Page.

36. UNODC (2011). *Estimating Illicit Financial Flows Resulting from Drug Trafficking and Other Transnational Crimes*. Vienna: United Nations Office on Drugs and Crime.

37. Qureshi, W. A. (2017). An overview of money laundering in Pakistan and worldwide: causes, methods, and socioeconomic effects. *University of Bologna Law Review, 2*, 300.

38. Malm, A., & Bichler, G. (2013). Using friends for money: the positional importance of money-launderers in organized crime. *Trends in Organized Crime, 16*(4), 365–381.

39. FATF (2004). *Report on Money Laundering Typologies 2003–2004*. Paris: Financial Action

Task Force.

40. Zucman, G. (2014). Taxing across borders: tracking personal wealth and corporate profits. *Journal of Economic Perspectives, 28*(4), 121–148.

41. FATF (2010). *Money Laundering Using Trust and Company Service Providers.* Paris: Financial Action Task Force.

42. Morris-Cotterill, N. (1999). Use and abuse of the internet in fraud and money laundering. *International Review of Law, Computers & Technology, 13*(2), 211–228.

43. FATF (2009). *Money Laundering Using New Payment Methods.* Paris: Financial Action Task Force.

44. Bryans, D. (2014). Bitcoin and money laundering: mining for an effective solution. *Indiana Law Journal, 89*, 441.

45. Protess, B., Silver-Greenberg, J., & Drucker, J. (2017). Big German bank, key to Trump's finances, faces new scrutiny. *The New York Times*, 19 July.

46. Cooper, S., Bell, S., & Russell, A. (2018) *Fentanyl: Making a Killing.* Vancouver: Globalnews Report [https://globalnews.ca/news/4658157/⋯–accessed 06 May 2019].

47. Fergusion, Doug, et al. (2016). *Demystifying Chinese Investments in Australia.* Sydney, NSW: KPMG/University of Sydney [http://demystifyingchina.com.au/reports/⋯-april-2016.pdf–accessed 04 March 2019].

48. C4ADS (Center for Advanced Defense Studies) (2018). *Sandcastles: Tracing Sanctions Evasions through Dubai's Luxury Real-Estate Market.* Washington, DC: C4ADS [www.c4reports.org/sandcastles–accessed 26 June 2020].

49. Hülsse, R. (2007). Creating demand for global governance: the making of a global money-laundering problem. *Global Society, 21*(2), 155–178.

50. Dickinson, B. (2014). Illicit financial flows and development. *Revue d'économie du développement, 22*(HS02), 125–130.

51. GAO (1998). *Money Laundering: Regulatory Oversight of Offshore Private Banking Activities.* United States General Accounting Office Report 98-154. Washington, DC: General Accounting Office.

52. Salomon, M., & Spanjers, J. (2017). *Illicit Financial Flows to and from Developing Countries: 2005–2014.* Washington, DC: Global Financial Integrity.

53. Reider-Gordon, M., & Butler, T. K. (2013). Anti-money laundering. *International Law, 47*, 387.

54. Woodward, R. (2006). Offshore strategies in global political economy: Small islands and the case of the EU and OECD harmful tax competition initiatives. *Cambridge Review of International Affairs, 19*(4), 685–699.

55. FATF (2011). *Laundering the Proceeds of Corruption.* Paris: Financial Action Task Force.

56. Rose-Ackerman, S. (2016). Corruption, organised crime and money laundering. *World*

Bank Roundtable on Institutions, Governance and Corruption, 26–27 May, Montevideo, Uruguay.

57. Sharman, J. C., & Chaikin, D. (2009). Corruption and anti-money-laundering systems: putting a luxury good to work. *Governance, 22*(1), 27–45.

58. Zdanowicz, J. S. (2004). Detecting money laundering and terrorist financing via data mining. *Communications of the ACM, 47*(5), 53–55.

59. De Boyrie, M. E., Pak, S. J., & Zdanowicz, J. S. (2005). The impact of Switzerland's money laundering law on capital flows through abnormal pricing in international trade. *Applied Financial Economics, 15*(4), 217–230.

60. Reuter, P., & Truman, E. M. (2005). Anti-money laundering overkill? *The International Economy, Winter 2005,* 56–60 [www.international-economy.com/TIE_W05_Reuter-Truman.pdf–accessed 26 June 2020].

61. Maynard, P. D. (2001). Putting international financial centres out of business: the rush to judgment and the rush to capitulation. *Annual Ocean Anti-Money Laundering Conference,* 14–17 February, Miami, Florida.

62. Maurer, B. (2008). Re-regulating offshore finance? *Geography Compass, 2*(1), 155–175.

63. Cuéllar, M. F. (2002). The tenuous relationship between the fight against money laundering and the disruption of criminal finance. *Journal of Criminal Law & Criminology, 93,* 311.

64. Murray, K. (2010). Dismantling organised crime groups through enforcement of the POCA money laundering offences. *Journal of Money Laundering Control, 13*(1), 7–14.

65. Borlini, L. S. (2008). Issues of the international criminal regulation of money laundering in the context of economic globalization. *Papers.ssrn.com.*

66. Ferwerda, J. (2009). The economics of crime and money laundering: does antimony laundering policy reduce crime? *Review of Law & Economics, 5*(2), 903–929.

67. Alldridge, P. (2008). Money laundering and globalization. *Journal of Law and Society, 35*(4), 437–463.

68. Shaxson, N., & Christensen, J. (2014). *The Finance Curse: How Oversized Financial Centres Attack Democracy and Corrupt Economies.* Chesham, UK: Tax Justice Network.

69. Brown, E., & Cloke, J. (2007). Shadow Europe: alternative European financial geographies. *Growth and Change, 38*(2), 304–327.

70. Blickman, T. (2009). *Countering Illicit and Unregulated Money Flows: Money Laundering, Tax Evasion and Financial Regulation.* Crime and Globalisation Debate Papers. Amsterdam: Transnational Institute.

71. Stewart, H., & Frigieri, G. (2012). Wealth doesn't trickle down – it just floods offshore, research reveals. *The Guardian,* 21 July.

72. Obermayer, B., & Obermaier, F. (2017). *The Panama Papers: Breaking the Story of How the Rich and Powerful Hide their Money.* London: Oneworld Publications.

73. Obermayer, B., & Obermaier, F. (2017). *The Panama Papers: Breaking the Story of How the Rich and Powerful Hide their Money*. London: Oneworld Publications.

74. Bergin, T. (2014). Britain becomes haven for US companies keen to cut tax bills. *Reuters Business News*. [www.reuters.com/article/uk-britain-usa-tax-insight/britainbecomes-haven-for-u-s-companies-keen-to-cut-tax-bills-idUKKBN0EK0BA20140609–accessed 10 October 2017]

75. Cobham, A. (2015). UNCTAD study on corporate tax in developing countries. [http://uncounted.org/2015/03/26/unctad-study-on-corporate-tax-in-developingcountries/–accessed 09 August 2017].

第九章

1. Naqvi, S. A. A., Ali, B., Mazhar, F., Zafar, M. N., & Rizvi, S. A. H. (2007). A socioeconomic survey of kidney vendors in Pakistan. *Transplant International, 20*(11), 934–939.

2. Verloy, A. (2014). *Making a Killing: The Merchant of Death*. Washington, DC: Center for Public Integrity.

3. Belleau, M. C. (2003). Mail-order brides in a global world. *Albany Law Review, 67*, 595.

4. McAlpine, A., Hossain, M., & Zimmerman, C. (2016). Sex trafficking and sexual exploitation in settings affected by armed conflicts in Africa, Asia and the Middle East: systematic review. *BMC International Health and Human Rights, 16*(1), 34.

5. Kaur, R. (2013). Mapping the adverse consequences of sex selection and gender imbalance in India and China. *Economic and Political Weekly*, 37–44.

6. Efrat, A., Leblang, D., Liao, S., & Pandya, S. S. (2015). Babies across borders: The political economy of international child adoption. *International Studies Quarterly, 59*(3), 615–628.

7. Fieldston, S. (2014). Little cold warriors: child sponsorship and international affairs. *Diplomatic History, 38*(2), 240–250.

8. Rotabi, K. S., Roby, J. L., & McCreery Bunkers, K. (2016). Altruistic exploitation: orphan tourism and global social work. *British Journal of Social Work, 47*(3), 648–665.

9. Mohapatra, S. (2011). Achieving reproductive justice in the international surrogacy market. *Annals of Health Law, 21*(1), 191–200.

10. Twine, F. W. (2011). *Outsourcing the Womb: Race Class and Gestational Surrogacy in a Global Market* (2nd edn). New York: Routledge.

11. Smith, R. D., Correa, C., & Oh, C. (2009). Trade, TRIPS, and pharmaceuticals. *The Lancet, 373*(9664), 684–691.

12. Hall, A., & Antonopoulos, G. A. (2016). *Fake Meds Online: The Internet and the Transnational Market in Illicit Pharmaceuticals*. Basingstoke: Palgrave Macmillan.

13. Rappert, B. (2013). *Controlling the Weapons of War: Politics, Persuasion, and the Prohibition of Inhumanity*. London: Routledge.

14. Szöllösi-Janze, M. (2001). Pesticides and war: the case of Fritz Haber. *European Review, 9*(1), 97–108.

15. UNODC (2011). *Estimating Illicit Financial Flows Resulting from Drug Trafficking and other Transnational Crimes*. Vienna: United Nations Office on Drugs and Crime.

16. Qureshi, W. A. (2017). An overview of money laundering in Pakistan and worldwide: causes, methods, and socioeconomic effects. *University of Bologna Law Review, 2*, 300.

17. Malm, A., & Bichler, G. (2013). Using friends for money: the positional importance of money-launderers in organized crime. *Trends in Organized Crime, 16*(4), 365–381.

18. Comolli, V., & Hofmann, C. (2013). Drug markets, security and foreign aid. *Modernising Drug Law Enforcement Report 6*. London: International Drug Policy Consortium.

19. Otto, B., & Böhm, S. (2006). The people and resistance against international business: the case of the Bolivian 'water war'. *Critical Perspectives on International Business, 2*(4), 299–320.

20. War on Want (2007). Coca-Cola drinking the world dry. [https://waronwant.org/media/coca-cola-drinking-world-dry–accessed 18 October 2019].

21. Gavriletea, M. D. (2017). Environmental impacts of sand exploitation: analysis of the sand market. *Sustainability, 9*(7), 1118.

22. El-Fadel, M., El-Sayegh, Y., El-Fadl, K., & Khorbotly, D. (2003). The Nile river basin: a case study in surface water conflict resolution. *Journal of Natural Resources and Life Sciences Education, 32*, 107–117.

23. Akanda, A., Freeman, S., & Placht, M. (2007). The Tigris–Euphrates river basin: mediating a path towards regional water stability. *Al Nakhlah, 31*.

24. Goh, E. (2017). China in the Mekong River basin: the regional security implications of resource development on the Lancang Jiang. In R. Emmers & M. Caballero-Anthony (eds.), *Non-Traditional Security in Asia*. London: Routledge, pp. 237–258.

25. Liddick, D. (2014). The dimensions of a transnational crime problem: the case of IUU fishing. *Trends in Organized Crime, 17*(4), 290–312.

26. Chantavanich, S., Laodumrongchai, S., & Stringer, C. (2016). Under the shadow: forced labour among sea fishers in Thailand. *Marine Policy, 68*, 1–7.

27. Urbina, I. (2015). Sea slaves: the human misery that feeds pets and livestock. *The New York Times, 27*.

28. Mchawrab, S. (2016). M&A in the high-tech industry: value and valuation. *Strategic Direction, 32*(6), 12–14.

29. Fanusie, Y., & Robinson, T. (2018). Bitcoin laundering: an analysis of illicit flows into digital currency services. *Center on Sanctions & Illicit Finance*: memorandum, January.

30. Liff, A. P. (2012). Cyberwar: a new 'absolute weapon'? The proliferation of cyberwarfare capabilities and interstate war. *Journal of Strategic Studies, 35*(3), 401–428.

31. Billo, C., & Chang, W. (2004). *Cyber Warfare: An Analysis of the Means and Motivations of Selected Nation states*. Hanover, NH: Institute of Security Technology Studies, Dartmouth College.

32. Wallace, D., & Costello, J. (2017). Eye in the sky: understanding the mental health of unmanned aerial vehicle operators. *Journal of Military and Veterans' Health, 25*(3), 36.

33. Lee, R. W. (2000). *Smuggling Armageddon: The Nuclear Black Market in the former Soviet Union and Europe*. New York: St Martin's/Griffin/Palgrave Macmillan.

34. Maogoto, J. N. (2006). Subcontracting sovereignty: commodification of military force and fragmentation of state authority. *Brown Journal. World Affairs, 13*, 147.

35. Brooks, R. (2014). *The Great Tax Robbery: How Britain Became a Tax Haven for Fat Cats and Big Business*. London: Oneworld Publications.

36. Scannell, K., & Houlder, V. (2016). US tax havens: the new Switzerland. *FT. com*, 19 May.

37. FATF (2011). *Organised Maritime Piracy and Related Kidnapping for Ransom*. Paris: Financial Action Task Force.

38. House of Lords (2009). Money laundering and the financing of terrorism. London: The Stationery Office.

39. van Fossen, A. (2007). Citizenship for sale: passports of convenience from Pacific island tax havens. *Commonwealth & Comparative Politics, 45*(2), 138–163.

40. van Fossen, A. (2018). Passport sales: how island microstates use strategic management to organise the new economic citizenship industry. *Island Studies Journal, 13*(1).

41. L'huillier, G., Alvarez, H., Ríos, S. A., & Aguilera, F. (2011). Topic-based social network analysis for virtual communities of interests in the dark web. *ACM SIGKDD Explorations Newsletter, 12*(2), 66–73.

42. Li, Z., Alrwais, S., Xie, Y., Yu, F., & Wang, X. (2013). Finding the linchpins of the dark web: A study on topologically dedicated hosts on malicious web infrastructures. In *2013 IEEE Symposium on Security and Privacy*, 19–22 May 2013, San Franciso. pp. 112–126.

43. Xu, J., & Chen, H. (2008). The topology of dark networks. *Communications of the ACM, 51*(10), 58–65.

44. Reilly, C. (2017). *Dark Web 101: Your Guide to the Badlands of the Internet* [www.cnet.com/news/darknet-dark-web-101-your-guide-to-the-badlands-of-the-internet-torbitcoin/– accessed 10 October 2017].

45. Maddox, A., Barratt, M. J., Allen, M., & Lenton, S. (2016). Constructive activism in the dark web: cryptomarkets and illicit drugs in the digital 'demimonde'. *Information, Communication & Society, 19*(1), 111–126.

46. Jardine, E. (2015). The Dark Web dilemma: Tor, anonymity and online policing. *Global*

Commission on Internet Governance Paper Series, 21.

47. Chertoff, M., & Simon, T. (2015). The impact of the dark web on internet governance and cyber security. Global Commission on Internet Governance, Paper No. 6. [www.cigionline. org/publications/impact-dark-web-internet-governance-and-cybersecurity–accessed 05 May 2019].

第十章

1. Koslowski, R. (2001). Economic globalization, human smuggling, and global governance. *Global Human Smuggling: Comparative Perspectives, 338*, 340–342.

2. Collier, P., Hoeffler, A., & Söderbom, M. (2008). Post-conflict risks. *Journal of Peace Research, 45*(4), 461–478.

3. Miko, F. T. (2007). International human trafficking. In K. L. Thachuk (ed.), *Transnational Threats: Smuggling and Trafficking in Arms, Drugs, and Human Life*. Westport, CT: Praeger Security International, Chapter 2.

4. Thachuk, K. L. (2007). An introduction to transnational threats. In K. L. Thachuk (ed.), *Transnational Threats: Smuggling and Trafficking in Arms, Drugs, and Human Life*. Westport, CT: Praeger Security International, pp. 3–22.

5. Sachs, J. (2005). *The End of Poverty: How We can Make it Happen in Our Lifetime*. Harmondsworth: Penguin UK.

6. Raleigh, C., & Urdal, H. (2007). Climate change, environmental degradation and armed conflict. *Political Geography, 26*(6), 674–694.

7. Mark-Ungericht, B. (2001). Business and newly emerging civil society actors: between conflict and new forms of social dialogue. *Global Business Review, 2*(1), 55–69.

8. Conroy, M. (2009). *Branded! How the 'Certification Revolution' is Transforming Global Corporations*. London: New Society Publishers.

9. Leggett, W. (2014). The politics of behaviour change: nudge, neoliberalism and the state. *Policy & Politics, 42*(1), 3–19.

10. Beaverstock, J. V., & Faulconbridge, J. R. (2014). Wealth segmentation and the mobilities of the super-rich. In Birtchnell, T. and Caletrío, J. (eds.), *Elite Mobilities*. London: Routledge. pp. 40–61.

11. Tsaliki, L., Frangonikolopoulos, C. A., & Huliaras, A. (2014). *Transnational Celebrity Activism in Global Politics*. Bristol & New York: Intellect Books.

12. Saviano, R. (2019). *Gomorrah: Italy's Other Mafia*. London: Pan Macmillan.

13. Tondo, L., Kirchgaessner, S., & Henley, J. (2017). Death of Maltese journalist could be linked to fuel-smuggling network. *The Guardian*, 24 October.

14. Watermeyer, R., & Olssen, M. (2016). 'Excellence' and exclusion: the individual costs of institutional competitiveness. *Minerva, 54*(2), 201–218.

15. Freire, P. (1996). *Pedagogy of the Oppressed* (revised edn). New York: Continuum.

16. Gilman, N., Goldhammer, J., & Weber, S. (eds.). (2011). *Deviant Globalization: Black Market Economy in the 21st Century*. Edinburgh: A&C Black.

17. Pullela, P. (2019). Environment, poverty, corruption on agenda for Pope's Africa trip. *Reuters*, 1 February.

18. Cox, H. (2016). *The Market as God*. Cambridge, MA: Harvard University Press.

big 415

影子交易：全球商業的黑暗面
Shadow Trades: The Dark Side of Global Business

作　　者—阿莫斯‧歐文‧托馬斯（Amos Owen Thomas）
譯　　者—鍾玉珏
編　　輯—張啟淵
企　　劃—鄭家謙
封面設計—吳郁嫻

董 事 長—趙政岷
出 版 者—時報文化出版企業股份有限公司
　　　　　108019 臺北市和平西路三段二四〇號四樓
　　　　　發行專線—（〇二）二三〇六六八四二
　　　　　讀者服務專線—〇八〇〇二三一七〇五 （〇二）二三〇四七一〇三
　　　　　讀者服務傳真—（〇二）二三〇四六八五八
　　　　　郵撥—一九三四四七二四時報文化出版公司
　　　　　信箱— 10899 臺北華江橋郵局第九九信箱
時報悅讀網— http://www.readingtimes.com.tw
法律顧問—理律法律事務所 陳長文律師、李念祖律師
印刷—家佑印刷有限公司
初版一刷—二〇二三年六月三十日
定價—新臺幣五〇〇元
（缺頁或破損的書，請寄回更換）

時報文化出版公司成立於一九七五年，
並於一九九九年股票上櫃公開發行，於二〇〇八年脫離中時集團非屬旺中，
以「尊重智慧與創意的文化事業」為信念。

影子交易 : 全球商業的黑暗面 / 阿莫斯.歐文.托馬斯 (Amos Owen
Thomas) 著 ; 鍾玉珏譯 . -- 初版 . -- 臺北市 : 時報文化出版企業股份有
限公司 , 2023.06
　　面 ;　　公分 . -- (Big ; 415)
譯自 : Shadow trades : the dark side of global business
ISBN 978-626-353-888-7(平裝)

1.CST: 商業經濟 2.CST: 商業倫理 3.CST: 經濟犯罪

548.545　　　　　　　　　　　　　　112007546

ISBN 978-626-353-888-7
Printed in Taiwan